若手なのにプロ教師！
新学習指導要領をプラスオン

小学4年生
新・授業づくり&学級経営
365日サポートBOOK

監修：谷　和樹（玉川大学教職大学院教授）

・教室の365日が、輝く学習の場になるように！
・教室の子どもの姿が頼もしく眩しい存在となるように！
――向山洋一（日本教育技術学会会長／TOSS代表）

学芸みらい社
GAKUGEI MIRAISHA

まんがで読む！
4学年担任のスクールライフ

（井手本美紀）

次の日
先生ー！おはよー！
おはよう！今日は早く来られたね！
うん！だって早くやりたいんだもん！
あーよかったこれで鈴木さんの遅刻もなくなる・・・・
さ～早く準備しよ！
数日後・・・
鈴木さんの遅刻はなくなったかしら？
遅刻はなくなったんですけど・・・・
もう一回やろう！
今度はなかなか朝の会が始められなくて困ってます

プロとしての資質・能力が身につく「教師のための教科書」／谷　和樹（玉川大学教職大学院教授）

「教師の仕事はテクニックやスキルではない」

「子供との信頼関係が大切だ」

これはもちろん正しい考え方です。しかし、だからと言って、テクニックやスキルを学ばないのでは、いい授業はできません。楽しい学級経営もできません。心構えは大切ですが、それだけでは子供たちは動かない、それが教員時代の私の実感でした。

子どもをひきつける授業、魅力的な学級経営をするためには、やはり「プロとしての勉強」が必要です。あらゆるプロは、一人でプロになることはできません。必ずその道の「教科書」があり「指導者」があって、基礎から仕事を学んでいくのです。

教師の世界も同じです。そういった上達の道筋には「具体的なコツ」があります。

①子供と出会う前までのチェックリストをどうつくるの？
②1時間の授業の組み立て方にはどんな種類があるの？
③子供や保護者に響く通知表の所見の書き方に原則はあるの？
④トラブルが対応したときの対応の基本手順は？
⑤毎日の教科の授業で子供を惹きつける発問をするには？

右のような一つ一つに、これまでの先人が培った洗練された方法が存在します。それらをまず学び、教室で実際にやってみて、良さや問題点を実感し、修正していく……そうした作業こそが、まず必要です。

このシリーズでは、先生方にとって大切な内容を、座右に置く辞典のように学年別に網羅し、分かりやすく解説しました。

全国の学校で、若い先生が増えています。首都圏などでは20代教員が2割を超えました。一方、50代教員の大量退職は今後も続きます。子どもの変化、保護者の変化、情報の多様化、多忙な職場……ベテラン・中堅が若手にコツを伝授する機会も減っているといいます。新採の先生が1年もたずに退職する例も数多く報告されています。そもそも、ベテランでさえ、安定したクラスを1年間継続するのは難しい時代です。

本シリーズは、全国の若い先生方の上達のお手伝いになればと願って刊行されました。

若手なのにプロ教師！ 新学習指導要領をプラスオン

新・授業づくり＆学級経営 365日サポートBOOK 4年生

目次

Ⅷ 教科別・月別・学期別
対話でつくる学期別学習指導のポイント

IX 参観授業&特別支援の校内研修に使える！＝FAX教材・資料

X 通知表・要録に悩まないヒントと文例集

XI 困った！SOS発生　こんな時、こう対応しよう

附章 プログラミング思考を鍛えるトライ！ページ

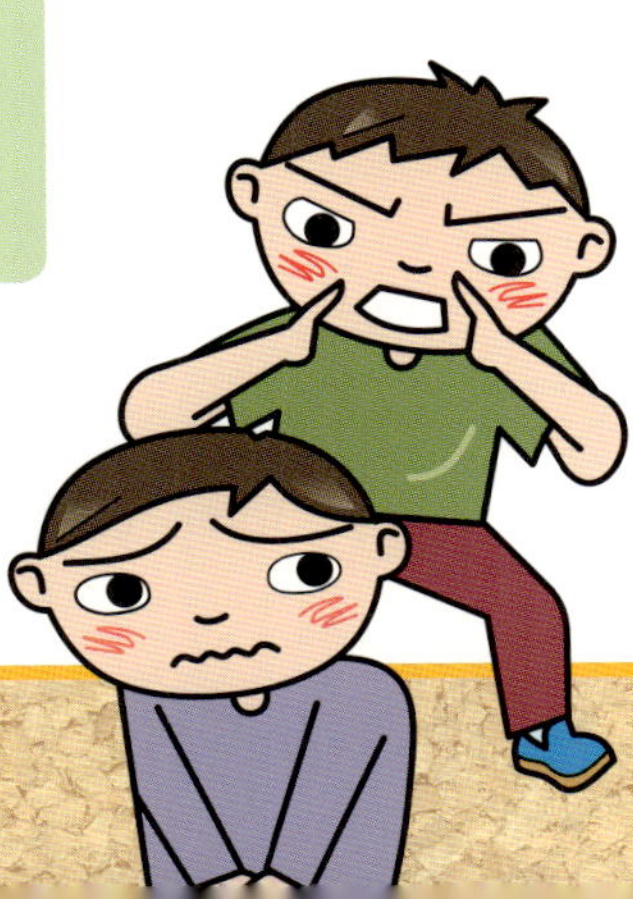

本書の使い方ナビ

活用緊急度別カスタマイズ案内／村野聡・千葉雄二・久野歩

本書は、お読みいただくというより、〈実践の場にすぐ活用出来る〉を目指して刊行されました。活用のポイントは、先生の「現在の立ち位置がどこなのか」で、大きく変わると思っているからです。

そこで、新採か教職経験何年目かという状況別に、「どの章から入ると活用緊急度に応じたヒント記事に出会えるか」、BOOKナビ提案をしてみました。

学級経営ナビ

●新採の先生方へのメッセージ

Q．通学路で子どもに「おはよう」と声をかけたのに、返事がない。その時、どう対応しましたか？

・「先生から声をかけられたら返事をしなくちゃ」――と短く注意する。

・「今日はまだ眠いんだね」――とフォローする。

⬇BOOKナビ＝「時と場に応じて対応が異なる」という意見が出そうですが、正解は？　まずはⅡ章４からご活用いただけると「なるほどな～」となるのではないかと思います。

●教職経験が２～３年目の先生方へのメッセージ

Q．子どもの帰ったあと、教室の机を見て……

・今日、どんな発言をしたのか？　どうしても思い出せない子が５人以上いる。

・どんな姿だったか、イメージが湧かない子が２人以上いる。

⬇BOOKナビ＝Ⅰ・Ⅱ章からご活用いただければと思います。

●教職経験が５年以上の先生方へのメッセージ

Q．保護者対応――個人面談の臨機応変度

・教室では、琴線に触れるようなことまでは踏み込まない。

・廊下や挨拶場面など、さりげない時に大事な事をいう。

⬇BOOKナビ＝Ⅶ章からご活用いただければと思います。

新指導要領の授業づくりナビ

●新採の先生方へのメッセージ

Q．「主体的・対話的で深い学び」授業への疑問・不安を感じる……

・基礎基本が出来てないのに対話の時間などとれない？

・知識がない状態で思考など無理？

⬇BOOKナビ＝Ⅳ章からご活用いただければと思います。

●教職経験が２～３年目の先生方へのメッセージ

Q　道徳の教科化で何が変わるか？

・道徳授業で教室のモラルは良くなる気がしない。

・教科書を活用する腹案がある。

⬇BOOKナビ＝Ⅷ・Ⅺ章をご活用いただければと思います。

●教職経験が５年以上の先生方へのメッセージ

Q．英語の教科化で何をしなければならないのでしょうか？

・移行期にしておかなければならない対策とは

・教師の英語力―どう考えればいいのか

⬇BOOKナビ＝Ⅷ章（１年生からの指導ポイントあり）・Ⅺ章をご活用ください。

教育研究のディープラーニング

Q．特別支援

・今、最も重視しなければならない点はどこか

・特別支援計画づくりで最も大事なことは？

・授業のユニバーサル化って？

⬇BOOKナビ＝Ⅴ章からご活用ください。

Q．プログラミング教育って？

・思考力の育成ということだと言われているので、まだ準備しなくていい？

・民間では、プログラミング教材の開発が盛んになりつつあるようだけど授業と関係あるの？

⬇BOOKナビ＝附章が面白いです。

4年生の身体心行動 Data File

（片山陽介）

学習の遅れに要注意

「９歳の壁」って

四捨五入・仮の商を立てて修正していく割算の筆算など、抽象的・論理的な領域に近づいた問題が増え、勉強に苦手意識を持つ子どもが増えてきます。

自分中心の世界から抜け出します。
「自分と他人」の存在や関係を意識し始める時期に入ってきているということです。

自分の好きな事・嫌いな事がはっきりと分かってきます

4年生のハート ギャングエイジ

危険な遊びをするようになるのでケガが増えます

テレビのお笑いを真似たり、ふざけて笑わすような行動を好むのも、この時期の特徴です。

友だちと群れをなします

ギャングは「徒党・仲間」という意味でエイジは「年代・時期」という意味です。集団の中で、イタズラやいじめも行われることがあります。毅然とした対応が求められます。

4年生の行動

生活習慣の乱れが目立ち始めます

成長に伴い体力がついてくると、それと共に生活習慣の基本が崩れることも多くなるので、生活習慣の見直しや改善の指導が必要となってきます。

自立心が芽生え始めます

自分の考えで判断し、行動する独立心・自立心が出てくる時期です。
親が意見や小言を言っても効き目は薄い時期です。

身体はこう成長する！

4月初め	男子	133.6cm	30.6kg
	女子	133.4cm	29.8kg
↓			
3月終わり	男子	138.8cm	34.0kg
	女子	140.2cm	34.0kg

4年生のトリセツ

体が大きく成長します

身長・体重・座高も増え、体力もグッとついてきます。体育で、タグラグビーなどの活動量が多いものを取り入れてみるのはどうでしょう。

個性がはっきりしてきます

好みがはっきりと表れ、友だちとの人間関係も変化します。仲間外れをしたり、されていないか、「休み時間の過ごし方アンケート」などで把握するといいかもしれません。

「親」から「友だち」中心に

親から友だちを中心にした生活になります。友だちから影響を受ける生活にシフトチェンジする時期です。
親との関係が良好であるかも大切です。日々の悩みを打ち明けやすい日記を宿題で出すのはどうでしょう。

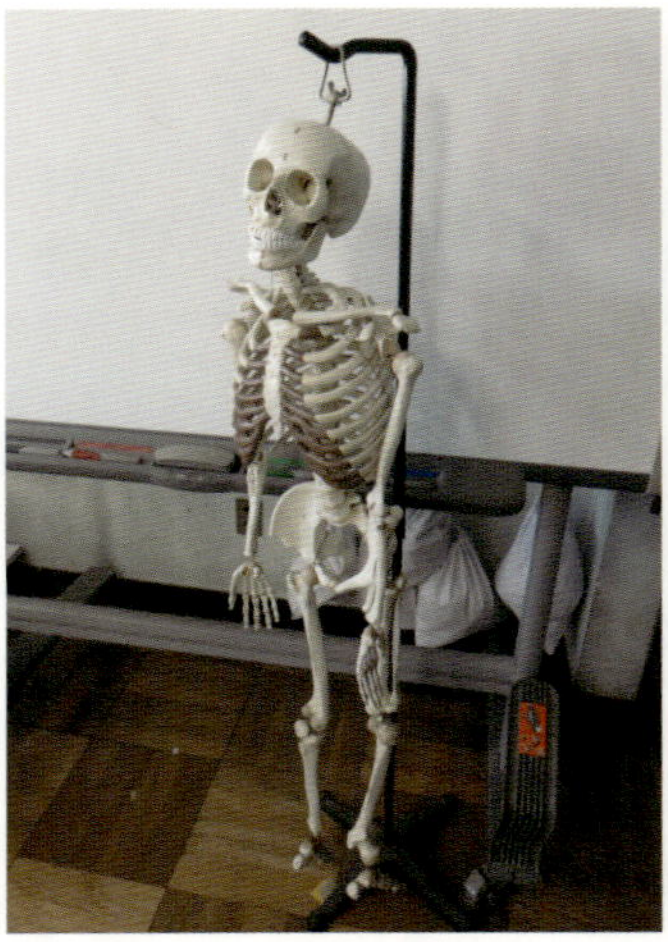

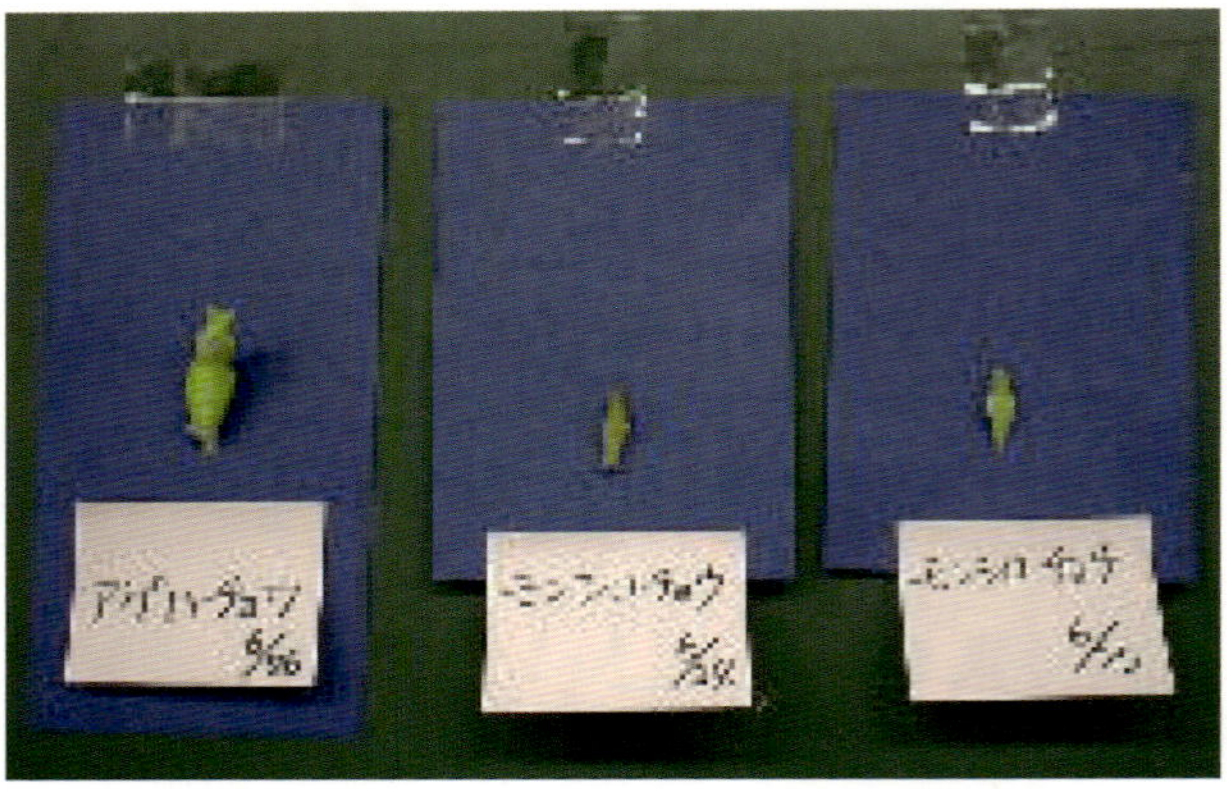

新学習指導要領４年生の理科は、次のようにまとめられている。

【空気と水の性質・金属】
【水、空気と温度】
【電流の働き】
【人の体のつくりと運動】
【季節と生物・雨水の行方と地面の様子】
【天気の様子・月と星】

上記の内容は天候や生物の環境に左右されることもあるが、常時、教室で観察できるようにしておくと制限に影響されることなく、授業を進めることができる。

子どもたちの興味関心を高めるために、教室には人体の模型、蝶のさなぎなど様々なものを持ち込む。

蝶のさなぎは授業中にも羽化するときもあり、子どもたちは日常生活の中で見ることができない貴重な機会を得ることができる。さなぎは木工ボンドで画用紙につけてもよい。

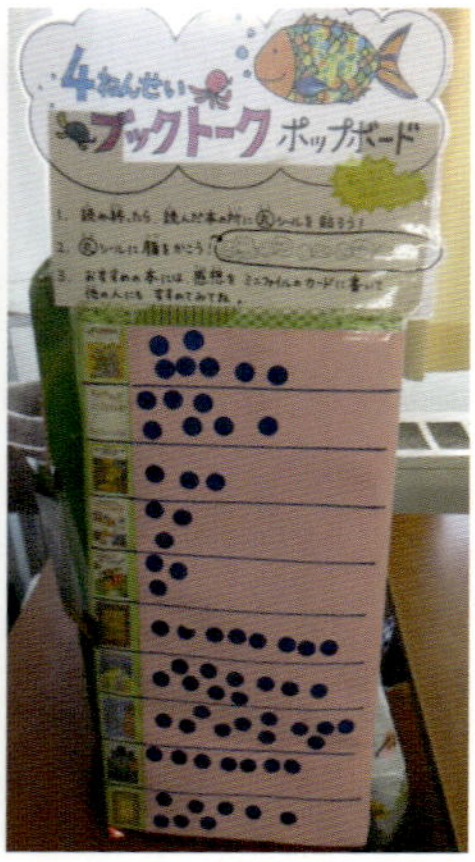

社会の学習事項である都道府県の学習は楽しく学ばせたい。

日本地図は必須の掲示物であるが、各地の有名な食べ物を合わせて掲示しておく。県名・県庁所在地といった文字情報を、名産品・有名な建物などと一緒に学ぶことで、エピソード記憶として学習を深めることができる。

読み聞かせは、保護者が紹介した書籍の中で、子どもたちがどのような本を読んだのかひと目でわかるように視覚化している。

（橋本信介）

教室レイアウト・環境づくり

基本とニューバージョン

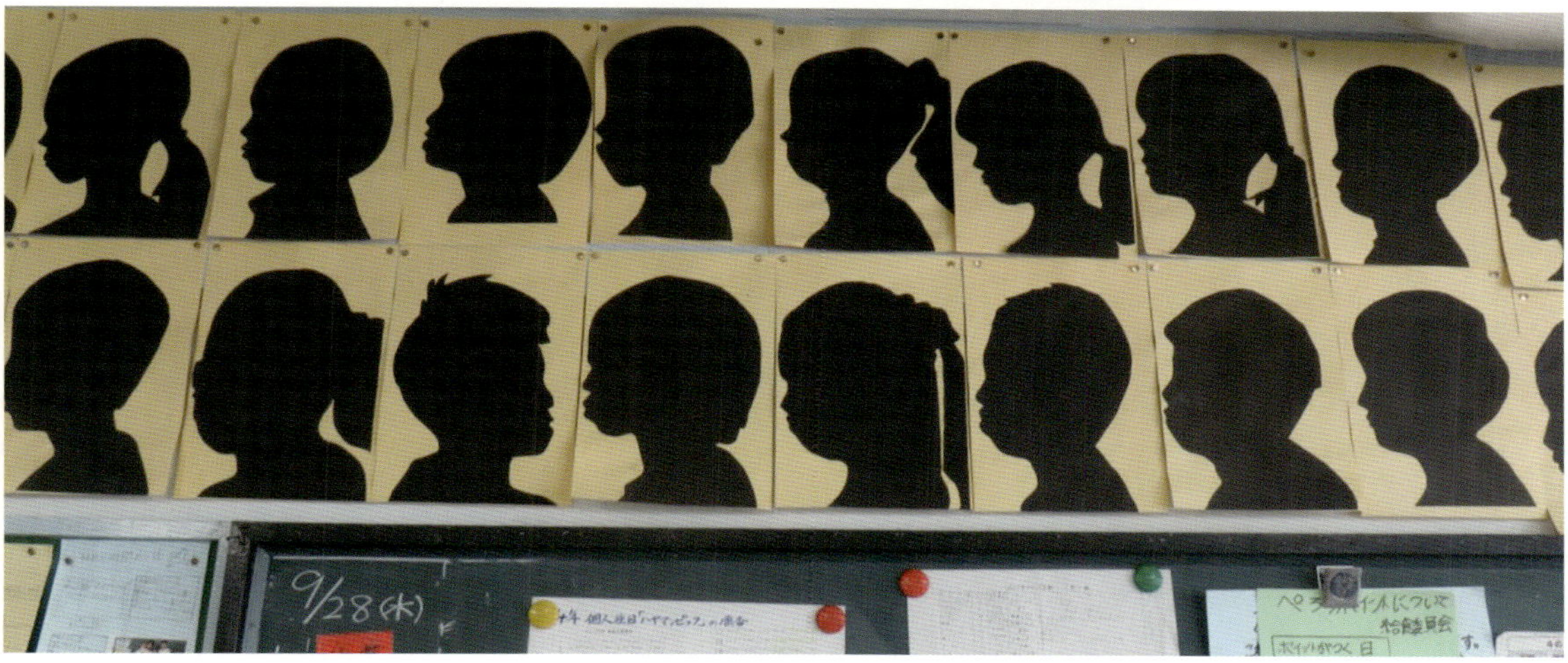

教室の背面のスペースと黒板は、子どもたちのシルエットが掲示してある。
【シルエット作成のポイント】先行実践：千葉雄二氏（東京）
※準備物：プロジェクター、画用紙（黒色・黄色）、鉛筆、磁石
１人の作成時間は２〜３分。３学期には、図工の作品集の表紙として活用する。

プロジェクターの光の前に、横向きの子どもを立たせ、教師が画用紙（黒色）に鉛筆で子どもたちの輪郭を書き込んでいく。書き出しを、子どもたちの特徴が表れるあご、鼻先、髪型に決めておくとスムーズに作業が進む。１人の作業を進めている間、次の児童に横で作業を見せておくと段取り（立ち位置・作業中の姿勢など）がわかり、数分で完成することができる。

鉛筆での書き込みが終わったら画用紙（黒色）を渡し、輪郭を切り取らせて画用紙（黄色）に貼り、乾燥棚に保管して、作業終了。

女子の髪型は輪郭を切り取る際に注意が必要なので、教師がはさみで切り込みをいれるか、カッターで該当箇所を切り取ってもよい。

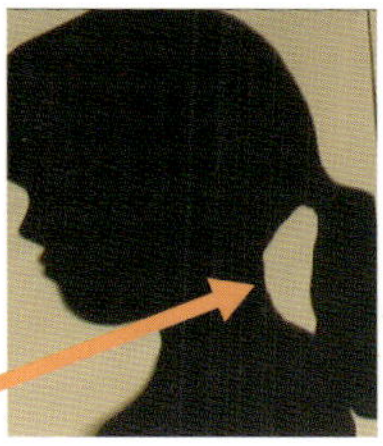

４年生は、消防署・警察・水道局・ごみ処理場などをはじめとする社会見学で、学校以外で学ぶ機会が多い。その都度、全体写真を撮影してラミネートし、教室に掲示しておく。学期末には、じゃんけん大会の商品になる。

1学期 学級のルールを作る

（瀬川敬介）

ここがポイント

学級開きから始まる1週間は、楽しい授業、イベントをしましょう。「この学級は楽しい」「居心地がよい」と感じさせることが、1年間の原動力となります。

教師が子どもと一緒に遊ぶことで、子ども集団の構造が見えてきます。

4月 出会い 学級開き

- 1学期始業式
- 組織づくり（係・当番・クラブ）
- 実態調査（子どもの実態を把握し、学級経営に活かす）
- 学習のルールづくり（筆箱の中身・ノートの書き方・発言の仕方・音読の声の出し方等）
- 生活のルールづくり（服装・休み時間の過ごし方・あいさつ・靴を揃える等）
- 学級目標の設定（短く覚えやすいもの）
- 県基礎学力調査

5月 遠足 家庭訪問

- 学習のルール・生活のルールをさらに浸透させる（4月からやってきたことが、弛みがちになる時期です。4月に学級で決めたルールを守れている子を褒め、ルールをクラスに浸透させる）
- 遠足の作文
- わり算の筆算（たてる・かける・ひく・おろすのアルゴリズムで解く）
- 社会見学（社会見学では、目についたものをすべて箇条書きさせることが大切）

ここがポイント

1学期のこの時期にもう一度学級のルールが子ども達に浸透しているかを確かめましょう。教師が粘り強く、褒め続けることが2学期の子ども達の大きな成長につながっていきます。

6月 プール開き 体力テスト

- お楽しみ会（学級で1つのことを成し遂げる活動を通して、協力できる集団づくりをしていく）
- 衣替え
- 新体力テスト
- プール指導（プールに入ったら静かにするというルールを徹底する。命に関わることでもあるし、学習習慣づくりにもなる）

仲間づくりにレッツトライ！

7月 夏休み 暑中見舞い

- 学期末作文（学期末は1学期の成長を実感させることが大切。1学期の成長を作文で書かせることで、自身の成長をメタ認知させる）
- 通知表わたし
- 夏休みの生活指導
- 夏休みの宿題配付

ここがポイント

夏休みの宿題は、子どもに丸投げできません。読書感想文、自由研究などは書き方を授業で指導するようにします。

また、夏休みの学年登校日に宿題を回収しておくと、新学期最初の事務処理が円滑になります。

8月 人権集会

- 戦争を通した人権教育
- 水泳記録会
- 宿題提出
- 運動会準備

2学期へ！

生活習慣・学習習慣づくりの見通し

学期ごとの学習の栞

2学期 ほめて個を伸ばす

お互いに認め合える仲間っていいな

3学期へ！

9月 運動会 始業式
- 2学期始業式
- 組織づくり（係・当番）
- 授業を通して、学級のルールの再確認（2学期初日から授業をすることで、子ども達を一気に授業モードにさせる。その際、1学期に大切にしていた学習のルールを再確認していく）
- 運動会（この行事を通して、どういった力がつくのかを意識させることが大切）

10月 遠足 マラソン大会
- マラソン大会（マラソン大会までの練習を大切にさせる。継続してある一定の努力ができるというのは将来に結びつくなどの趣意説明をするのも有効な手立ての1つ）
- バス遠足
- 社会見学（ゴミ処理施設）
- 国語文学教材「ごんぎつね」

11月 学習発表会
- 学習発表会
- 都道府県の学習（都道府県の名称と位置を確実に子どもに習得させる必要がある。地図帳を扱うのも4年生が初めてなので、使い方を確実に習得させる）
- この時期は特に目立った行事がないだけに、子どもの生活習慣も崩れやすい。日々の過ごし方を振り返らせて、生活習慣を見直す）

12月 終業式 冬休み
- 学期末作文（学期末は2学期の成長を実感させることが大切。2学期の成長を作文で書かせることで、自身の成長をメタ認知させる）
- 通知表わたし
- 冬休みの生活指導
- 冬休みの宿題配付

ここがポイント

運動会の時期は、特別日課で通常の授業が削られます。1時間の授業を時間通りに始め、時間通りに終えることが大切です。教師が時間を守ることで、子ども達にも正しい学習習慣を身につけさせることができます。

ここがポイント

2学期の終わりに、3学期の組織づくり（係・当番）を終えておくと、3学期にスムーズに授業に入れます。3学期は6年生を送る会などの行事もあり、忙しい日々になります。授業時間を欠かさないためにも見通しを持って2学期を終えましょう。

3学期　集団をさらに伸ばす

ここがポイント

来年は高学年になることを意識させて、行動させます。高学年らしい行動とはどういった行動なのかを教え、やらせて、褒めていきます。

ここがポイント

4年生ではわり算の筆算や3桁×3桁の筆算などの学習があります。四則計算の確実な習得のために、復習を取り入れましょう。

5年生へ！

高学年に向けて

1月 始業式 なわとび運動

- 3学期始業式
- 組織づくり（係・当番）
- なわとび運動（心身ともに健康な体をつくるために、なわとび運動に積極的に取り組ませる）
- 算数「少数のかけ算・わり算」

2月 6年生を送る会

- 6年生を送る会
- 算数「分数」「直方体と立方体」
- 国語「聞き取りメモの工夫」
（3学期に入ると、卒業式の練習などがあり、授業時間が欠ける。3学期に復習の時間を確保するためにも、進度を早め、計画的に授業を進める）

3月 卒業式 修了式

- 国語「初雪のふる日」
- 算数「4年のふくしゅう」
- 卒業式
- 通知表わたし
- 修了式

身につけさせたい学習習慣

- 筆箱の中身（鉛筆は2B以上、赤鉛筆等ボールペンやシャープペンは好ましくないです）
- ノートの書き方（1マスに1字で濃い丁寧な字で書かせます。日付を書くことも大切です）
- 話の聞き方（手に何も持たせない、教師の方に目を向かせることが大切です）
- 発言の仕方（結論→理由で話すようにすると伝わりやすいです。相手に「～ですね」などと尋ねながら話す方法も短く区切られて伝わりやすいです）
- 休み時間の内に教科書、ノートの準備をさせる
- 誰でもできることは速く（例えば、体育の集合やノートや教科書の出し入れなどがあります）

身につけさせたい生活習慣

- 靴を揃える
- 移動の際は、机の椅子は入れる
- 教室を空けるときは机の上はきれいにする
- あいさつは大きな声でする
- プリントのもらい方（プリントをもらったら「ありがとう」渡すときは「はいどうぞ」を言わせます）
- 宿題の出し方（ノートを重ねて出すときに整えることなどを指導します）
- 連絡帳をいつどのようにして書くか
- 誰でもできることは速く（例えば、給食準備を速くすることや帰りの準備を速くすることが考えられます）
- 当番活動（いつ誰が何をするかを確

4学年の学期別年間計画

新指導要領の発想でつくる　スクールプラン入り

4月

学級の組織をつくる
学級のルールを決める
楽しい授業を仕組む

・新任式・入学式・始業式
担任が学級づくりについて語る。
挨拶、返事、椅子や靴の整頓。
・学級活動のスタート
自己紹介。
係・当番活動の組織をつくり、活動を始める。
学級活動のルールの確認。
・授業参観
子どもが活躍し、かかわり合いがある授業。TOSSランド。
・家庭訪問
児童の特徴の把握と対策。
・国語、算数
前学年の学習状況の調査。
学習規律、ルールの確認。

5月

トラブルを解決する
成功体験を積ませる

・春の遠足
仲間との関わり合いの場づくり。
遠足の約束についての話し合い。
トラブルが起きた際、解決する方法の指導。
・学級活動
友だちのよいところ探し。
2ヶ月の活動を通して、自分の成長を振り返る活動。
・国語
4月からの学習システムの確認。
1字読解、問いと答えなどの説明文の構造についての指導。
どの子も成功体験を積むことのできる授業。
・算数
うっとりするノートづくり。
わり算筆算などのアルゴリズム。

6月

健康・安全指導をする
係活動を活性化させる

・体重測定、歯科検診
健康生活指導。虫歯の治療。
歯磨き指導。
・プール開き
プールでの安全指導。
浮き方、泳ぎ方の指導。
・国語
漢字文化の授業。
漢字辞典の使い方指導。
・算数
ミニ定規、分度器など学習技能の定着。
・社会
水道の授業。
・係活動の活性化
「所・時・物」を確保した係活動。
・学級活動
雨の日の過ごし方の話し合い。

7・8月

イベント活動の実施
生活スタイルの把握

・終業式
1学期の反省。お楽しみ会のように、イベントを通して個のよさを認め合う。
夏休みの過ごし方指導。
・個別懇談
テレビ視聴時間の調査。
家庭での会話時間の調査。
・国語
分析批評の授業。物語を読むコードを指導する。
暑中見舞いなどの郵便教育。
献血俳句などの俳句作成の授業。
・理科
自由研究の計画を立てる。
ヘチマの観察や記録。
・英会話
オールイングリッシュの授業。

9月

行事を学級づくりに取り入れる
授業に熱中させる

・始業式
夏休みの反省。2学期の目標。
・運動会
クラス対抗リレー。
学級会での話し合いを通して、学級の団結力を高める。
・国語
1学期の漢字のたしかめ。
暗唱活動。
詩の内容の検討。
・算数
1学期までの学習ルールの確認。
・図工
運動会などの行事を酒井式描画指導法で描く。
・体育
くるりんベルトを使った逆上がり指導。

10月

討論の授業を行う
係活動の停滞期を乗り越える

・国語
「春」「雪」「ふるさとの木の葉の駅」（向山実践）「一つの花」を使った討論の授業。
・図書館指導
読書活動の推進、充実化。
・秋の遠足
仲間との協力を通しての活動。友だちのよさを発見する活動。
・縦割り活動
異学年との交流。
・学級活動
係活動について「ほめる↓活動する↓確認する↓ほめる」のサイクルでの指導。
「所・時・物」の充実化。
子どもの活動をつかむシステムの確認。

11月

子どもの学力を確認する
自分の成長を感じさせる

・国語
五色百人一首。熟語の意味。作文。
「ごんぎつね」物語文指導。
・算数
面積のはかり方と表し方。
小数のしくみ（向山実践）。
・理科
とじこめた空気（向山実践）。
・体育
跳び箱運動。
体の発育、発達（保健指導）。
・学級活動
かぜとインフルエンザの予防。
・学習発表会、作品展
子どもが主体の会にする。
お互いの個性を認め、高め合えるようにする。

12月

2学期のまとめをする
裏文化で子供の絆を作る

・終業式
　2学期の反省。
　冬休みの計画づくり。
　教室の大掃除。
・学級パーティー
　イベントの計画づくりを通して、お互いの意見を言い合う。
　討論の中で案を検討していく。
　どの子も役割をもつ。
・学級活動
　正月の伝統的な遊び。
・児童会役員選挙
　選挙管理委員としての活動。
・図書館指導
　情報・資料の収集と活用指導。
　季節の図書の紹介。
・国語
　年賀状作成の郵便教育。

1月

高学年に向けためあてをもたせる

・始業式
　3学期のめあての作成（数値を入れる。毎日取り組めることにする）。
　定期的なめあての確認。
・2分の1成人式
　自らの成長を振り返る。
　感謝、夢、希望がもてるようにする。
　式の企画、運営。
・総合的な学習の時間
　福祉・ボランティアの授業。
・算数
　小数のかけ算とわり算。分数。
・社会
　地図帳の活用。47都道府県。
・体育
　向山型縄跳び指導。

2月

学級システムのチェックをする
文集づくりの準備をする

・6年生ありがとう集会
　6年生への感謝の気持ちをもつ。
　出し物の企画、準備、練習。
・長縄大会
　長縄跳び指導。
・学級活動
　当番活動の確認。
　係活動の活性化。
　学級解散パーティの準備。
　文集づくり。
・国語
　達意の文の作文指導。
・総合的な学習の時間
　パワーポイントなどを用いたプレゼンづくりと発表。
　スクラッチ、プログラミンなどのソフトを活用したプログラミング学習。

3月

学習事項のまとめをする
自分の成長を確かめさせる

・修了式
　1年間の反省。学習事項の復習。
　「人生時計」の語り。
　教室の大掃除。
・学級解散パーティー
　どの子も1年間の成長を感じられるようにする。
　企画の討議、実行。
・学級活動
　先生の通知表。第2通知表、あゆみの作成（向山実践）。
　春休みの計画づくり。
・算数
　4年生の学習内容の総復習。ノートの書き方、教科書チェックシステムの再確認。
・体育
　向山型サッカー指導。（加藤三紘）

月別プラン・ドゥ・シー〈1〉

新学期前日までの担任実務チェックリスト

チェック　事務関係

□学年住所録編集
□名簿作成（複数コピー）
□ルビ付き名簿作成
□氏名印確認・整理
□指導要録整理押印
□緊急連絡カード整理押印
□保健関係書類整理押印
□予算案・会計簿作成
□ワークテスト、ドリル、ノート採択・注文
□校外学習計画確認、見学施設申込
□校外学習下見計画作成
□学年行事確認・担当者割り振り
□時間割作成・印刷
□名前シール作成（靴箱・ロッカー・廊下手さげ）

チェック　学級経営関係

□前学年の写真から名前と顔を確認
□名前を覚える
□前担任からの引き継ぎ
□要配慮児童の確認
□学年経営案作成
□学級経営案作成
□給食当番表作成
□そうじ当番表作成
□当番活動の内容構想
□係活動の内容構想
□日直の仕事構想
□朝の会・帰りの会構想
□学年通信作成・印刷
□学級通信作成・印刷
□ネームマグネット作成
□一筆箋・ミニ賞状準備
□筆箱・道具箱の中身の決まり決定・印刷
□黒板メッセージ

チェック　教室環境・備品

□床・黒板等のそうじ
□机イスの個数確認
□机イスの整頓（高さ順）
□収納場所決定
絵の具・習字道具・体操着入れ・国語辞典・音楽・図書バッグ
□班別収納用意
□貸出し用文房具用意
鉛筆・赤鉛筆・定規・消しゴム・ノート等
□作文用紙・新聞用紙・観察カード等印刷
□学級備品確認
□給食着確認・マスク予備準備
□教室掲示タイトル作成
□拡大時間割作成・掲示
□学級発表用掲示作成
□学級文庫準備

チェック　授業関係

□年間指導計画の確認
□TOSSランドで1学期分の授業を検索・コピー
□『新法則化』シリーズから授業をコピー
□向山洋一氏の本から授業をコピー
□黄金の3日間計画作成
□教材・教具の準備
ペーパーチャレラン
五色百人一首
ふれあい囲碁
百玉そろばん
ジャンボTOSSノート
くるりんベルト
□担任あいさつ構想
□レクリエーション構想
□実態調査プリント準備（漢字・計算）

（柴崎昌紀）

月別プラン・ドゥ・シー〈２〉

新学期担任実務 チェックリスト【一週間】

【１日目】所信表明・仕組み作り

１　子どもが来る前

①ルビ付きの名簿の用意
②始業式にふさわしい服装
③教室のそうじ
④机・椅子の確認
⑤靴箱・ロッカーの確認
⑥黒板にメッセージを書く
「４年○組は
　□くなる。（賢くなる）
□□くなる。（仲良くなる）
　一緒にがんばりましょう。」
（伴一孝氏の追試）
⑦黒板に座席位置を書く
⑧黒板に登校した後の指示を書く
⑨配布物の確認
⑩貸出し用文具の用意
　鉛筆・消しゴム・名前ペン・ノート
⑪１日目のスケジュール確認
⑫２日目の連絡事項確認
⑬児童の名前確認

２　子どもがいる間

①始業式での大きな返事
②始業式中にほめる子を探す
③始業式中にこやかな表情で立つ
④教室に入るときに大きな声であいさつする
⑤転入生のお世話係をつくる（一緒に帰ることができる児童の確認等）
⑥机・椅子の交換（自分の身長に合ったもの同士を交換させる）
⑦１人１人の顔を見ながら出欠確認（何も見ずに呼名できるように）
⑧黒板に書いた指示通りにしていた子をほめる
⑨元気よく返事ができた子をほめる
⑩始業式でよかった子をほめる
⑪自己紹介をする
⑫黒板のメッセージを元に１年の抱負を端的に話す（全員を教師の方に向かせ、手に持っているものを置かせる）
⑬厳しく叱るときについて話す
⑭話をきちんと聞けている子をほめる
⑮質問を受けつける（言い方によっては言い直させる）
⑯提出物を持ってきたか確認する
⑰筆箱の中身について確認する
⑱連絡帳を書く（丁寧でない者は書き直させることを告げて）
⑲教科書・プリント類を配布する
⑳宿題に「30秒自己紹介」と告げ、例示してみせる
㉑翌日の持ち物を確認
㉒物の置き場所と整頓の仕方を教える
㉓給食当番を確認する
㉔そうじ当番を確認する
㉕日直の仕事の確認をする
㉖合間にレクリエーションをする
「パッパッパ」・命令ゲーム等
㉗よい行動ができた子に一筆箋を書き保護者に渡すよう伝える
㉘下校時、一緒に靴箱に行き、靴の入れ方を確認する

３　子どもが帰った後

①教室の様子を確認・机の整頓等
②子どもの様子を記録する
③欠席した子どもの家へ家庭訪問するか電話連絡を入れる
④机・椅子の高さ調節をする

月別プラン・ドゥ・シー〈2〉

新学期担任実務
チェックリスト【一週間】

【2日目】仕組みづくり・授業ルール

1　子どもが来る前

①黒板に教室に来たら何をするか書いておく

「窓を開けておいて下さい

連絡帳を書き、提出しましょう

8時5分には読書を始めています」

②明日の連絡事項を書いておく

③提出物用の名簿を用意する

④提出物用の入れ物を用意する

⑤貸出し用文具の用意

鉛筆・赤鉛筆・ミニ定規・下敷き

名前ペン・各種ノート

⑥実態把握用計算プリント・漢字プリント印刷

2　子どもがいる間

①教室に入るときに大きな声であいさつをする

②黒板の指示通りに活動した子をほめる

③朝の会の流れを確認する

④1人1人の顔を見て出欠確認をする

⑤元気よく返事ができた子をほめる

⑥靴の入れ方がよかった子をほめる（あらかじめ子どもたちの靴の入れ方を見ておく）

⑦提出物を持ってきたか確認する

⑧学習用具を忘れたときにどうするか説明する（借り方・返し方・友達に借りない）

⑨実態調査テストを行う（国語は漢字・算数は計算等　※市販テストについていることが多い）

⑩楽しい授業をする（例）

国語：教科書の詩の音読（様々なバリエーションで）

算数：百玉そろばん、ペーパーチャレラン

⑪ノート・教科書などに名前が書かれているか確認する

⑫ノートの書き方について指導する

（日付、ページ、赤鉛筆の使用、ミニ定規の使用、下敷きの使用、鉛筆の使用等）

⑬学級委員・1人1役当番を決める

⑭1人1役当番の掲示物を作らせる

⑮休み時間には一緒に遊ぶ

⑯クラスの集合写真・個人写真を撮る

⑰30秒自己紹介をさせ、練習して来た子を大いにほめる

⑱連絡帳を確認し、保護者からの連絡に返信を書く

⑲給食の配膳の仕方を教える

⑳給食のおかわりの仕方を教える

㉑そうじを見回りよくできていることをほめる

㉒当番活動ができていた子をほめる

㉓よい行動ができた子に一筆箋を書き保護者に渡すよう伝える

㉔水道の蛇口は使い終えたら下げることを教え、やらせる

3　子どもが帰った後

①教室の様子を確認・机の整頓等

②欠席した子どもの家へ家庭訪問するか電話連絡を入れる

③靴箱の様子を確認

④子どもの様子を記録する

⑤机・椅子の高さ調節をする（1日目にやり切れていない分）

月別プラン・ドゥ・シー〈２〉

新学期担任実務 チェックリスト【一週間】

【３日目】仕組みの運営・授業

１ 子どもが来る前

①黒板に教室に来たら何をするか書いておく

「窓を開けておいて下さい
連絡帳を書き、提出しましょう
８時５分には読書を始めています」

②明日の連絡事項を書いておく

２ 子どもがいる間

①教室に入るときに大きな声であいさつをする
②黒板の指示通りに活動した子をほめる
③１人１人の顔を見て出欠確認をする
④元気よく返事ができた子をほめる
⑤靴の入れ方がよかった子をほめる
（あらかじめ子どもたちの靴の入れ方を見ておく）
⑥提出物を持ってきたか確認する
⑦連絡帳を確認する
⑧筆箱・道具箱の中身を確認する
⑨授業前に、次の時間の準備をしておくことを教え、やらせる
⑩楽しい授業をする（例）
理科：わくわくずかんを使ったクイズ・フラッシュカード
社会科：フラッシュカード・地図帳を使った地名探し
⑪教科書を使って授業をする（例）
国語：詩を教材に1字読解
算数：作業を中心にテンポよく
⑫漢字の練習方法を教える
指書き↓なぞり書き↓写し書き
⑬授業中のルールを教えてほめながら強化していく
下敷き・ミニ定規を使う
１マス１マス丁寧に書く
日付とページを最初に書く 等
⑭１時間に最低１回はノートをチェックし、○をつける
⑮休み時間は一緒に遊ぶ
⑯日記を書くことを告げ、ノートを配布する
⑰日記の書き方を教える
⑱クラブ希望調査をする
⑲部活動について説明する
⑳１人１役当番の掲示物を完成させる
㉑移動教室の際は黙って整列し、黙って廊下を歩くことを教える（できないときはやりなおさせる）
㉒五色百人一首・ふれあい囲碁等、楽しいことを始める
㉓給食のルールを再確認し、できている子をほめる
㉔当番活動ができていた子をほめる
㉕よい行動ができた子に一筆箋を書き保護者に渡すよう伝える

３ 子どもが帰った後

①教室の様子を確認・机の整頓等
②欠席した子どもの家へ家庭訪問するか電話連絡を入れる
③靴箱・蛇口の様子を確認
④子どもの様子を記録する
⑤ペア学級のペアを決め、名簿を作る
⑥クラブ希望調査をまとめる

月別プラン・ドゥ・シー〈2〉

新学期担任実務
チェックリスト【一週間】

【4・5日目】軌道に乗せる

1　子どもが来る前
明日の連絡事項を書いておく

2　子どもがいる間
①教室に入るときに大きな声であいさつをする
②黒板の指示がなくても活動できた子を確認し、ほめる
③1人1人の顔を見て出欠確認をする
④元気よく返事ができた子をほめる
⑤靴の入れ方がよかった子をほめる（あらかじめ子どもたちの靴の入れ方を見ておく）
⑥提出物を持ってきたか確認する
⑦連絡帳を確認する
⑧筆箱・道具箱の中身を確認する
⑨授業前に、次の時間の準備をしている子をほめる
⑩鉛筆を削る等学習用具が準備できている子をほめる
⑪漢字の練習方法を教えた通りにやっている子をほめる
⑫授業中のルールを教えてほめながら強化していく
下敷き・ミニ定規を使う
1マス1マス丁寧に書く
日付とページを最初に書く　等
⑬1時間に最低1回はノートをチェックし、○をつける
⑭きれいなノートはコピーして掲示する
⑮休み時間は一緒に遊ぶ
⑯日記を書いてきたか確認し、コメントを書く
⑰係活動について説明し、始動させる
・クラスのために楽しい活動を企画
・2人以上でグループを組んで企画
・係のかけもち可能
・2週間活動がない場合は解散させる
・週に1回報告会を行う
⑱学級通信で教えたことを振り返る
・がんばっている子を取り上げる
・「どりょくのつぼ」の話紹介
・日記の紹介
⑲1学期のめあてを考えさせる
・具体的に数値を入れる
・定期的に確認する

3　子どもが帰った後
①教室の様子を確認・机の整頓等
②欠席した子どもの家へ家庭訪問するか電話連絡を入れる
③靴箱・蛇口の様子を確認
④子どもの様子を記録する
⑤実態調査テストの集計・分析
⑥1週間の反省・次週の計画を立てる
・教え忘れたことはないか
・全員をほめることができたか
・名前と顔が一致したか
・特別に支援を要する子の様子はどうだったか

（柴崎昌紀）

月別プラン・ドゥ・シー〈３〉

特別活動の仕組みづくり【係・当番】

特別活動の仕組み作りとは、次の４つの仕事を分担することである。

(1)給食当番
(2)そうじ当番
(3)日直および１人１役当番
(4)係活動

(1)～(3)は毎日やらなくてはならない活動である。(4)はなくても困らないが、あるとクラスが楽しくなる活動である。４年生は、様々な創意工夫ができるようになる学年であり、活動時間も比較的確保できるので、ダイナミックで楽しい活動が期待できる。

給食当番

１　グループ編成表を作る

５～６人のグループ編成とする。出席番号順でもよいし、男女混合としてもよい。

写真のように曜日ごとに誰が何をするのかを明確にして掲示しておく。給食着の番号と児童の番号を同じにしておくと、洗濯忘れを防ぐことができる。

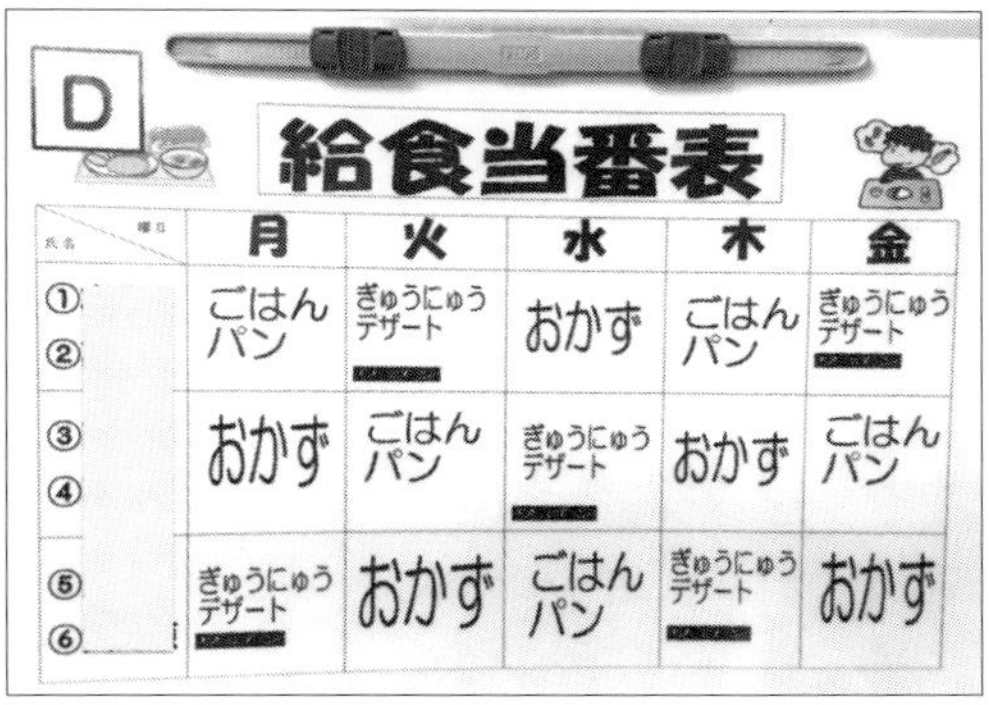

この表は学級の児童が３０名ならば５枚～６枚作成することになるが、週ごとに児童に入れ替えさせる仕組みを作れば、１年間教師の介入なく活動を行わせることができる。

２　教師が一緒に準備し、片付ける

基本的に、汁物は教師がよそう。汁物の担当児童にはお椀出しをやらせる。手際よくやってみせ、手本となることが重要である。片づけも同様である。そのうちに、まねをする児童が出てくる。それを大げさにほめることで、クラス全体の動きがよくなっていく。

軌道に乗ってくると、教師の手伝いなしにできるようになってくる。

そうじ当番

１　１人１役輪番表を作る

４年生の段階では、まだ１人１人の仕事を明確にしておいた方がよい。

１人１役輪番表（写真）はエクセルで作成すると、毎年名前を変更するだけで使えるようになるので便利である。

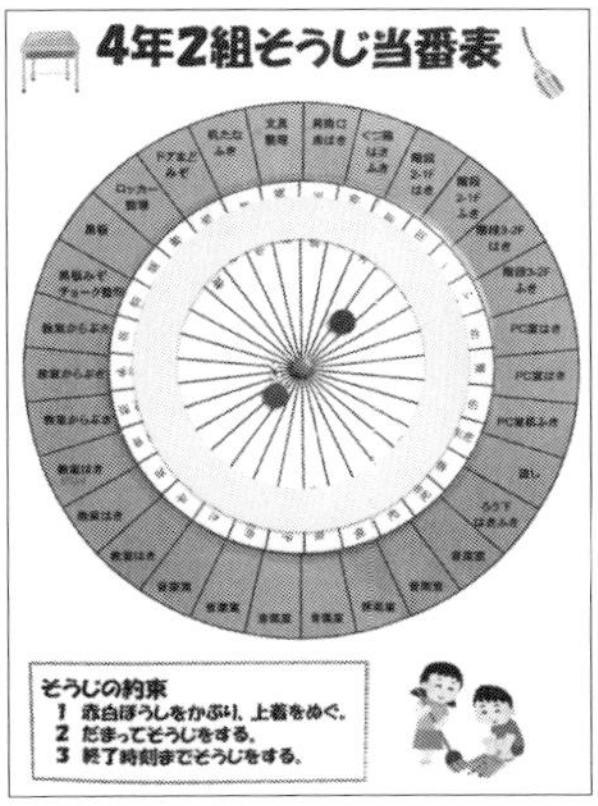

２　掃除用具の準備

誰が、どの掃除用具を使うのかを明確にすることが大切である。したがって、掃除用具にしっかりと「教室」「ろう下」などと書いておく。そうすることで、「先生、ほうきがありません！」という訴えがなくなる。掃除用具の使い方についても、確認や指導がしやすくなる。

月別プラン・ドゥ・シー〈3〉

特別活動の仕組みづくり【係・当番】

3　最初の1週間でやり方を教える

学校の取り決めに応じて、可能であれば最初の1週間は全員に教室掃除をさせる（山本東矢氏実践）。

その際、ぞうきんがけの仕方やほうきの使い方などの全体指導を行う。実際にやらせ、評定をする。例えば、「10点満点で評定します。隅まで拭いているかと、拭き残しがないかだけを見ます」などと説明してからやらせ、1人1人評定する。1年間の掃除の取り組みがここで規定される。

日直および1人1役当番

1　日直

朝の会、帰りの会の司会と戸締まりを行う。戸締まりを確実に行わなかった場合、翌日も日直とする。朝の会、帰りの会の流れをカードにしておき、翌日の日直の児童の机に置いておくと引き継ぎがスムーズである。

2　1人1役当番

当番の例を示す。

黒板・落とし物チェック・忘れ物チェック・保健・手紙配布・音楽・整列・生き物・図書整理・配膳台準備・配膳台片付け

複数人で1つの当番をやる場合は、曜日や時間等で明確に分担させる。整頓や美化、宿題チェックや集配の当番は班の中で分担させてもよい。

大切なのは、前年度までの活動を確認することである。「今までどんな係や当番がありましたか」と聞いて尊重しつつ、「先生のやってほしいことも付け加えさせてください」と言って新しい当番を加えていくとよい。

係活動の仕組みづくり

係活動の例を示す。ネーミングにも工夫がなされている。

スクープ新聞・ペットボトルボウリング会社・外で遊ぼうの会・イラストコンテスト・ダンス会社・ハッピーバースデープロジェクト

児童には、このような活動例を示した上で、図のような企画書を配布し、学級会や帰りの会で提案、承認の手続きを取らせる。

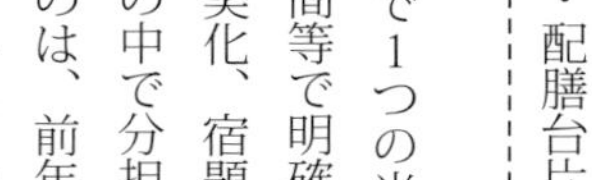

係活動活性化のポイントは3つある。

(1)活動時間を与える。
(2)みんなのためになることをさせる。
(3)活動状況の確認を行う。

(1)は、学級活動の時間の10分間を与えたり、休み時間に行わせたりする。大きなイベントを企画したときは、45分与えたりする。

(2)は一部の児童の楽しみのみに陥らないようにするための布石である。承認の可否を決める時の判断基準となる。

(3)は、教師が活動を賞賛したり、「新聞は何号出しましたか？」「イベント

月別プラン・ドゥ・シー〈３〉

特別活動の仕組みづくり【係・当番】

には何人来ましたか？」などと質問したりすることで、児童のやる気を高めるための時間である。

クラブ活動の仕組みづくり

一般には、クラブ活動は4年生から始まる。クラブの種類や希望の取り方・決定の仕方は各学校のクラブ活動担当の計画による。

クラブ活動には、例えば次のようなものがある。

> 音楽クラブ・将棋クラブ・サッカークラブ・バドミントンクラブ・ソフトボールクラブ・昔遊びクラブ・イラストクラブ・科学クラブ・工作クラブ・コンピュータクラブ

各クラブ活動に応じて具体的な手立ては様々あるが、大枠でのポイントは次である。

> 活動量を保証する。

私の勤務校のクラブ活動は年間10回である。したがって、少ない時間の中でどれだけ主とする活動ができるかが重要となる。例えば、スポーツ等の対戦型のクラブ活動では、次のような仕組みを作ることで活動量を保証することができる。

> (1)チームを少人数にする。
> (2)試合コートをたくさん作る。
> (3)上位リーグ～下位リーグを作る。

(1)　チームを少人数にする

サッカー等のチームの人数が多いスポーツは、試合の中でボールに関われずに終ってしまう子が出る確率が高くなる。そこで、チームを少人数にする。人数は1チーム当たり2人～3人が適当である。

(2)　試合コートをたくさん作る

チームが増えた分、コートも多く作らなければ、試合ができずに待っている子達ができてしまう。そこで、コートをたくさん作る。グラウンドや体育館のスペースに限りがあるので、コートとコートの間のスペースを作らないようにする。サッカーであれば、ゴールはコーンやハードル等を使う。

(3)　上位リーグ～下位リーグを作る

図のように、試合に勝ったら上位リーグに1つ上がる。負けたら下位リーグに1つ下がる。という仕組みにする。すると、試合を重ねる度に同じ位の力のチーム同士が対戦できるようになる。

時々チームのメンバーを入れ替えながら試合を進めると、マンネリ化を防ぐことができる。

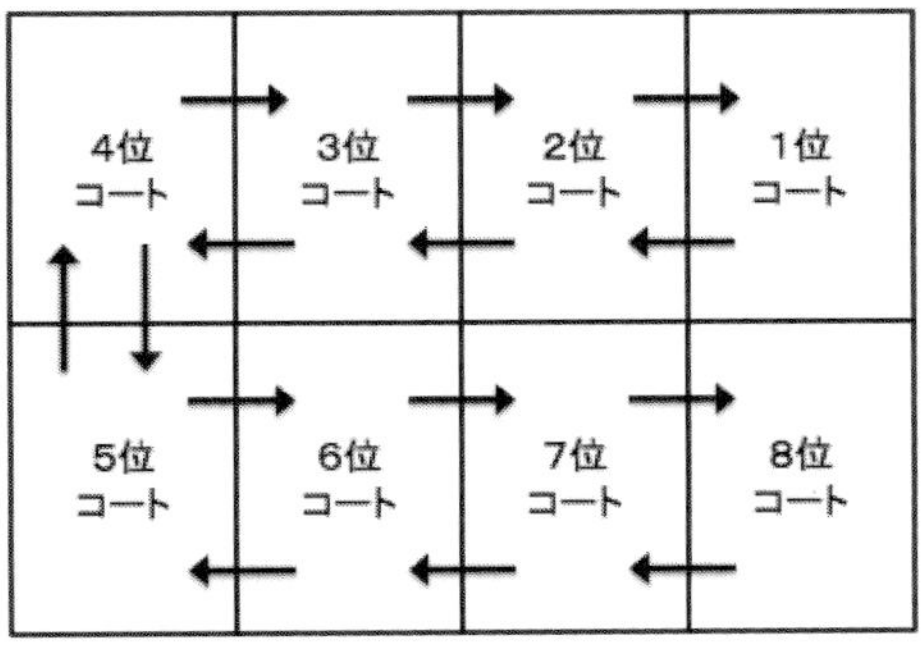

（柴崎昌紀）

月別プラン・ドゥ・シー〈4〉

4月の学級経営のポイント【1学期】

1年間の方針を打ち立てる

シンプルで子ども達にも分かりやすい方針を打ち立てることがポイントである。

例えば、伴一孝氏の実践がある。

A 学校は
賢くなるところ
仲良くなるところ

この方針をもとに、子ども達をほめたり、できていなければ指導したりすることになる。

黄金の1日目に教えることで、1年間を通して次のような指導ができる。

「学校は何をするところですか」
(賢くなるところです)
「君の行いで賢くなるのですか」
(なりません)
「では改めなさい」

他にも、次のような方針を考える方もいるだろう。

B 間違いをおそれない
C 何事も丁寧に取り組む
D 楽しく生活する

ここでポイントは、その方針についての指導場面を4月のうちにつくり出すことである。

例えば、次のように設定する。

B 間違いをおそれない
↓自ら発表させる場面を作る
C 何事も丁寧に取り組む
↓連絡帳を書かせ丁寧さを見る
D 楽しく生活する
↓早速レクリエーションを行う

そして、できていればほめ、できていなければ改めさせていく。方針と現実とを一致させていくのである。

学級通信は方針を確定させるための原稿として作るとよい。書くことで、自分の考えを明確にすることができる。

前のクラスのルールを確認

4年生は、3年間の学校生活の中で、クラスのルールについてある程度のこだわりを持っている場合がある。そこで、次のように学級の組織作りを行う。

①今までのルールを聞き認める
②新しいルールを追加する形で提案・確認する

ポイントは、新しいルールを提案する趣意説明をきちんと行うことである。「君たちのルール、とってもいいですね。では、その部分については同じようにやっていきましょう。次に、先生もやってみたいことがあるのだけど、ちょっと聞いて下さい。それは……」

と話していけば、子ども達も納得するはずである。

このようにして、そうじ当番・給食当番・1人1役当番等の組織作りを、4年生の自治意識を尊重しながらスタートさせる。

(柴崎昌紀)

〇〇年度〇〇小学校４年１組学級通信

Hello！

〇〇．４．１０発行第２号

＜４年１組の方針＞

◇４年１組の子ども達との顔合わせ。まず教科書を教室に運んだり、私の荷物を教室に入れたりしました。「手伝ってくれる人？」と聞くと、ほぼ全員が名乗り出ました。手紙等の配付も滞りなく終わりました。働き者ぞろいで、うれしく思いました。

◇次に、４年１組の一年間の方針を話しました。

■みんなが学校へ来る理由は２つあります。

１つ目は，勉強するためです。勉強して，賢くなり，世のために役に立つ，そんな人間になるために学校で勉強します。学校はそのためにあるのです。

２つ目は，友達と仲良くするためです。学校でみんなと勉強するのは，家で１人で勉強するのとは違います。１人で考えてもわからない時，友達に助けてもらえます。また，いろいろな人の意見を聞いたり，自分の考えを話したりすることで，君たちはいっそう賢くなれるのです。だから，学校では，友達と仲良くすることが大切です。■

◇また，私がどんな時に叱るのかについても話しました。

■先生はあまり叱らない方ですが，次の３つをした時には厳しく指導します。

まず，命にかかわる危険なことをしたとき。

次に，いじめなどで友達を深く傷つけたとき。

最後に，何度指導しても行動を直さなかったときです。

叱ることは，君たちが成長するためには必要なことです。みんな誰かに教えてもらいながら大切なことに気付いていくのですよ。■

◇最後に，以下のような話をして結びました。

２６人もいるのです。問題は起きて当たり前です。

大事なのは，それをどうのりこえていくかです。

先生はみんながかしこくなるために，一生懸命がんばります。でも，先生だけががんばってもみんなの力はつきません。それぞれ，一生懸命がんばりましょう。■

◇みんな真剣に聞いていました。その後，出席番号順に名前を呼び，顔を名前を確認しました。みんなよい返事をしていました。

今日話したことをもとに，学習がスタートしていきます。

月別プラン・ドゥ・シー〈4〉

5月の学級経営のポイント【1学期】

運動会は余裕ある計画を

5月末から6月の初めに運動会が行われる学校が多い。この時期は、まだ新学期がスタートしたばかりで、学級のシステムが軌道に乗り始めるくらいの時期である。

せっかく構築できてきたシステムをリセットさせないためには、

競技内容をシンプルにする

ことが重要である。

例えば、私は4年生の競技を次のように設定した。

個人種目　借り物競走
団体種目　全員リレー

借り物競走はスタート後にカードを引いて、そこに書かれている「人」を探して一緒にゴールする競技である。全員リレーはクラス対抗のリレーである。

このようにすることで、個人種目は並び方等の確認を1回行う程度でよく、団体種目は体育の授業にバトンパスのポイントを教えれば、自分たちで練習するようになる。

次に、表現種目は、

ビデオを見せながらできるもの

をお薦めする。子ども達はビデオを見ながら自分で習得していくことができる。教師は難しいところのみポイントを絞って教えればよい。

他は基本的にはほめてよい動きを広めていく。内容も確定するので、指導がブレずにすむ。

表現種目の指導時数は、8時間が理想である。10時間を超える指導は子どもも達に無理が生じる。

隊形移動もシンプルにし、早くに全体像を把握させてあげることが重要である。

通常の授業をきちんと行う

普段の授業と異なる活動が続くと、児童は休み時間と授業時間の区別がつかなくなる。運動会練習で生活習慣が乱れては、本末転倒である。そこで、

教師が授業時間を絶対に乱さない

ことが重要である。年間計画通りに通常の授業を行っていく。始業のチャイムで始め、終業チャイム前に終わる。そうすることで、子ども達は時間を守りつつ、運動会の練習にも一生懸命取り組むようになる。

練習の末の成果を演出する

運動会は、クラスの結束力を高めるチャンスである。特に、団体種目は「みんなで練習を積み重ねたことによって勝利を掴めた」という経験をさせることができる。リレーやムカデ競走、「いなばの白うさぎ」など、みんなで練習せざるを得ない競技を設定することで、クラスの向上の手立てとすることが可能である。練習には担任も付き添い、励まし続けてあげることが重要である。

（柴崎昌紀）

○○年度○○小学校４年１組学級通信

WAVE

みんなで協力し合い，思いやりと笑顔があふれるクラス

○○．５．３０発行第３９号

＜全員リレーを乗り越える＞

◇「先生、○○が言うことを聞いてくれない！」

「先生、××が勝手なことをして協力してくれない！」

全員リレーのグループ練習後、こんな声が聞こえてきました。

リーダーの指示に従わなかったり、リーダーの指示がわかりにくかったために混乱したりと、チームの中で課題が発生しているのです。

◇リーダーのあり方について子ども達に話をしました。大意、次のような内容です。

■リーダーは責任者である。

したがって、チームの中で問題が起こった場合、その全責任はリーダーが負う。

リーダーがどんなにがんばっていても、叱られるのはリーダーになる。だから、リーダーの仕事はきつい。

リーダー以外の人達のことを「フォロアー」という。フォロアーはリーダーの指示をしっかりきかなくてはならない。それは、リーダーがチームの全責任を負うからである。

だから、今回の問題の原因は、「リーダーの指示には絶対に従わなくてはならない」ことを知らなかった「勝手な行動をした子」にある。

◇また、次のことも付け加えました。

リーダーの指示があまりにも無茶で理不尽な場合は、先生に訴える。

◇リーダーは責任が重い。「親カメこければみなこける」。だからリーダーは精一杯がんばります。そして、そんながんばっているリーダーに迷惑をかけられないと、フォロアーもまたがんばります。そうやって協力体制ができあがっていきます。

◇昨日のリレー練習は、みんなで声を掛け合いながら、どんどんバトンパスを向上させていました。ここでも一つ、行事を乗り越える瞬間を見ることができました。

月別プラン・ドゥ・シー〈4〉

6月の学級経営のポイント【1学期】

校外学習を成功させる

消防署や浄水場、クリーンセンター等へ校外学習に行くシーズンである。

校外学習のポイントは2つある。

（1）メモの目標数を指定する

校外学習の事前指導で、次のように話す。

> 校外学習では、見たこと・聞いたことを全てメモしなさい。目標は50個です。「①〜がある」「②〜は〜するため」などと箇条書きにしていくのですよ。

初めて聞いた子はびっくりするが、実際にやらせてみると効果は絶大である。

みんなが一心不乱にメモを取り、話を聞く。

「先生、ぼくもう30個書いたよ！」などと報告にくるので、「え!?　もうそんなに書いたのか！　すごいなあ〜」と驚いてみせる。

子ども達は俄然やる気になって取り組む。

校外学習後は、メモしたことについて「なぜ〜があるのか」など解釈を加えさせると、よいまとめになる。

（2）質問内容を評定する

消防署や浄水場、クリーンセンターは、グループ行動よりも講話的な場面が多い。

また、講話の最後には質問を受けつけることがほとんどである。

そこで、子ども達に事前に質問内容を考えさせる。

次のように授業すると、学びの深まりそうな質問を考えるようになる。

> 消防署の方に質問したいことを、ノートに書きます。1つ書けたら持っていらっしゃい。先生が評定します。

子ども達は次々とノートを持ってくる。

それを「消防士さんは何歳ですか。Cです」「なぜ消防士になったのですか。B」「仕事をしていて、困ったことは何ですか。これはするどい。A」というように読み上げながら評定していく。評定基準は教師が自分で決めてよい。

クラスの状態を点検する

校外学習の様子でクラスの状態が点検できる。例えば、次の5項目が挙げられる。

> □姿勢よく話が聞ける
> □素早く並ぶことができる
> □ろう下を静かに移動できる
> □自分から挨拶できる
> □礼を合わせられる

当日になって「しまった」と思わないように、できるようにしておきたいことを明らかにしておく。そうすることで、日常の指導の結果が校外学習の成功という形で表れる。

（柴崎昌紀）

〇〇年度〇〇小学校４年１組学級通信

WAVE

みんなで協力し合い，思いやりと笑顔があふれるクラス

〇〇．６．２４発行第６０号

＜円の法則＞

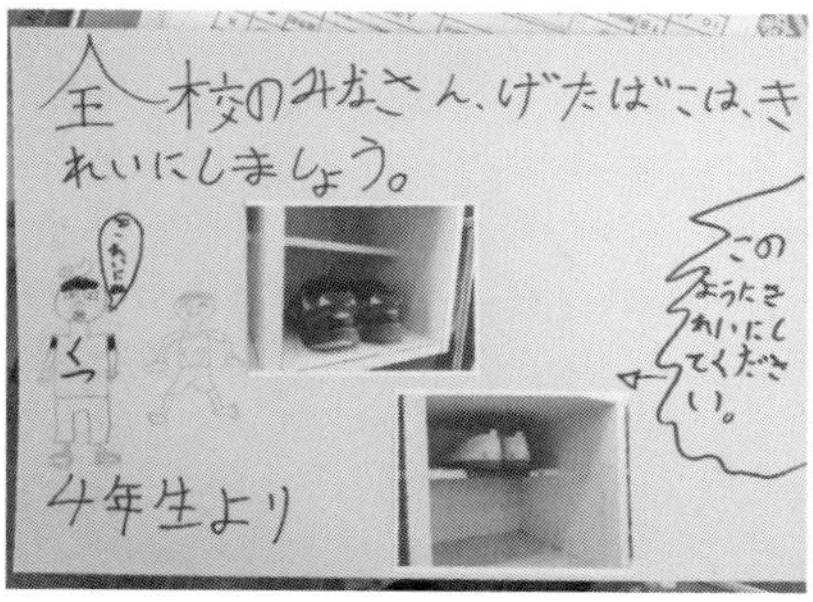

◇[redacted]さん、[redacted]さん、[redacted]さん、[redacted]さんら学級役員の働きで、５月にはほぼ毎日、かつ全員がくつばこのくつを揃えられるようになりました。

その勢いで、今度は「学校全体のくつがそろうように呼びかけよう！」ということになりました。[redacted]さんと[redacted]さんはさっそくポスターを作り、児童会で提案し、昇降口にポスターを掲示しました。

◇４時間目が終わると、私は誰よりも早く準備をしようと作業を開始します。４月からずっとそうしてきました。

最近では、私が準備していると「すみません！」と言って手伝う子が出てきています。

先生にやらせてはいけない。

そういう感性が育ってきています。とても嬉しいです。

◇流し前のろう下がよごれていると、ぞうきんで拭く子がたくさん出てくるようにもなりました。自分がよごしたのではないのにです。自分の時間を人のために使っています。

世の中には

円の法則

というのがあると子ども達に話しました。よいことをすると、よいことがめぐりめぐって円を描くように返ってきます。それはすぐに返ってこないこともあります。しかし、努力のつぼのようにかならず蓄積され、やがてあふれ出てくるのです。

■テーマ　神様会社！

今日おてつだい会社を作りました。すると、きかくしょをかきおえたので先生に出すと、
「これまさに、神様会社だよ」
といってくれました。その言葉を聞いて、私は
「神様会社もよかったんじゃない」
というと、ふうかさんが
「だよね～だよね～」
といいました。

私はうれしかったです。

先生もできるだけてつだいをしないようにおねがいします。

でも先生のおかげで、『神様会社』が思いうかんだんです。ありがとうございます。（[redacted]）

月別プラン・ドゥ・シー〈4〉

7月の学級経営のポイント【1学期】

パーティを企画させる

運動会のがんばりや1学期終了をねぎらう目的でパーティを企画させる。

パーティの取り組み方にも次のような段階があり、学級の実態に応じて取り組ませ方を選ぶとよい。

> ①教師が全て仕切る
> ②教師が司会をし、各担当を割り振る
> ③司会も担当も子どもがやる
> ④企画を班毎に提案させ、数回の会議の後に決定した企画を実行させる

4年生ならば②の段階から始められる学級が多いだろう。その場合、次のように展開する。

> （1カ月前）運動会でみんながとってもがんばっていたので、パーティをやりたいと思います。開催予定日は、7月○日の3・4校時です。場所は、教室と体育館が使えます。このクラスでは初めてのパーティなので、今回は先生が司会をします。

ここで重要なのは、

> 準備期間を設けること
> 開催日の変更の可能性を伝えること

である。短い準備期間では、やっつけ仕事になり、教育のチャンスを逃してしまう。また、開催日が変更するかもしれないと伝えておかないと、「先生は約束を破った」と信頼を失いかねない。

各担当の割り振りは、「みんなが楽しめるもの」を条件に内容と担当を決めさせる。

担当を希望しない子には飾り付けやポスター作りをさせると、全員が参加するパーティができる。

成長を自覚させる

授業および学級経営の手立てとして重要なのは、

> 教えて　ほめる

ことである。4月に方針を「教え」、できた子を「ほめる」ことをくり返していると、子ども達の成長が見えてくるはずである。

中には、あと数カ月教えることをくり返さなければ結果が見えない子もいるが、ここで自分たちの成長を自覚させたい。

例えば、次のように行う。

> 1学期の間に自分ができるようになったこと・成長したと思うことは何ですか。ノートにできるだけたくさん書きなさい。

この後、全員に発表させる。「ぼくもそれができるようになっていた」と気付く子も出てくる。

この取り組みによって、教師の指導の点検や個人面談の資料作りができる。

（柴崎昌紀）

〇〇年度〇〇小学校４年１組学級通信

WAVE

みんなで協力し合い，思いやりと笑顔があふれるクラス

〇〇．７．５発行第６６号

＜目標を紙に書き出す＞

◇子ども達が自学に熱心に取り組んでおり、毎日感心しています。
　本号では、[redacted]さんの日記を紹介します。

■テーマ　私の目標
　私の目標は３つある。それは…
①二重とびをとべるようにする。
②運動をすこしでもとくいにする。
③水泳ですこしでもおよげるようになる。
の３つです。

　まず…①の目標では…

二重跳びなのですが、昔のころにたしかできていたのですが、やらないうちにできなくなりました。

　次に…②の目標です。

　運動はやっぱり苦手でした。けれど私は「がんばれば出来る」という事から、出来るようになりました（少し）。

　最後に…③の目標では…

　私は元もとクロールが出来ませんでした。去年は、じゅぎょうでは１１級までしか上がりませんでした。

　でも今年はなんと！！６級までいきました。ラッコのチームで３年生なんかといっしょにがんばっています。（[redacted]）

◇夢を実現するために、プロのスポーツ選手や大きな仕事を成し遂げる人々がやっているのは、

目標を紙に書き出す

ということです。

　目標を紙に書き出した瞬間、脳内で成功に向かう回路が作られます。普段何気なく見過ごしていたことが、ふと目にとまるようになります。「これは私の夢の実現のために使える！」ということが発見されたり、大事な人に出会えるようになったりするのです。

◇日曜日は七夕です。たんざくでなくても、日記などを活用して、目標を紙に書き出すことを強く勧めます。

月別プラン・ドゥ・シー〈4〉

8月の学級経営のポイント【夏休み】

夏休みの宿題の内容

ポイントは次の2つである。

（1）反復練習の必要な課題
（2）夏休みにしかできない課題

（1）反復練習の必要な課題

4年生の場合はわり算の筆算である。取り組ませておかないと、やり方を忘れてしまう子が生じる可能性は高い。

また、1学期のうちに習った漢字についても、反復練習が必要である。課題に入れておきたい。

課題の量については、学年の実態に応じて設定するべきだが、注意点として、

答えを配布する

ことが大切である。

これは、問題に取り組んだ後すぐに回答を確認した方が、学習効果が高まるからである。

また、わからないところがある場合に、写すことも大切な学習となる。夏休み後のケアは当然必要だが、各家庭での学習になる以上、必ず配布しておきたい。

（2）夏休みにしかできない課題

例えば、次のような課題である。

・旅行記
・科学工夫工作
・プログラミング
・各種コンクール

「どれか1つに挑戦してみなさい」と課題を設定する。

1つのテーマを掘り下げて調査・学習することは昨今の学校現場ではなかなかできない学習である。ただし、次のことに留意する必要がある。

やり方を簡単に教えておく

ただ「やりなさい」と突き放すのは、子どもやその家族に対しての負担が増すだけである。

1学期の学習の延長になるような内容が指定できるとよい。

例えば、「校外学習で作った新聞の形式で、旅行記を作る」や「理科で学んだ電気回路を使って工作する」などである。

教師が学ぶ

次のような活動を通して、教師としての力量を高めたい。

・読書
・セミナーや研修会への参加
・校内研修や教育サークル等での模擬授業

学期中は校務に忙殺され、研修する時間がなかなか取れないのが現状である。

夏休みにはリフレッシュもしつつ、子ども達に成長した担任の姿が見せられるよう、スケジュールを設定したい。

（柴崎昌紀）

○○年度○○小学校４年１組学級通信

WAVE

みんなで協力し合い，思いやりと笑顔があふれるクラス

○○．８．２９発行第７５号

＜１０１日間の間の自学は効果があったのか＞

◇「日記を１００日間続けていれば、最初に比べて確実に向上が見られる。」ということを４月の最初に子ども達に話しました。

１０１日間２ページ以上取り組めた人
[redacted]さん、[redacted]さん、[redacted]さん、[redacted]さん、[redacted]さん、[redacted]さん、[redacted]さん、[redacted]さん、[redacted]さん、[redacted]さん、[redacted]さん、[redacted]さん

◇終了冊数も確認しました。

１２冊	１人	[redacted]さん
１０冊	１人	[redacted]さん
９冊	１人	[redacted]さん
８冊	２人	[redacted]さん　[redacted]さん
７冊	４人	
６冊	３人	
５冊	２人	
４冊	１０人	
３冊	５人	
２冊	６人	

◇[redacted]さん、[redacted]さんは毎日４ページを越える量をぎっしり丁寧に書き続けてきました。
[redacted]さんは自学に熱中し、１日で１冊を終わらせてくることもありました。

量が全てではありませんが、一生懸命取り組んできたことは事実です。また、

何かに熱中する体験をしてほしい

と思います。夢を叶えてきた人達は、どこかで「熱中期」を過ごしているといいます。スポーツ、学習、文化活動。何でもいいですから、何かに熱中して取り組むという体験をしてほしいです。

◇１冊目の自学ノートと、今の自学ノート、変化はあるでしょうか。
向上が見られればそれは自分の努力の賜です。

あまり変わっていないな、というのならば、「努力のつぼ」が大きい人のなのかもしれません。

私も子ども達のノートを吟味し、９月からの取り組みに生かしていきます。

月別プラン・ドゥ・シー〈4〉

9月の学級経営のポイント【2学期】

白銀の3日間

ポイントは3つである。

（1）黄金の3日間の復習
（2）初日から授業を行う
（3）宿題を出さない

（1）黄金の3日間の復習

4月に話した方針を再度話す。持ち物のルールや宿題のルールまで全てである。4月と異なるのは、

覚えていたことをほめる

ことである。ほめることで、7月までにできていたことを引き戻す。

覚えていなかったことは、また教えればよい。

（2）初日から授業を行う

運動会シーズン同様、授業以外の時間が続くと、子ども達は緊張感を無くしてしまう。そこで、1日目から1時間でもよいから授業を行う。

例えば50問漢字テスト。夏休み前に予告をしておけば、子ども達は課題意識を持って練習に望むことができる。

そして、一気に授業モードに頭を切り替えることができる。

（3）宿題を出さない

山本東矢氏の実践である。夏休み明け最初の3日間には宿題を出さない。

そうすることで夏休みの課題がまだ終っていない子に対する支援とする。

また、「宿題をやってこない」子を叱る場面がなくなり、白銀の3日間をほめて軌道に乗せることができるようになる。

作品処理はその場主義で

（1）プリント・ワーク等

例えば、次のように行う。

①机の上にプリントを出しなさい。
②隣と交換しなさい。
③丸付けをしてある人は手を挙げなさい。（名簿にチェック）
④提出しましょう。

このようにすれば、担任が全てに目を通さずに提出の確認ができる。

また、提出後に不備に気付いて返すこともなくなる。

（2）作品発表会（向山洋一氏実践）

作品発表会と同時に作品に朱を入れる。準備するものは次である。

□作品カード（余分に印刷）
□教師のコメント記入カード
□赤ペン
□セロテープ

発表会は次の手順で行う。

①作品カードを書かせる。
②1人ずつ発表させる。
③発表をしている間にコメントをコメント記入カードに赤ペンで書く。
④子どもにコメントを書いたカードを渡し、作品カードにセロテープで貼らせる。

このように、作品処理は効率よく行い、授業に専念できるようにしたい。

（柴崎昌紀）

〇〇年度〇〇小学校４年１組学級通信

WAVE

みんなで協力し合い，思いやりと笑顔があふれるクラス

〇〇．８．３０発行第８０号

＜必死の努力は人を裏切らない＞

◇教育新書「４年の学級経営」（向山洋一著、明治図書）から、一説を紹介します。

■Ａ男は、背のすらりとした明るいスポーツマンであった。知能テストの結果もクラスで一番良く、成績も上位で女の子にもすごく人気があった。ただ、この子は漢字の練習は全く（完全に全く）しなかった。頭の回転も良いから読解テストなどはできるから、平均点は良かった。私は一抹の不安をおぼえ、本人、親とも何度か話し合ったが、いつも三日坊主で終わっていた。＜今のうちは遊んでいても、やがてやるようになる。＞＜いつかやります。＞という周りや本人の言葉に、そうかもしれないと私もいつしか同意しはじめていた。

　しかし、中学になってもかわらなかった。他の勉強も全くしなくなった。住み心地が良い方へ流れ、努力を必要とすることも全くしなくなった。学問の世界は甘くはない。中学を出る頃、彼はどんじりの成績となる。中学を出て職を得て、いくつかの職を転々とした。

　彼は今一応は幸せそうである。人の生き方はいろいろあるからそれでも良い。しかし、担任としては、もっと多くの可能性を彼に示しえたはずであるという悔いが残る。どうしてあの時に、もっともっと、一抹の不安を追求しておかなかったのかという悔いである。

■Ｂ男は、何をさせても不器用であった。日記を毎日きちんと書くし、漢字の練習もきちんとするが、担任して三年間、日記はあいかわらず下手であった。算数も計算以外はほとんど駄目であった。体育もまるでへた。成績はＣの上か、Ｂの下であった。私は、励ます言葉もなくなり＜十年かかろうが、二十年かかろうが、力を尽くせば良い。必ず伸びる＞と、いったものだった。中学に入っても相かわらずであった。＜向山先生の言葉だけを信じていた。＞と後で母親が語っていた。中二の終わり＜英語、学年一位、社会、学年一位、国語、四位、算数六位＞という便りをうけとった。苦節五年である。

◇上記と同じ事実を、今年度の子ども達を見ていて感じています。いくら才能があっても、努力を怠れば向上しない。しかし、才能はないように見えても、努力を続けていれば、いつか花開く。

　４月はじめ、「必死の努力は人を裏切らない」という話をしました。前期後半の開始にあたり、努力の大切さをもう一度確認していきます。

月別プラン・ドゥ・シー〈4〉

10月の学級経営のポイント【2学期】

部活動への取り組ませ方

4年生から部活動が始まる学校がある。取り組ませる前に、教師が期間中を通してできるようにさせたいことを確定させておくことが重要である。例えば、

あいさつ　返事　後始末

である（森信三「しつけの三原則」）。

ここでも、指導場面を実際に創り出すことが大切である。朝練習の際にあいさつをさせたければ、教師は先にグラウンドに出て待つ必要がある。後始末を意識させたければ、部活動中の荷物の置き場や置かせ方を教えておく必要がある。指導すべき機会を逃すと、「やらなくてもいいんだ」と子どもは考えてしまう。

また、運動会と同様に、練習時間を厳守する必要がある。部活動の終了時刻が遅くなり授業開始が遅れては、本末転倒である。

学級全体を次のステージへ

4月の方針に従って、繰り返し教えたりほめたりしていると、子ども達は段々とほめられずとも自主的に活動をするようになってくる。例えば、給食の準備や掃除などで担任がいなくてもスムーズに行われるようになってくる。そうなれば、学級を次のステージに上げるチャンスである。再度、お手本となる子ども達の姿を取り上げ、ほめていきたい。そうすることで、他の子ども達の行動も引き上げられていく。

校外学習（バスレク）

4年生後半の校外学習は、バスを使った遠距離移動の場合がある。バスの中での過ごし方のポイントは次の2点である。

（1）バスレクも教師が仕切る
（2）自己表現の場とする

（1）バスレクも教師が仕切る

学級パーティと同様に教師が司会をし、「なぞなぞ」「ハンカチ回し」などの各種レクは希望者を募り、計画させる。教師が司会なので、常時マイクを持って意図的に盛り上げることができる。盛り上げている子に「○○さんに1ポイント！」などとポイント制にすると、さらに盛り上がる。

（2）自己表現の場とする

歌集を作り、カラオケ大会を企画すると、よい自己表現の場となる。

「どんな発表でも、終わったら盛大に盛り上げること」などとルールを決めておくと、勇気を持って歌った子の成功体験を助けることができる。

最初は複数人で歌っていた子も、後半には味を占めて1人で歌い始めることもあり、学級の中で自己表現できる雰囲気を作るには、絶好の機会となる。

また、これをきっかけに、学級の「スピーチコンテスト」や「のど自慢大会」等の企画に繋げていく。

（柴崎昌紀）

○○年度○○小学校４年１組学級通信

WAVE

みんなで協力し合い，思いやりと笑顔があふれるクラス

○○．１０．１１発行第 100 号

おかげさまで、百号となりました。後期も子ども達の成長を記録していきます。よろしくお願い申し上げます。

＜前期、ありがとうございました＞

◇本日で、前期１０１日間が終了しました。
　まずは、前期の間１日も休まずに登校してきた子ども達を紹介します。

＜前期皆勤賞の子達（敬称略）＞

◇１日も休まずに登校することは難しいことです。大変立派です。

◇前期終了間近になり、子ども達は著しい成長を見せました。
　学習、運動、生活習慣…様々ありますが、私が一番印象に残っているのは、「利他活動」です。
◇まず、給食の準備が大変早くなりました。３７人という大人数ですが、準備の時間に１０分もかからなくなってきました。
　それは、給食当番以外の子達がいつも進んで手伝うからです。この文化を創り出したのが、[redacted]さんでした。

　給食のワゴンを自主的に運び始めたのは、[redacted]さん、[redacted]さん、[redacted]さんでした。

◇掃除の取り組みもものすごいです。
　最近は教室掃除がチャイムきっかりにスタートし、１２分程で終了します。終了すると、トイレ掃除やろう下掃除、その他ゴミ捨てなど、他の分担を手伝いに行くのです。

　中でも[redacted]さんの机運びのスピードはものすごいです。一人で全部運んでしまう勢いです。

　[redacted]さんは掃除終了後、黒板をただきれいにするだけでなく、大掃除よろしく黒板の上の溝まできれいにしていました。

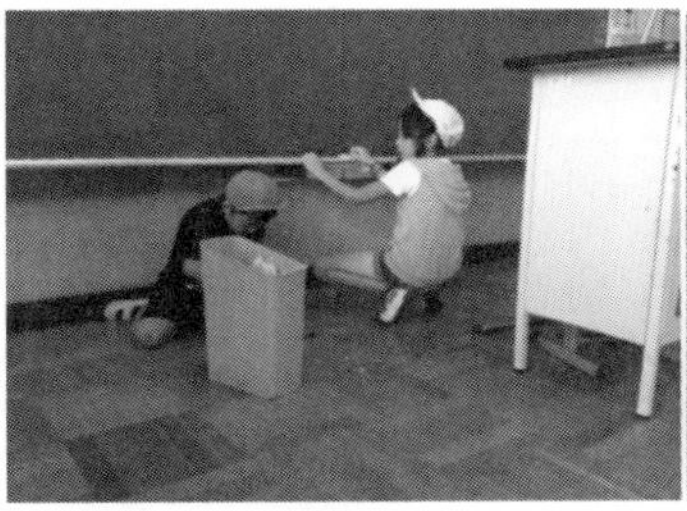

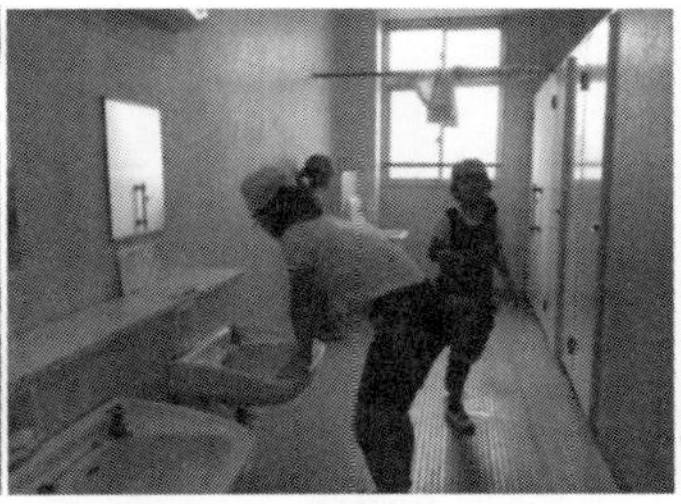

左：[redacted]さん・[redacted]さん　　中：[redacted]さん・[redacted]さん・[redacted]さん

右：[redacted]さん・[redacted]さん

月別プラン・ドゥ・シー〈4〉

11月の学級経営のポイント【2学期】

音楽会を成功させる

音楽会を成功させるポイントは2つある。

（1）オーディションの準備期間をしっかり取る
（2）教師も一緒に練習する

（1）オーディションの準備期間をしっかり取る

音楽会では、ピアノに始まり打楽器等をオーディションで決める。音楽専科がいる場合はその先生が中心になって分担されていくが、ピアノは練習が特に必要であり、立候補する子達も切実な思いを持ってオーディションに望むことが多い。

したがって、誠実で公平なジャッジができるよう臨まなくてはならない。そのために、まずは

1カ月前からオーディション日を予告する

ことが重要である。

そして、複数の教師の目でジャッジをすると、より公平な分担をすることができる。打楽器についても同様に、休み時間等に練習ができるよう音楽室を解放する。

（2）教師も一緒に練習する

リコーダーやピアニカの演奏が難しい子がいる。そして、できない子に限って、自主的な練習を好まない。そういった場合に支援できるのは担任である。教師も一緒に練習することで、彼らに寄り添いつつ、できるようにさせることが重要である。

演奏に限らず、掃除や当番の仕事においても、

意欲的に取り組まない子に対しては一緒に取り組む

ことが重要である。

学芸会を知的に

学芸会では児童会を中心にテーマやテーマソングが決められ、練習の末に本番を迎えることが通例である。これらのテーマや歌を活用して授業を行うと、学芸会の取り組みが横断的で知的に深まりのあるものになる。

例えば、テーマソングについて詩の読み取りをする。

すると、「なるほどこれはテーマとしてふさわしい歌だ」「少しテーマとずれるかな」等、4年生なりに解釈をする子が表れる。また、この取り組みが6年生を送る会や卒業式の歌に対しても活きてくる。

クラスの状態を点検する

学芸会の様子でも、クラスの状態が点検できる。

例えば、次の3項目が挙げられる。日常の指導がよい意味で表れる行事としたい。

□1度で指示が聞ける
□素早く並ぶことができる
□動かずに姿勢を保てる

（柴崎昌紀）

〇〇年度〇〇小学校４年１組学級通信

Hello !

心一つに・高学年に負けないクラス　〇〇．１２．３発行第６３号

＜「大切」をこう読む２＞

◇「大切」の読み取り、最後にまとめを書かせました。
　だいぶ叙述に即した意見を書くことができるようになってきています。

　話し合いでは、[redacted]さん、[redacted]さん、[redacted]さん、[redacted]さん、[redacted]さん、[redacted]さん、[redacted]さんたちがリードして、積極的に交流しています。

◇子ども達には、いつも積極的に発表するようによびかけています。それは、発表しようとするとき、人は頭をフル回転させられるからです。
　発表する人としない人とでは、学習の質は何倍も違うと聞いたことがあります。

◇また、発表をすると、友達からいろいろな反応があります。同じ意見であったり、反対意見であったり、付け足し意見であったり。発表すると、自分の意見がどうなのかがわかるのです。そこからまた学びがあります。

◇「大切」の授業の最後に、まとめを書かせました。
■この歌はせつない話の歌だと思う。
　なぜならさいしょはよかったけど、最後にぼくのねがいはただ一つ二人の日々がつづくようにとかいてあるからはなれていると思う。（[redacted]）
■この歌は、わかれるような話の歌だと思う。なぜならこの歌じたいは、てがみみたいになっているからです。（[redacted]）
■この歌は友だちかんけいの歌だと思う。なぜなら二人のひびがつづくようにとかいてあるから。（[redacted]）
■この歌は恋物語の歌だと思う。なぜならあなたが大切とかあなたがもしこの世に生まれてなかったらとか考えているから。（[redacted]）
■この歌は恋人の話の歌だと思う。
　なぜなら「永遠に」と書いてあるから。（[redacted]）
■この歌はけっこんすんぜんの話の歌だと思います。
　なぜなら、４～５年たてば、けっこんの話もしていると思うからです。（[redacted]）
■この歌はあなたと出会って、その愛しさのあまり、こんな曲まで作ったんだと思う。なぜなら、「あなた」中心のことしかかいていないから。（[redacted]）

月別プラン・ドゥ・シー〈4〉

12月の学級経営のポイント【2学期】

イベントをレベルアップ

「7月の学級経営のポイント」（34ページ参照）の中で、パーティの企画の段階を紹介した。

> 企画を班毎に提案させ、数回の会議の後に決定した企画を実行させる

12月はこの段階に挑戦させたい。次のように展開する。

（1）班ごとに企画書を書かせる

例えば、

ア．プログラム
イ．時間配分
ウ．実施場所
エ．役割分担
オ．会場設営

についてノートにまとめせる。

（2）企画書ついて討議する

子ども達が作った企画書を児童数分印刷・配布する。そして、各班の班長に自分達の作った企画について説明させる。

その後は討議である。どの企画が一番よいかを決めるための話し合いである。討議の末、自分達の作った企画に不備があることがわかるので、修正させ、次回の討議に備えさせるのである。

時間がかかるが、最終的に決まる企画は、多くの子達が納得するものとなる。

（3）役割分担をする

討議によって採用された班のメンバーを中心に、担当を振り分ける。基本的に希望する担当場所に配属させる。全員がなんらかの担当になることがポイントである。

縄跳びに取り組む

1月になると、縄跳び大会が学校行事として行われる学校は多い。8の字跳びや大縄跳びに学級として上手く取り組むことができれば、結束をさらに深めることができる。

しかし、1月になってから急に取り組み始めると、教師にも子どもにも無理が生じる場合がある。そこで、12月のうちから体育の時間を使って少しずつ縄跳びに取り組ませたい。

年賀状に取り組む

各学校に毎年郵便体験事業の案内が届いているはずである。申し込むと児童数分の手紙の書き方テキストと年賀はがきが送られてくる。これを利用して手紙の書き方を教えることができる。

尚、ポイントは

> 誰宛に出すかを確定させる

ことである。そして、実際に住所・宛名を書かせるところまでを授業で行う。確定しないままに冬休みに突入させると、結局投函しないままになってしまう可能性が高くなるからである。

手紙の書き方の指導は、実際に送ったりもらったりするやりとりを経験させることを通して行いたい。

（柴崎昌紀）

〇〇年度〇〇小学校４年１組学級通信

WAVE

みんなで協力し合い，思いやりと笑顔があふれるクラス

〇〇．１２．２０発行第１４３号

＜後期前半を振り返る４＞

■後期前半がんばったこと　[redacted]

後期ぼくががんばったことは、算数をていねいにしっかりとかくことができたことです。なぜなら、いつもせんひきをつかっていなくて、先生に、「じょうぎをつかいなさい」と言われたので使っていました。

そして、長いことつかっていたら、先生が「字、うまくなったね」といってくれました。

うれしくなったぼくは、これからも、しっかりとべんきょうをしていきます。

■後期、前半がんばったこと　[redacted]

私が、がんばった事は、学習です。とくに算数です。わり算のひっ算は、むずかしかったけれどがんばりました。次に学んだことです。それは、がい数です。およその事とかこうやってやるのか初めて知りました。あと、「四捨五入」と言う言葉も初めてしりました。

むずかしいかな～。と思ったけれど、やってみたらとってもかんたんでした。

次に日常生活です。日常生活でがんばった事は、そうじです。すみずみまでそうじしたと思います。とくに、図書室では、からぶきを１３～１５周やったと思います。そうじは、これからもがんばりたいです。あとなわとびで、二重とびが５回できるようになってうれしいです。

前期・後期関係なく、このような事をこれからもがんばりたいです。とくにそうじは、がんばりたいです。

◇[redacted]さんも[redacted]さんも、大切なことを学びました。

「丁寧にできる」ことは、勉強ができるようになるための絶対条件です。

丁寧に、正確にやるから、よく考えるようになります。ミスも減ります。

◇そうじをがんばりたいというのも、とても嬉しく読みました。

昨日、大掃除をしました。

分担の掃除が終わると、子ども達は次々と手伝いに回りました。

私が教室を離れている間に、[redacted]さん、[redacted]さん、[redacted]さん達が活動室のほこりとりや窓掃除をしていました。

さくらさん、[redacted]さん達は教室の机や棚、ロッカーを全部きれいに水拭きしていました。

[redacted]さんと[redacted]さんは下駄箱の中の砂をすみずみまで掃き取っていました。

[redacted]さんと[redacted]さんは教室の扇風機や換気扇など普段は手の届きにくいところのほこりを拭きとっていました。

掃除を一生懸命がんばれる４年１組、素敵なクラスです。

月別プラン・ドゥ・シー〈4〉

1月の学級経営のポイント【3学期】

青銅の3日間も基本は同じ

ポイントは３つである。

①黄金の３日間の復習
②初日から授業を行う
③宿題を出さない

白銀の３日間と同じである。しかし、冬休みの課題を夏休みよりも少なくすることで、より早く授業モードに切り替えられるようにする。

二分の一成人式に備える

４年生では、「二分の一成人式」を実施する学校が多いことと思う。「親への感謝の手紙」や「自分の生い立ちの振り返り」等、様々な実践がなされているが、それらの取り組みにこだわる必要はない。現在、子ども達を取り巻く家庭環境は様々である。実態に応じた計画を考えたい。

例えば、次のような実践がある。

（１）６年生を送る会の演目発表
（２）落語の発表（代表者）
（３）親守詩のスライドショー

（１）６年生を送る会の演目発表

３月末に二分の一成人式を行うならば、６年生を送る会に参加できない４年生保護者としては嬉しい企画である。子ども達にとっても、新しいものを作らずにすむので負担は少ない。むしろ２度目の披露の機会が、より子ども達を成長させてくれる。

（２）落語の発表

国語の学習の延長である。これ以外にも、総合的学習の時間で学習したことのまとめを発表する場としてもよい。

（３）親守詩のスライドショー

「お母さん　いつもご飯をありがとう
　その一言で　またがんばれる」

というように、上の句を子ども、下の句を親や家族が作る詩を親守詩（おやもりうた）という。

まずは授業で子ども達に作品を例示しながら上の句を作らせる。次に、お家の方にご協力頂き、下の句を作ってもらう。できたものをスライドショーにして、当日ＢＧＭと共に流す。現在の自分達の写真もスライドショーに添えるとよい。

長縄でクラスを1つに

学級通信の例に長縄に取り組む意味を載せた。長縄大会を開催する学校は多い。これを機会にクラスの結束力を向上させたい。

微細技術は様々あるが、ポイントは

運動量の確保

である。縄跳びを苦手としている子を短い練習時間の中でいかにたくさん跳ばせるかが重要である。グループをいくつも分けて練習したり、観点を絞って評定したりするのが有効である。

（柴崎昌紀）

〇〇年度〇〇小学校４年１組学級通信

Hello！

心一つに・高学年に負けないクラス　〇〇．１．１５発行第７７号

＜行事をこえて大きくなる＞

◇縄跳び練習が始まりました。

個人種目は後ろ跳び１分３０秒、団体種目は大縄一斉跳びです。

今年度の４年生の大縄は２１３回が目標です。

◇第１回目の測定結果（３分間）は６０～７０回くらい。

先週末の第２回目の測定結果は８９回でした。まだ2回目なのでなんともいえませんが、着実に記録をのばしてきています。

◇子ども達には縄跳び練習をはじめるにあたり、次の話をしました。

「縄跳び集会は何のためにあるのか。それはみんなの日常生活がもっとよくなるためにやります。縄跳び集会に取り組んだ後に、そうじを一生懸命やったり、勉強に一生懸命に取り組むようになったりすれば、縄跳び集会は意味があったんだなということになります。

縄跳び集会の時だけ協力するのではなく、これからみんなでもっと協力できるようにするために縄跳び集会に向けて練習をするのです。普段から協力してそうじができたり、みんなと勉強できたりすれば、大縄跳びだってきっと息を合わせられるはずです。だから、日常生活をさらに向上させていきながら練習しましょう。」

行事をのりこえ日常生活を向上させる。

◇練習の中ででてくるであろう様々な課題をみんなで乗り越えながら、今よりも大きく成長してほしいと思います。

■今日は、昼休みにドッチボールをしました。

今までのようにシュシュとボールをなげました。

わんぱくタイムだから残りの時間で大なわをしました。

大なわではぼくはグルングルンと回しました。

手がめちゃくちゃつかれました。

でも2回目なのにすぐこつがつかめました。

自分の身体を７０°にしてぜんたいじゅうをかけることを頭で考えて回しています。

（[redacted]）

◇回し手の[redacted]さんを始め、多くの子ども達が自主練習に汗を流しています。

月別プラン・ドゥ・シー〈4〉

２月の学級経営のポイント【3学期】

基礎学力の保証

まず、最低限どんな力を身につけさせておきたいかを明確にしておくことが重要である。国語と算数を例にあげる。

①国語
□漢字の読み書き（9割以上）
□教科書の文をすらすら音読
□「てにをは」の正確な作文
②算数
□わり算の筆算
□分度器の使い方
□面積の求め方

これら全てにチェックが入れられるようにするには、4月からの蓄積した取り組みが必要である。

例えば、

□漢字の習得方法を教えている
□教科書を毎時間音読させている
□作文の推敲を定期的にしている
□算数の教科書の全ての問題がノートに書いてある
□×のついた問題がやりなおしてある

といったことがなされているとよい。

また、教師が

誰が何に躓いているかを例示して説明できるか

も重要である。

正確なアセスメントなしに、基礎学力の保証はできない。

6年生を送る会の練習

運動会や音楽会、学芸会を経て、最後の自己表現の場である。ここでも、クラスの状態を点検できる。

□大きな声が出せる
□大きな声で歌える
□人前に堂々と立てる

これら全てにチェックがつけられるようにするためには、やはり4月からの布石作りが必要である。例えば、

□詩文の暗唱などを楽しく行う
□自ら立って発言する場の設定
□スピーチコンテストの実施
□のど自慢大会の実施

などの取り組みを継続する方法がある。これらの指導の際に最も重要なのが、

挑戦したことを大いにほめる

ことである。挑戦した子に「損をした」と思わせないことである。

年度末が近づき、「もっとこうすればよかった」と反省することも多くなる時期である。

少しでもそれを防ぐために、子ども達の行事や日常での姿をはっきりとイメージできるよう、学級経営の方針を何度も見返すことが大切である。

（柴崎昌紀）

〇〇年度〇〇小学校４年１組学級通信

Hello！

心一つに・高学年に負けないクラス　〇〇．３．７発行第９５号

＜６年生を送る会の前に＞

◇６年生を送る会の３日前に、子ども達に話したことを紹介します。

■いよいよ、来週が６年生を送る会と１／２成人式です。

発表の練習を見ていて、どんどん上手になってきていて、とても楽しみです。

君たちには、なわとび集会の時にも教えましたが、行事は君たちを成長させるためにあります。

行事の前と後で、君たちの姿が変わっていたら、成長が見えていたら、行事をやってよかったなあと思います。

ただ、「楽しかったなあ」だけで、なんにも変わらないようだったら、やらなくてもよかったことになります。

もう少しで君たちは５年生です。私たちは、５年生になる君たちに、「自主的に動ける人」になってほしいと思っています。だから、今までやっている練習を通して、自分から動けるようになってほしいのです。

今の時点で、どうでしょうか。

４年２組。サムライソーランの練習を休み時間も自主的にやっています。先生に頼んで、練習の時間を作ってほしいと言って練習していました。家でイメージトレーニングしている人もいます。成長しているなあと思います。

４年１組男子。ゴールデンボンバーの踊り、最初のうちはもめていましたが、話し合いの中でここまでそろう踊りができるようになってきました。リーダーの　さんを中心に、よくがんばっています。協力しようという姿が見えるようになっています。

４年１組女子。一番早くから自主練習を始めて、一番早くに踊りを覚えました。一年間、会社活動で何度も発表してきた成果がよく現れています。休み時間も全部使ってみんなで練習していました。家でも友達と話し合いをしていたそうですね。一年間の自主的な活動が実を結んでいます。

残り３日です。本番で１００％の力を出すには、練習で１２０％の力を出すことが必要です。練習、がんばっていきましょう！

月別プラン・ドゥ・シー〈4〉

3月の学級経営のポイント【3学期】

念入りに計画を

6年生を送る会や卒業式の練習により、思った以上に学級での時間が限られるのが3月である。

「あと1カ月もある」と思わずに、1時間1時間を大切に授業したい。

3月にやるべきことは次の3つである。

（1）4年生総復習
（2）楽しい解散パーティ
（3）知的な授業

（1）4年生総復習

担任としての使命は子ども達に基礎学力を保証することである。

高学年の学習で困らぬよう、最後までしっかりと学習を定着しできるよう授業する。

2月までに実施した「教科書の問題を全て解かせる」取り組みや、総まとめのワークテストで合格点を取らせるための取り組み等を工夫し、成功体験を積ませた上で進級させたい。

（2）楽しい解散パーティ

子ども達の希望する内容のみを実施するのもよいが、「解散」にふさわしいイベントにしたい。したがって、企画案を討議する際の観点は「最後のパーティにふさわしい内容かどうか」ということになる。

例えば、次のような企画を以前実施した。転出する子がいたので、その子とのお別れ会も催した。

①思い出の歌合唱
②思い出スライドショー（児童作）
③レクリエーション
④みんなから○○さんへ（手紙）
⑤○○さんからみんなへ（手紙）
⑥4年1組卒業証書授与
　先生から○○さんへ
⑦お別れの歌

③のレクリエーションでお薦めするのは、椿原正和氏実践のである。

お手玉合戦

体育館で行う。運動会の玉入れ用のお手玉を使って、雪合戦をするゲームである。

実施の際、両チームに体育館の跳び箱などの用具を活用してよいことを告げると、それぞれのチームが工夫をして陣地を作るようになる。盛り上がること間違いなしである。

⑥の卒業証書は向山洋一氏実践である。証書の内容は仲間とのエピソードや先生とのエピソードを盛り込み、最後は「渋々ながら、4年1組の卒業を認める」と結ぶ。

⑦では、みんなで輪になって、肩を組んで歌う向山実践も追試したい。

（3）知的な授業

子ども達には、最後まで「授業が楽しかった」「授業で賢くなった」という思いを実感してほしい。だからこそ、向山実践やTOSSランドの追試を行いたい。

（柴崎昌紀）

〇〇年度〇〇小学校４年１組学級通信

WAVE

みんなで協力し合い，思いやりと笑顔があふれるクラス

〇〇．３．25 発行第 196 号

＜ありがとうございました。＞

◇２分の１成人式後の５時間目、大掃除がありました。

まず、自分の机とイスの足についたゴミ取り。続いて机をろう下へ運ぶ。そしてそれぞれの掃除分担場所へ向かう。という流れでした。

子ども達は、自分の机イスのゴミ取りが終わると、他の友達と手伝い始めました。そうじ分担場所へ行くと、それぞれの仕事を次々とこなしていきます。

途中、体育館のパイプイスを片付けに私は行きました。男の子達が一生懸命パイプイスを運んでいました。

そして、教室へ帰ると・・・。床をぬれぶきする作業に入っていました。自分たちだけで次々と仕事をする姿に感動しました。

◇昨日の朝はろう下に出してある机・イス運びからスタートしました。

早く来ていた[redacted]さん、[redacted]さん、[redacted]さん、[redacted]さんたちを中心に、友達の分までどんどん運んでいきました。１０分後には、もう教室がもとどおりになっていました。

子ども達はすでに、高学年への一歩を踏み出しているのだと感じました。

◇１年間１日も休まずに登校した子たちを紹介します。

１日もやすまず継続して学校に来るということは、とても難しいことです。大変価値のあることです。よく、がんばりました。

◇この１年間、苦悩あり、笑いあり、感動あり、驚きありの大変密度の濃い日々を送ってきました。

４年１組のみなさん。とっても幸せな１年間でした。どうもありがとう。

◇保護者の皆様、本日をもちましてお預かりしておりました子ども達を確かにお返しいたします。１年間のご支援・ご協力、本当にありがとうございました。

〈1〉学校のホームページづくり

誰が見るかを考え、完成度の高いホームページづくりを

ホームページづくりは重要な仕事

現在、多くの学校が自校のホームページを開設している。積極的にホームページを更新し、学校の情報を発信している学校はいいのだが、更新が滞り古い情報をそのまま載せてしまっている学校もある。

「開かれた学校」や「学校の情報公開」が求められている近年、保護者だけでなく、外部の人がホームページを見る可能性は非常に高い。更新されていないホームページを見た時に学校の印象が悪くなってしまう可能性がある。そのため、非常に重要な仕事の1つである。

誰が見るかを考え、つくる

「ホームページは一体誰が見ているのか」

これを考えてつくらないとせっかくホームページを作成しているのに、効果が薄れてしまう。

まず、思い浮かぶのは「保護者」である。しかし、それだけではない。「地域の人」や研究授業などの「講師」などが見ることがある。保護者に学校の様子を知ってもらう目的と、協力してもらう外部人材に、事前に学校の教育方針について理解を促したり、行事後に結果を報告したりする役割があることを理解してつくる必要がある。

少ない労力で、情報を発信する

ホームページをつくるというだけで、拒否感を示す教員は少なくない。そして、実際にホームページを更新できる教員が多くいる学校も多くはないだろう。ホームページをつくることが目的ではなく、ホームページで情報を公開することが目的であることを考えれば、少ない労力で情報を発信することが好ましい。先にも述べたが、学校でホームページの閲覧者を把握せずに、情報発信を行っている現状がある。誰に対して、何を伝えていくのかをしっかりと検討することで、最大の効果が上がる。

掲載内容を検討し、精査する

ホームページに掲載する内容は、様々ある。

【学校概要】

・校長挨拶・学校の教育目標・教育方針・重点教育

・学校の沿革・校章・校歌・所在地・地図・交通

・電話番号・ファックス番号・児童数・クラス数

・施設紹介・学校の特色・組織・教育課程・時程表

・年間行事予定・学校要覧

【広報】

・学校だより・学年だより・保健だより

【活動の様子】

・挨拶運動・ボランティア活動・地域活動

【日常の学習活動】

・総合的な活動の時間・外国語活動・人権教育・福祉教育・環境教育

【教科外活動】

・クラブ活動・児童会・委員会活動

【行事】

・式典・運動会・学芸会・学習発表会・音楽会・社会科見学・遠足・修学旅行・自然学校・長期休業

・学校公開・周年行事・プール

【健康・安全】

・健康管理・出席停止・教育相談・給食・非常時の対応・気象警報・安全指導・安全マップ・防災訓練

・救急法

【ＰＴＡ】

・会長挨拶・規約・広報誌・総会
【案内】
・お知らせ・新着情報・更新履歴・サイトマップ
・リンク集
【学校評価】
・学校評議員・学校評価結果
【研究】
・研修推進・研究会案内

　以上の項目を全て掲載すると情報量が多すぎてしまう。ホームページを見る側としては、見づらい印象をもってしまう。

　管理職などと掲載内容を検討する必要がある。校長挨拶・学校の教育目標所在地・地図・交通・電話番号・ファックス番号・学校だより・学年だより・学校の特色・組織・教育課程・時程表・年間行事予定などは最低限載せておきたい。

プライバシーの保護には細心の注意をする

　ホームページには、学校だよりや学年だよりをほとんどの学校で載せている。しかし、載せる際にはしっかりとチェックしてから載せることを心がけたい。なぜなら、児童の写真、児童の名前、教員の名前などが記載されていることがあるからである。

　特に、児童の名前、写真には細心の注意を払いたい。児童には、様々な理由で転校、転入してくる場合がある。名前や写真を載せると生活を脅かされる可能性がある児童もいるということを念頭に置いておきたい。

複数の教員でする

　ホームページづくりは非常に労力のいる作業である。

　1人の教員で行うのではなく、複数の教員で分業することをお勧めする。学校にホームページを更新できる教員を複数つくることで、1人当たりの仕事量が減る。

　では、どのように分業すればいいのか。

【学年単位で分業する】

　学年単位のページを作成し、各学年の教員が更新をする方法である。この方法は、分担しやすいメリットがあるが、各学年更新の頻度に差ができやすいというデメリットがある。

【学期や月単位で分業する】

　この方法は、学期や月単位で構成されるので、更新頻度に差ができにくく、内容にもばらつきはなくなりやすいメリットがある。しかし、その学期や月のホームページ担当者の負担が多くなってしまうデメリットがある。

【行事単位で分業する】

　運動会担当、音楽会担当、修学旅行担当というように大きな行事単位で分業する方法。

　様々な分業方法があるので自身の学校に合った方法を選択したい。

他の学校のホームページを参考にする

　２００３年から２０１２年まで全日本小学ホームページ大賞というコンテストが開催されていた。

　「ホームページの活性化を通じて、学校と保護者・地域とのより良い関係の構築に寄与するとともに、未来を担う小学生が、主体的・積極的にホームページを使いこなす環境の醸成とリテラシーの育成に貢献する」という理念から生まれたコンテストである。

　ここで受賞した学校のホームページは参考になる点が多くある。完成度の高い学校のホームページを見ることで、自分の学校のホームページづくりにも生かしていける。

次の担当者のことを考えてつくる

　多くの学校が、1人の担当者だけでホームページの運営を行っているのが現実である。そのため、負担の集中や引継ぎがされないなどの問題が起こっているのも事実である。担当者がほかの教員に変わった際に、維持できないようなホームページづくりは避けた方がよい。

（鈴木昌太郎）

〈2〉学校でＩＯＴを構想する　小型コンピュータの活用とプログラミング教育

ＩＯＴとは

総務省ではこのように説明されている。

「ＩＯＴのコンセプトは、自動車、家電、ロボット、施設などあらゆるモノがインターネットにつながり、情報のやり取りをすることで、モノのデータ化やそれに基づく自動化等が進展し、新たな付加価値を生み出すというものである。これにより、製品の販売に留まらず、製品を使ってサービスを提供するいわゆるモノのサービス化の進展にも寄与するものである」

学校教育でもこういったことに対応できる児童を育てていかなければならない。

小型コンピュータ「Ｒａｓｐｂｅｒｒｙ　Ｐｉ」

「Ｒａｓｐｂｅｒｒｙ　Ｐｉ」とは、英国ラズベリーパイ財団が学校でのコンピュータ科学の教育促進のために開発した小型のコンピュータで、基板の上に、電子部品と最低限の入出力装置を付けた簡素なつくりになっている。現在、日本でも教材としての需要が高まってきている。

「Ｒａｓｐｂｅｒｒｙ　Ｐｉ」には多くのモデルが販売されている。

にＵＳＢ２．０ポートがついているモデル。（３２３８円／１台）

「Ｒａｓｐｂｅｒｒｙ　Ｐｉ２モデルＢ」

クアッドコアのＣＰＵを搭載した第２世代モデル。シングルコアの初代モデルに比べ、処理速度は約６倍に向上している。（４４１０円／１台）

「Ｒａｓｐｂｅｒｒｙ　Ｐｉ３モデルＢ」

「Ｒａｓｐｂｅｒｒｙ　Ｐｉ２モデルＢ」に比べて処理速度が１．５倍に向上し、Ｗｉ－ＦｉとＢｌｕｅｔｏｏｔｈを搭載したモデル。ワイヤレス通信およびＩｏＴ用途により適した仕様になっている。（４７００円／１台）

「Ｒａｓｐｂｅｒｒｙ　Ｐｉコンピュートモジュール」

「Ｒａｓｐｂｅｒｒｙ　Ｐｉ３モデルＢ」をコンパクトにし、ＩｏＴ機器や家電への組み込みを目的としたモデル。（４５００円／１台）

「Ｒａｓｐｂｅｒｒｙ　ＰｉモデルＡ＋」

初期のモデルでＭｉｃｒｏＳＤカードに対応する。安価で低電力なモデル。（２７９０円／１台）

「Ｒａｓｐｂｅｒｒｙ　ＰｉモデルＢ＋」

「Ｒａｓｐｂｅｒｒｙ　ＰｉモデルＡ＋」

「Raspberry Pi」でできること

インターネットを介して、タブレットの表示を切り替えたり、通知を音や振動で伝えたりすることが簡単にできる。

【ＬＥＤの点灯】

Ｒａｓｐｂｅｒｒｙ　Ｐｉに接続したセンサーで周囲の明るさや温度を読み取り、ＬＥＤの明るさや色を制御したり、人感センサーを接続して自動で照明のＯＮ／ＯＦＦを制御したりできる。

【デジタルカメラ】

専用のカメラモジュールを接続することでデジタルカメラとして利用できる。また、小型モニターを接続すれば、オリジナルのデジタルフォトフレームとしても利用できる。

さらに、カメラモジュールを接続したＲａｓｐｂｅｒｒｙ　Ｐｉをロボットに搭載するとスマートフォンやタブレットでロボットの動きを確認しながら遠隔操作をすることができる。

【赤外線リモコン】

Ｒａｓｐｂｅｒｒｙ　Ｐｉに赤外線受信モジュールと赤外線ＬＥＤを接続するとエアコンやテレビのリモコンとして利用できる。

プログラミングが必要

これまで紹介してきたＲａｓｐｂｅｒｒｙ　Ｐｉだが、単独では使用できない。プログラミングをする必要がある。

プログラミングというと、専門的で難しいように思う。しかし、２０２０年にプログラミング教育が小学校で必修化するため、避けては通れない。

文部科学省は、

「プログラミング教育とは、子供たちに、コンピュータに意図した処理を行うよう指示することができるということを体験させながら、将来どのような職業に就くとしても、時代を超えて普遍的に求められる力としての「プログラミング的思考」などを育むこと」

と説明している。

プログラミングソフトは児童が使用しやすいソフトがいいだろう。

【Ｓｃｒａｃｈ】

マサチューセッツ工科大学メディアラボで開発されたプログラミング言語。

プログラムにでてくる専門用語を知らない子供たちでも、色と形で分類されたブロックを配置するだけでプログラムすることができ、世界中で使われている。

【Ｖｉｓｃｕｉｔ】

日本で開発されたプログラム言語。何種類もある複雑なブロックを使わずに、「めがね」を使い、左側の絵が右側の絵に変わるという単純なルールで複雑なプログラムが作ることができる。

【プログラミン】

文部科学省が開発した、ブラウザ上で利用できる教育用プログラミング言語。タブレット上でも使用が可能。

【Ｂｌｏｃｋｌｙ】

Ｇｏｏｇｌｅが提供している教育用プログラミング言語。初めて使う人向けに丁寧な説明がついている。タブレット上でも使用が可能。

【ＬＥＧＯ】

子ども向けに作られたテキスト言語。命令文を書くことで、画面上の「タートル」を動かしプログラミングを学ぶことができる。

すでに始まっているプログラミング教育

すでに、Ｒａｓｐｂｅｒｒｙ　Ｐｉを用いてプログラミング教育を行っている公立小学校がある。さらには、全校児童にＲａｓｐｂｅｒｒｙ　Ｐｉを1台ずつ配布した公立小学校もある。

徐々にこのような学校が増えていくだろう。

（鈴木昌太郎）

〈3〉学校のICT　ICT機器を授業づくりに活かす

文部科学省は２０２０年度に向けて「全ての学校で１人１台の情報端末を活用した学習を推進する」案を出している。ＩＣＴ機器とその活用方法を紹介する。

【プロジェクタ】

コンピュータや実物投影機などを接続し、スクリーンや紙面に大きく映し出すことができる。また、教材や発表用資料等の提示を簡単に行える機器。

【書画カメラ】

書類や立体物をそのまま画像でスクリーン等に映し出す装置。映し出したいものをカメラの下に置けば、プロジェクタを介して大きく映し出すことができる。また、操作が簡便であり立体物もそのまま立体的に映し出せる。プロジェクタとスクリーンがあれば使用できるほか、デジタルテレビや大型ディスプレイに直接接続して映し出すこともできる。

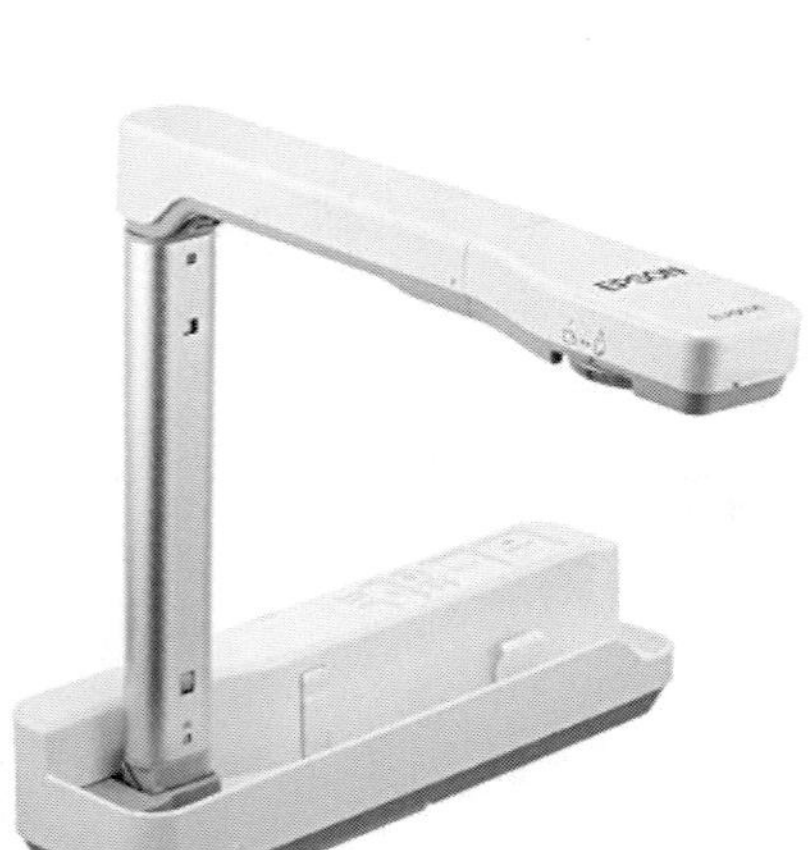

【ビデオカメラ】

書画カメラが用意できない場合は、ビデオカメラを代用できる。

ビデオカメラをプロジェクタにつなぎ、カメラとして使用すると、教師の手元の操作や児童生徒の作品を拡大して投影することも可能。

もちろん、ビデオカメラで記録した児童生徒の活動記録などをプロジェクタで映し出すことができる。

【デジタルカメラ】

撮影した写真や動画をデジタル画像としてコンピュータに取り込むことができるため、教員が提示する教材に活用したり、子どもが観察等で撮影したものを資料や作品に活用したりする等、デジタルコンテンツを簡単に作ることができる。

【タブレット端末】

パネルやペンで入力ができるコンピュータのこと。これまでのパソコンに比べて、薄くて軽くいため、持ち運びが簡単で気軽に使えることが特徴。性能は一般的なパソコンより若干劣ることが多いが、基本的にはノートパソコンなどと同等の機能を持っている。また、無線でインターネットに接続でき、基本的にケーブルに接続することなく、授業を行うことができる。

授業例

体育の授業でカメラ機能を使って、動作を撮影する。自分の動きを動画で確認し、自分の課題に気づくことができる。

【アップルＴＶ】

ｉＰａｄやｉＰｈｏｎｅなどで撮影した画像をテレビで表示したり、音楽やビデオをテレビでストリーミング再生したりできる機器。さらに、ｉＰａｄやｉＰｈｏｎｅと同じ画面を表示する「ミラーリング」、異なる画面を表示してｉＰａｄやｉＰｈｏｎｅをコントローラのように使える「デュアルスクリーン」も利用できる。

【タブレット付デジタル顕微鏡】

モニターを搭載した顕微鏡。モニターが付いているので、グループで観察ができる。また、教員がモニターを見ることで、顕微鏡を正しく使えているのかを確認できる。また、テレビにも投影できるので、演示用の顕微鏡としても使用できる。

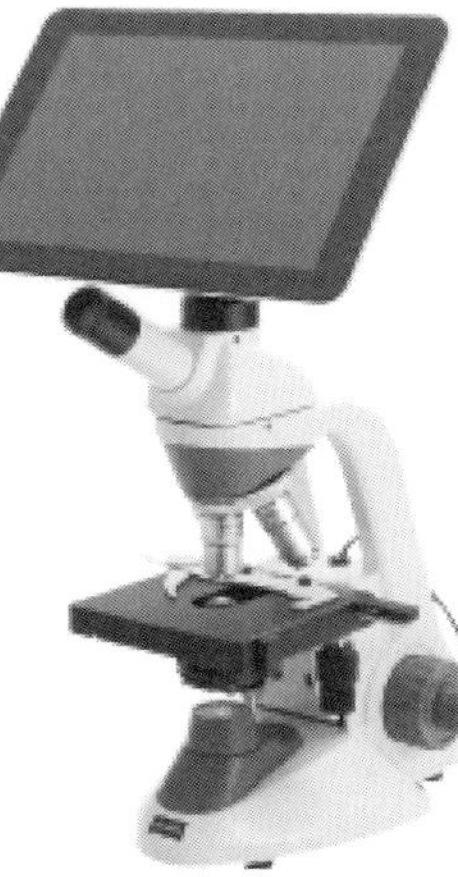

【音声ペン】

紙面に印刷されたドットコードを読み取り、音声を再生するペン型のデバイス。

外国語活動で、ネイティブの発音を再生する。

また、特別な支援が必要な児童への学習の支援ツールとなる。

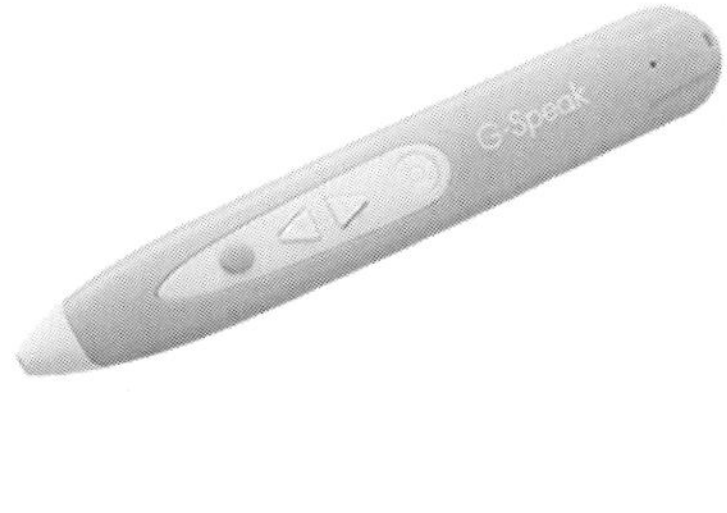

（鈴木昌太郎）

〈4〉スマホゲーム紹介、ネットモラル
お勧めアプリとネットモラル・リテラシー

ＩＯＴとは

現在、スマートフォンにタブレット端末、ゲーム機もネットにつなぐことができるようになっている。

便利な反面、使い方を間違えると危険な目にあったり、友達同士のトラブルにもつながったりする可能性が非常に高い。

内閣府の調査（２０１６年11～12月現在）によると、青少年のスマホ所有率は小学生でも27％、従来型携帯電話いわゆるガラケーでは、28・2％で合わせると半数以上の児童が所持していることが分かる。

また、そこに家庭で使用しているタブレット端末やゲーム機を合わせるとほとんどの児童が何らかの通信機器を持っていることになる。

長時間使用すると勉強の時間がなくなるだけでなく、心身にも悪影響を与えかねない。そこで、ここではお勧めのアプリや、ネットモラル・リテラシーについて紹介する。

ＴｗｉｔｔｅｒやＦａｃｅｂｏｏｋ等のトラブル

まず、ＴｗｉｔｔｅｒやＦａｃｅｂｏｏｋなどの自分から情報を発信するサービスでのトラブルが起こるケースがある。

その原因として、次の2つが考えられる。

①インターネットは全世界の人に対して公開された情報であることを把握していないこと。

②視野が狭く、全ての物事が自分の周りでしか起きていないと考えていること。

インターネットはたくさんの知らない人が見ている空間であること。そして、インターネットには悪意をもった知らない人がたくさんいるということを教えていく必要がある。

ＬＩＮＥでのトラブルの原因

ＬＩＮＥは主にメッセージのやり取りや通話をするためのサービスである。メールなどと異なる点は、特定のグループを作成し、そのグループ内だけでメッセージのやり取りができることだ。

そもそも、なぜ小学校でもＬＩＮＥのトラブルが起きてしまうのだろうか。

まず、野球やサッカーなどのクラブチームでの活動や学習塾などに通っている児童の親が、従来型携帯電話ではなくスマートフォンを持たせてしまう。

次に、スマートフォンを購入するときに、「ＬＩＮＥができなくなるから」と子どもに言われ、フィルタリングソフトを導入しない親が多い。例え、フィルタリングソルトを導入したとしても、携帯電話会社の回線を使用しているときは有効になるがＷｉ-Ｆｉ経由のネット接続では機能しないのである。つまり、コンビニなどに設置してある無料Ｗｉ-Ｆｉには効果がないのである。

こういったことは大人よりも子供の方が詳しいことが多い。こうして、大人の目をかいくぐり友達同士のトラブルへとつながっていく。

スマホゲームのトラブル

スマホゲームにおけるトラブルの大半はお金に関することだろう。

子供が親のスマートフォンを無断で使用して、ゲーム内で課金をしてしまった事例や親が以前使っていたスマートフォンを子供に与え、子供がゲームで課金してしまった事例、さらには親の財布からクレジットカードを抜き取り、情報を入力し、勝手に決済した事例など課金トラブルが後を絶たない。

購入の度にパスワードを入力する設定にしてお

くことや、クレジットカードを子供の手が届かないところで管理することで、このようなトラブルを防ぐことができる。

スマホゲームは基本的に利用料が無料である。しかし、ユーザーが課金したくなるような仕組みとなっている。大人でもはまってしまい、高額課金をしてしまうことがあるのだから、子供が課金したくなるのも当然と言える。

お勧めのアプリサイト

デジタルアーツ株式会社

「スマホにひそむ危険　疑似体験アプリ」

「出会い系被害」「個人情報漏えい」「高額請求」「ネットいじめ」「スマホ依存」「危険なアプリ」と言った、スマートフォンにおける代表的な被害事例を疑似体験できるアプリ。

ａｎｄｒｏｉｄ端末　ｉＯＳ端末　どちらでも使用可能

神奈川県

「インターネットの危ない世界を体験しようパート1」

「占いサイト」、「ワンクリック請求」、「出会い系サイト」、「ネットショッピング」、「オンラインゲーム」のテーマ別に、「インターネットの危ない世界」を疑似体験できるサイト。

http://www.pref.kanagawa.jp/cnt/f535323/p415459.html

神奈川県

「インターネットの危ない世界を体験しようパート2」

「スマートフォン」「ＳＮＳ」「オンラインゲーム」テーマ別に、「インターネットの危ない世界」を疑似体験できるサイト。

http://www.pref.kanagawa.jp/osirase/0207/intsma

「ＬＩＮＥログ」

ＬＩＮＥ上で起こるいじめの様子を架空のやり取りで読むことができるサイト。

http://linelog.jpn.org/

大分県消費生活センター

「インターネットトラブル体験型学習教材体験しよう！8つの事例～知って防ごう！ネットトラブル～」

http://www.iness-oita-pref.jp/

独立行政法人　情報処理推進機構

「Ｉ　♡　スマホ生活」

スマートフォンを利用する上での危険性について漫画で学ぶことができるサイト。

https://www.ipa.go.jp/security/keihatsu/love_smartphone_life/

独立行政法人　情報処理推進機構

「映像で知る情報セキュリティ～映像コンテンツ一覧～」

情報セキュリティに関する動画が多数みられるサイト

https://www.ipa.go.jp/security/keihatsu/videos/

【教員・保護者向け】

デジタルアーツ株式会社

「青少年とインターネットの現実」

フィルタリングソフトや家庭でのルールづくりなど保護者が子供をトラブルから守るためにはどうすればいいのかを学べるサイト。

http://www.daj.jp/cs/filtering/lessons/

千葉県

「千葉県インターネット放送局」

インターネット × リアル～より良いコミュニケーションを築くために～というタイトルの動画がテーマ別に10本見ることができるサイト。

https://www.pref.chiba.lg.jp/net-tv/

（鈴木昌太郎）

〈1〉新学習指導要領の方向性—ＡＬを見える化する〜調べ学習で〜

情報活用能力を高める授業の必要性

「アクティブ・ラーニング」は、新学習指導要領では、「主体的・対話的で深い学び」という表現に変わった。

これを実現する重要なキーワードがこれだ。

> 情報活用能力

「学習の基盤となる資質・能力」の1つとしてあげられており、すべての教科等で育成していくことが新学習指導要領では求められている。

具体的には、情報の収集だけでなく、その情報を整理・比較したり、得られた情報をわかりやすく発信・伝達していくこと、保存・共有していくこと等も求められている。

調べ学習で収集した情報をただ書いていくだけでは「深い学び」にはならない。情報を整理・比較するような過程を経て、まとめていく作業が不可欠である。

向山洋一氏の「調べ学習」の指導

> 調べ学習からプレゼンテーションまでの指導はどのようにしたらよいのか。

これは『教育トークライン』２００５年12月号にあった向山氏へのQである。それに対する向山氏の回答をまとめた。

> 【調べ学習の３つの段階】
> ①国語辞典で調べる。
> ②1冊だけの百科事典を使って調べる。
> ③インターネットで調べる。

①から③へと、情報量が段階的に広がっていくのが分かる。最初の段階では「国語辞典」「1冊の百科事典」と限定するからどの子もできる。

図書館の本すべてを対象にしたり、インターネットの情報を検索させたりするのはそうした学習の延長線上にあるのだ。段階を踏んで指導していく方が望ましい。

たくさんの情報を集めたら次は「選ぶ」段階である。向山氏の視点はわかりやすい。

> 【資料選択の３つの視点】
> ①発表年度が新しいか。
> ②公的なものか。
> ③自分が読めるか。

これなら迷うことなく判断できる。

３つの視点で資料を厳選していく。この段階ですでに頭の中はアクティブになってくるであろう。

しかし、向山氏の指示はさらに頭の中をアクティブにする。

> 【資料を読み込ませる発問・指示】
> ①３つある中で一番重要な所はどこですか。
> ②そこに書いてある重要なことに、線を引きなさい。
> ③キーワードを３つ取り出しなさい。

この発問・指示によって思考が始まる。目の前の情報に軽重がつけられる。

教師は一切教えない。教えないのに子どもたちは思考する。向山型の凄さである。

他にもこんな指示がある。

> 自分の知らなかったことを3つ書いて、そのことについての自分の考えを書きなさい。

こうした指示・発問とセットで「隣の人に説明してごらんなさい」のようにしていくと、対話が生まれる。

以上のような指導の先に、ガイドブック作りやプレゼンテーションがある。子どもたちに教えるべきことは何か整理していく必要性を感じた。

ＴＯＳＳメモ活用で調べ学習が変わる

調べ学習の時におすすめのツールが「ＴＯＳＳメモ」である（東京教育技術研究所のＨＰから購入可）。

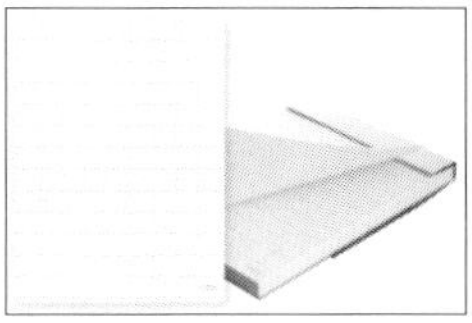

ＴＯＳＳメモは、手のひらサイズの付箋型メモである。ＴＯＳＳノートと同じ罫線が入っており、字を整えて書きやすい。

さらに、付箋紙のように何度でも貼ったりはがしたりできるという良さもある。

つまり、ＴＯＳＳメモに調べたことをまずは書き、それを動かしながらレイアウトが考えられるのである。これはノートだけでは実現できない良さである。

ＴＯＳＳメモを活用した調べ学習は、次の３つのステップで完成する。

> ①自分の知らなかったことをＴＯＳＳメモに書く（たくさん調べて３つに絞る）。
> ②ＴＯＳＳメモをノートに貼り、ノートの余白に自分の考えを書く。
> ③まとめと出典を書く。

最初の段階なら「調べたことだけ」を書かせても良いだろう。

しかし、調べたことをもとに問いの文を作らせても良い。例えば「日本の食べ物の約60％が輸入品です。」ということを調べたなら、問いの文は「日本の食べ物のうち輸入品は何％ぐらいか」となる。

調べたことを書かせるのにも段階がある。

４月は丸写しから始めても良い。やがて箇条書きに移行し、矢印を使ってまとめることも教える。最終的にはＴＯＳＳメモ１枚に「ミニノートまとめ」をさせるようなイメージである。

何も教えず、１枚目で持ってこさせ、教師が合否を「個別評定」する方法もある。学級の実態に合わせて選択すれば良い。

ＴＯＳＳメモをノートに貼ると余白ができる。そこに「自分の考え」を書き込む。自分の考えを付け加えることで、ただ調べて写すだけの学習ではなくなる。まとめは次のように言う。

> 調べて分かったこと、考えたことを３つにまとめなさい。

ここでも「３つ」と具体的に数を指定するから、頭が活性化するのである。

（太田政男）

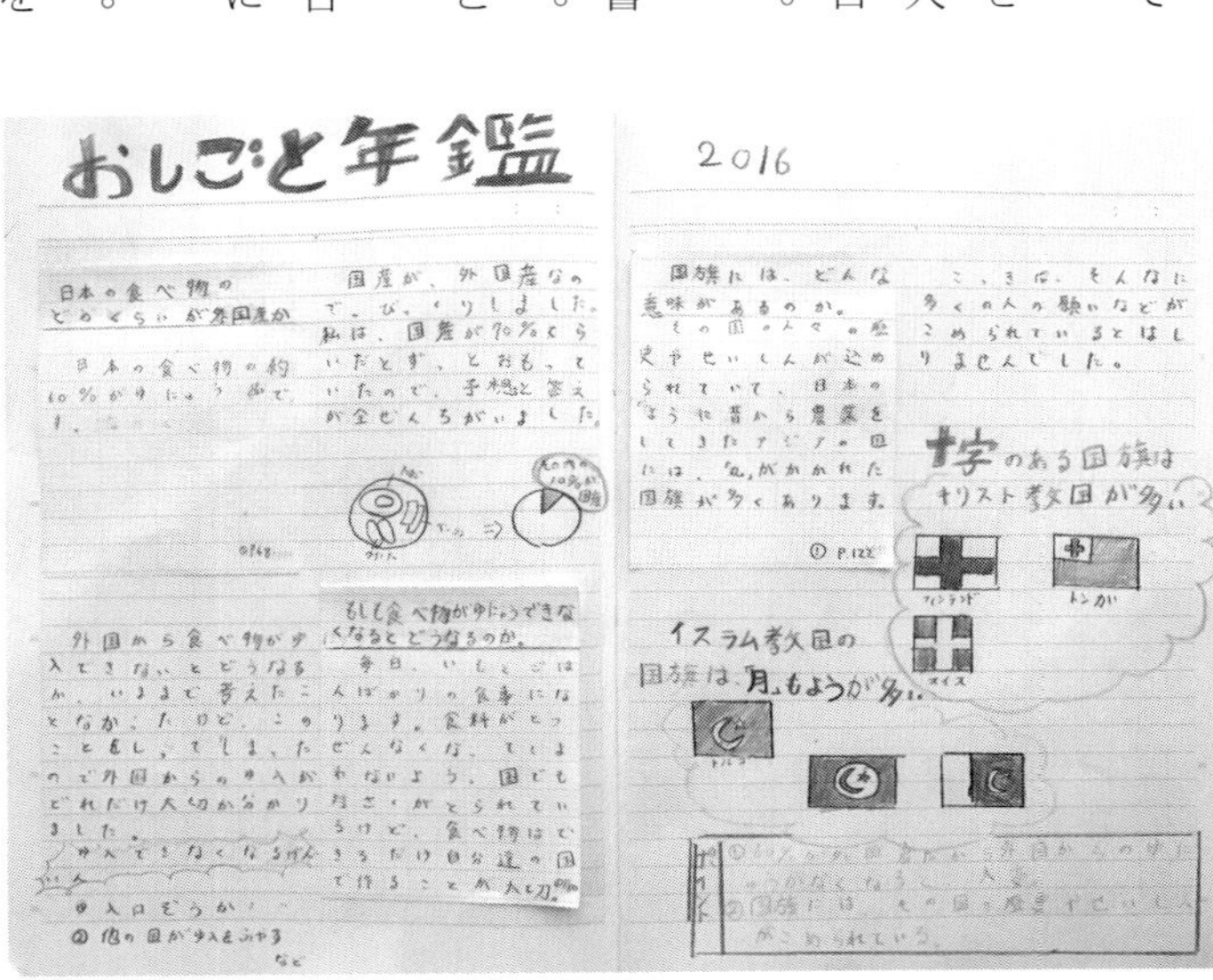

〈2〉新指導要領の方向性―対話指導の方法

「対話する必然性」をつくる

新学習指導要領では、「主体的・対話的で深い学び」の実現に向けた授業改善が求められている。

その1つ、「対話的な学び」とはどのようなものか。

解説・総則編には、次のように書かれている。

> 子供同士の協働、教職員や地域の人との対話、先哲の考え方を手掛かりに考えることを通じ、自己の考えを広げ深める「対話的な学び」が実現できているかという視点。

対話の目的は何か。

> 子どもが自分の考えを広げ深める。

そのために教師がすべきことは何か。

> 「対話する必然性」を授業の中につくる。

その1つの例として、学級パーティーの原案討議をご紹介する。

対話の必然性が生まれる「しかけ」

このパーティー原案の討議は、向山洋一氏の実践に学んだものである（その実践は『向山洋一年齢別実践記録集・第20巻』に詳しい）。

私が4年生を担任した時、大きなパーティーを3回行った。1回目は、1学期末の「学級通信50号記念パーティー」。2回目は、2学期末に行った「さかあがり全員達成パーティー」。そして、3回目は学年末に行った「学級解散パーティー」だった。

2回目のパーティーは保護者や兄弟も参加し、100名に迫る大きな会になった。

どのパーティーでも、向山氏の原案討議の実践を追試したのだが、子供たちの熱中ぶりはものすごかった。

パーティーの原案は班ごとに作らせた。

班で1つの原案を作成するのだから、ここで最初の「対話」が生まれる。

しかし、まだこの段階では、子供たちは本気にはなっていない。本気で考えているのは、一部の熱心な子たちだけだ。

だから、原案討議の場を設けるのである。

各班の原案を印刷し、全員に配付した。

そして、各班の代表者に、1～2分程度の説明をしてもらった。この「代表者」になるのも一部の熱心な子たちである。

それが次の瞬間から少しずつ変わり始める。

> この中から、この原案では絶対にだめだというものを1つだけ決めなさい。

「1つだけ決める」のだから、「対話する必然性」が生まれることになる。一生懸命、他の班の原案を見て、反対する材料を見つけだそうとする。

少し時間をとった後、各班から「だめだと思う原案」を発表させ、その理由も聞いていった。

「だめだ」と名前をあげられた班の子供たちは「うわっ、来た!」「やばい!」と声を上げる。

もちろん、これだけで終わらない。

> だめだと言われた班の人に説明のチャンスを30秒あげます。良いところ、うちの班にしかないところをアピールしなさい。

ここまで来るとどの子も必死である

その後、採決をした。採決は個人投票とした。班とは別の意見の子もいるからである。

「討議」なので、一番、反対意見の多かった班が姿を消すことになる。

ここまでが第1段階である。

繰り返しで対話に熱中する

向山氏は第1回目の採決の後、次のようにしている。

> 再び30秒の班会議を持たせた後、同様のことを繰り返す。

この「繰り返し」が重要である。

繰り返しだから、子供たちには「活動の見通し」ができるようになる。

2回目以降は、教師が何も言わなくとも自分たちから話し合うようになるのである。

子供たちが「だめだ」という理由も変わっていく。

最初のうちは、「誤字・脱字がある」「時間の合計が間違っている」「持ち物が書いてない」などの細かい理由があがっていた。

大事なことではあるが、枝葉の部分である。肝心の「内容」に目を向けるべきなのである。

だが、子供たちの議論に口出ししたい気持ちをぐっと押さえ、討議の行方を見守ることにした。

面白いことに、そのことに子供たちも気づき始める。何回か同じことを繰り返すうちに、そんな細かなミスには目が行かなくなり、重要な「内容」に目が行くようになったのだ。

1時間の討議の末、2班・5班・8班の3つが勝ち残ったのだった。

敗者復活のチャンスがさらなる対話を生む

向山氏のすごさはこれだけではない。

討議の最後に次のことを付け加えたのである。

> 明日、この続きをやる。もっと良い案を作りたいと思う班は修正案の提出を認める。明日の20分休みまで。今日、ダメになった班もくやしいだろうから、敗者復活の修正案の提出を認める。明日の朝まで。

この言葉を聞いた瞬間の子供たちの歓声はものすごかった。

早々に消された班の子供たちは、

「休み時間にみんなで考えようよ！」

と声をかけ合っていた。

一方、勝ち残った班の子供たちも油断などしていない。今日の討議で出てきた様々な「理由」を思い出しながら、自分たちの原案の修正を始めた。

子供たちは、学級全体の討議（＝対話）を通して次のことを学んだのである。

> 企画書を書く時に気をつけるポイント。

本気の対話を通して、子供たちは「自分の考えを広げていった」ということなのである。

2日目に提出された企画書がレベルアップしていたことは言うまでもない。

これが2学期末、そして学年末のパーティーの原案討議の時にはさらにレベルアップしていた。

「対話する必然性」をつくることで、子供たちは自然と対話を行い、自分の考えを広げたり、深めたりしていくことができた。

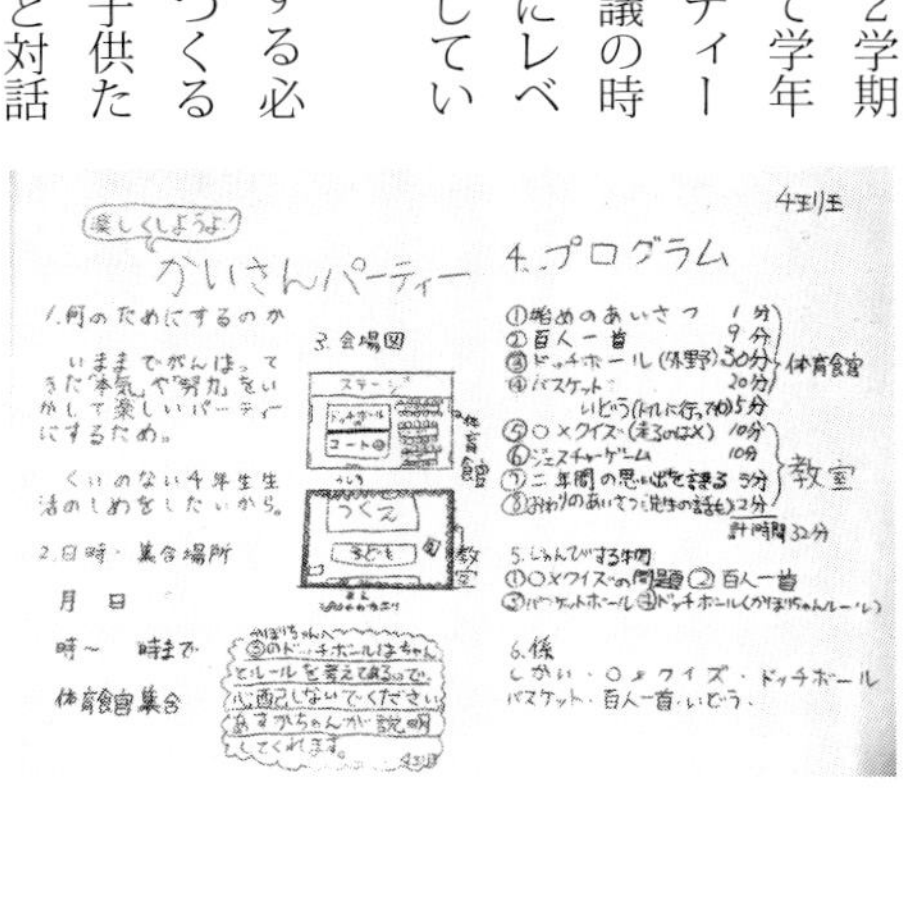

このパーティーの原案討議の実践は、どの学級でも追試可能である。子供たちが熱中しながら力をつけていくおすすめの対話指導である。

（太田政男）

〈3〉モジュールの入れ方・カリキュラム管理

モジュール導入には校内体制の整備が不可欠

モジュールは、新学習指導要領解説・総則編では「短い時間を活用して行う指導」と表記されている。

その中で、例示としてあげられているのは次の2つだ。

A　15分の短時間を活用した授業
B　45分と15分の組合せによる60分授業

Aの場合は「繰り返すことで定着を図る」学習活動が考えられる。

Bの場合は「実験」や「話合い」「調べ学習」など、45分の授業時間では少し足りない学習活動の場合に実施することになるだろう。

いずれの場合も前提となるのはこれだ。

教師が単元や題材など内容や時間のまとまりを見通す。

行き当たりばったりで授業時間を変えてよいと言っているのではない。教師が先を見通し、効果があると判断した場合に実施することが求められているのである。

授業時数としてカウントするにはさらに条件がある。

指導内容の決定や指導の成果の把握や活用を行う校内体制が整備されている。

つまり、校内できちんと取り組む内容や時期、方法等について話合いがなされていなければ、授業時数としてカウントできないということだ。

さらに実施したことの成果や課題を把握し、反省、改善していくような仕組みも必要だろう。

各担任の思いつき程度で実施するのではなく、学校全体として何をこの時間に学習させるのか話し合うことが求められているのである。

また、いくつか気をつけるべきことがある。

指導計画に位置づけられた内容か。

最もわかりやすいのは朝読書だ。学校全体で朝読書を取り入れている学校は多いだろう。

この時間は国語としてカウントすることができるのだろうか。

その答えは、図書の選び方で決まる。

子供たちの興味・関心で選んだ図書について読書活動を実施するならば、それは「指導計画に位置づけられていない」と判断される。

しかし、国語の授業として指導計画に位置づけられた内容（例えば、教科書に掲載されている本をみんなで読む等）であれば問題ないだろう。

その場合には、この読書活動を実施する「時期」と「回数」を明確にする必要がある。

教師が「内容や時間のまとまりを見通す」ことが大前提となっているのはこのためだ。

外国語活動で短時間の授業はできるか。

中学年でも平成30年度から外国語活動が移行措置で実施され、平成32年度からは完全実施される。外国語活動としてプラスされる1時間をどこに組み入れるか話し合っている学校も多いだろう。

注意すべきは、中学年の場合は、上のAのパターンで実施することはできないということだ。

なぜなら、短時間の授業を行う際は「まとまりのある時間を確保した上で」という条件がつくからである。高学年のように「まとまりのある時間」を確保できることが前提条件なのである。

４年生で考えられる実践例

ここでは「繰り返すことで定着を図る」パターンの学習例をいくつか紹介する。

都道府県名・市町村名の定着

４年生の社会科では、「47都道府県の名称と位置を理解すること」と明記されている。都道府県名だけでなく、自分の住んでいる都道府県内の市町村名なども覚えさせたいところだ。

しかし、覚えさせるにはコツがいる。

短時間の学習を繰り返す。

様々な方法が考えられるが、ここでは３つの方法を紹介する。

①都道府県フラッシュカード
②都道府県「陣取りゲーム」
③略地図

正進社のフラッシュカードがおすすめである。毎時間一分程度で行え、子供たちが熱中する。

大切なのは使い方（ユースウェア）である。

正進社のホームページに動画があり、それを見て学ぶことができるのでとても分かりやすい。

「陣取りゲーム」は、白地図を用意し、ジャンケンで勝ったら都道府県に一つずつ色を塗っていく。

都道府県の名称だけでなく、位置も教える必要がある。その時に効果的なのが、「略地図」を自分で描かせる方法である。

山口	島根	鳥取
	広島	岡山

さらに細かい指導法は『「社会」授業の新法則３・４年生編』（学芸みらい社）に詳しい。

ローマ字

中学年では、「ローマ字で表記されたものを読み、ローマ字で書くこと」を学習する。

しかし、定着を図るには教科書の予定授業時数だけでは足りないことは、全国学力・学習状況調査の結果からも明白である。

そこで、短時間のローマ字学習を定期的に繰り返すことで定着を図りたい。

大切なことはどのような教材を使い、何回に分けて行うのかということである。また、どの程度定着したか図るテストなども必要だ。

ＩＣＴ環境が整っているなら、パソコンやタブレットを使ったローマ字入力にも挑戦させるとよいだろう。

漢字・辞書引き・ミニ作文

新出漢字の学習、辞書引き、ミニ作文など、これまで通常の授業時間の中で行っていたものを取り出して短時間の学習の中に組み入れることも考えられる。

例えば、あかねこ漢字スキルを使った指導を５分、辞書引きを３分、ミニ作文を７分のように組み合わせ、毎回繰り返すのである。

算数の復習ページ

算数の教科書の巻末には復習問題がたくさん載っている。学年末にこの問題にきちんと取り組ませることで確実な定着を図ることができる。

ここでのポイントは、すべての問題をやり、「できた印」「できなかった印」を付けることである。そして２周目は「できなかった印」の付いた問題だけをやっていくのである。

╲① ４５÷３	✓② ６０÷４
できた印	できなかった印

このようにすることで確実に苦手な問題を克服していくことができる。

（太田政男）

〈4〉 学習活動のバリエーション

国語　要約指導編

文章を読み取る上で重要な言葉を抽出しまとめる力はとても大切だ。そうすることでより深く文章を読み取ることができるからだ。要約指導ではそのような力を身につけさせることができる。

向山型要約指導の原則は次の通りである。

> ①キーワードを3つ探す。
> ②最重要キーワードを選ぶ。
> ③最重要キーワードを文末にする。
> ④キーワードを基に20字以内に要約する。

この原則によって指導していけば、全員がほぼ同じ要約文を書けるようになる。しかし、いきなり教科書教材で指導するのは難しい。まず初めに、誰もが知っている「桃太郎」で要約指導をする。誰もが知っているから、キーワードも明確になり、「原則を教える」という点に絞って指導することができる。

桃太郎の話を聞かせた後次のように指示を出す。

> 桃太郎の話を20字以内に要約しなさい。

句読点も文字数に入れること、できた人から黒板に書くことを告げる。10名程度が黒板に書いたら、10点満点で採点していく。採点基準は次の通り。

> ①キーワード1つにつき2点。
> ②最重要キーワードが入っていたら4点。
> ③最重要キーワードが文末に来ていれば2点。
> ④日本語としておかしければ極端に減点。
> （参考文献：『教室ツーウェイ』１９９２年2月号向山洋一氏論文）

1回目は、点数をつけるだけにし、再挑戦させる。2回目は、採点基準を示しながら点をつける。つまり、ここで要約の原則を指導するのだ。そして、同様に3回目を書かせ採点する。この時点でほとんどの子が9点、10点の要約ができるようになっている。

教科書教材は基本、形式段落ごとに要約していく。桃太郎の時に指導した原則を使いながら書かせていく。この時に、子どもの実態に合わせて検討方法を変化させていくこともできる。

（1）キーワードを提示しておく

キーワードを見つけることが苦手な子もいる。そのような子が多い場合は、あらかじめキーワードを提示してから書かせる。慣れてくれば、提示するキーワードの数を減らしていく。

（2）採点をもとに検討させる

少し要約に慣れてきたら、今度は教師の採点の根拠を検討させる。例えば、10点のものとそうでないものを比較し、その違いを検討させる。他にも、「どう直せば10点になりますか？」と問う方法もある。

（3）採点せずに検討させる

ずいぶんと慣れてきたら、教師の採点なしで初めから子ども達に検討させることができる。どの要約がよくて、その要約が悪いのかを検討させるのである。その過程で、意見が割れた場合は討論になる。よく意見が割れるのが「キーワードは何か」「最重要キーワードは何か」ということである。

これらのことを検討することで、筆者の主張に迫ることもできる。

算数　わり算の筆算編

４年生では「概数の表し方」の単元がある。その単元で特に間違えやすいのが「どの位の数字を四捨五入すれば良いか」という部分である。ここをシンプルに指導していく必要がある。

例えば、「四捨五入して一万の位までの概数にしましょう」という問題が出たとする。次のように指導する。

> ①一万の位の数字の上に「まで」を書き丸囲みする。これを授業では「までさん」と呼ぶことにする。
> ②1つ下の位（今回の場合は千の位）の数字を四角で枠囲みする。
> ③この四角で枠囲みした数字を四捨五入する。
> ④繰り上がる場合は、一万の位のまでさんの上に「1」を書く。
> ⑤四捨五入された四角枠囲み以下の位の数字を全て「0」にする。
> （参考：『教育トークライン』２０１５年10月号、甲本卓司氏論文）

右の方法を実際に黒板でやって見せながら説明する。そして、似たような問題をやらせてみる。この時に、やり方をどの子にもわかるように唱えさせる。

教師：最初に何をしますか。
子供：「までさん」を書きます。
教師：次、何をしますか。
子供：1つ下の位を四角で囲みます。
教師：次、何をしますか。
子供：四角で囲った数字を四捨五入します。
教師：繰り上げますか。繰り上げませんか。
子供：繰り上げます。
教師：次、何をしますか。
子供：切り捨てる数字を「0」にします。

このように小刻みにテンポよく聞いていき、子供達に唱えさせることでアルゴリズムを定着させる。ノートは、次のようになる。

【繰り上げる場合】
1
まで　0　0　0　0
5　5　6　8　9　3　→　5　6　0　0　0　0

【繰り上げない場合】
まで　0　0　0　0
3　4　2　2　5　8　→　3　4　0　0　0　0

これが基本形となる。この方法に慣れてきたら、よりシンプルな型へと変化させる。次のような型だ。

「まで」を書かずに○だけにするのである。そして、繰り上げる場合は○の中に「1」を書くようにする。

①　0　0　0　0
5　5　6　8　9　3　→　5　6　0　0　0　0

繰り上がらない場合は、「0」を書いてもよいし、斜線を引いてもよい。「確実にできる方法」が定着したらよりシンプルな方法に変化させることも大切だ。「までさん」の方法は、パターン化されており子供たちも覚えやすい。しかし、覚えやすいが故に問題のパターンが変化した時に混乱する可能性がある。例えば、「千の位で四捨五入して概数に表しましょう」のような「まで」のない問題だ。この問題は一万の位をそのまま四捨五入しなければならない。しかし、今まで機械的に「までさん」の方法を使ってきた子供たちは、誤って千の位を四捨五入してしまう可能性がある。そこで「でーさん」を使った方法がある。次のような形になる。

1　0　0　0　0
5　5　6　8　9　3　→　5　6　0　0　0　0
まで　で

四捨五入する位に「で」を書くようにするのだ。問題文に「まで」が出てこなければ、「までさん」を書かなければよい。「でーさんの書かれた位を四捨五入する」ということを押さえておけば、どちらの問題が出てきても対応できる。ほんの少し複雑になるが、応用が利く方法だ。実態に合わせて指導方法を選択するとよい。

（中嶋剛彦）

〈5〉席替えのバリエーション

席替えの趣意説明

4年生にもなれば、それまでに席替えを経験していることがほとんどである。教師が席替えを提案しなくても「先生、席替えはしないんですか?」と聞いてくるケースも多いだろう。このような時に、何も考えず安易に席替えをしてしまうのはよくない。席替えの方法は、「教師が決める」「ローテーション」「くじ引き」等、色々な方法があるが、それぞれに意図をもって行わなければならない。

その年度最初の席替えの際は、趣意説明をする。

> ①集中して学習できるように環境を整えるために行うこと。
> ②色々な人と関わりながら学習して、クラスの仲を深めるために行うこと。
> ③1ヶ月に1回程度行うこと。

その上で、初めは教師が決めることを告げる。この時に、「くじ引きがいい」「自由に自分たちで決めたい」と言う子が出てくることがある。これまでに、そのような経験をしてきた学年であればなおさらだ。このような場合は、「なぜ教師が決めるのか」についての趣意説明が必要だ。次のことを伝える。

> ①集中して学習できるかどうかを一番に考えること。
> ②教師が、クラスがどんな席配置でも、集中して学習ができると判断したらくじ引き等、違った方法で席を決めること。

自分たちの頑張り次第では、くじ引き等の楽しみの要素が大きい方法で席替えができることも伝える。教師の方針を毅然と示すとともに、子ども達に楽しみや望みをもたせることも大切だ。

> 席替えは教師が主導権を握る。

どのような方法で席替えをしようとも、このことを外さないようにしなければならない。

身体面に配慮した席配置

席替えを行う際、次のことを大切にしなければならない。

> 身体面の配慮

視力が低いのに、後方の席にしたのでは学習に支障をきたす。そういった子は、優先的に前の席に配置する。視力検査や前年度の資料、前担任からの引き継ぎを参考にすればよい。

私が以前担任した子の中には、聴覚に困難がある子もいた。右耳が聞こえづらい状態だった。その時は、本人に確認をとって前方の黒板向かって左側に配置するようにした。

視力も、聴力も左右が異なることがある。本人の訴えも参考にしながら決めることも大切だ。

特性に応じた席配置

教室には、環境に左右されやすい子もいる。特に発達障がいの子はその傾向が強く、特性に応じた席に配置することが大切だ。それぞれの特性に合った席配置の例をいくつか紹介する。

> (1) 多動傾向が強く離席する子

以前担任した子で、前年度離席が止まらず授業をかき乱す、と引き継ぎを受けた子がいた。初めはすぐに支援に行ける左図の1の席に配置していた。しかし、それは逆効果だった。よく離席し動きも大きかったため、その子のよくない行動がクラスで目立ってしまった。

さらに、春先は信頼関係が十分にできてなかったため、私が近くに行って声をかけてもそこまでよい効果は得られなかった。そこで、次は5の席に配置した。授業に遅れても、離席があってもあまり目立たないようにという意図からだ。また、「どうしても集中できなかったら、後ろから静かにトイレや顔を洗いに行ってよい。ただし、授業時間やってない部分は、必ず休憩時間に一緒にやる。」ということをその子と約束した。この方法は、効果があった。目立たなくなったため、周りの子からの注意が減った。また、勉強を授業時間にするのか、休憩時間にするのかの選択肢ができたため、授業時間にきちんとできた場合に褒めることができるようになった。ある程度、信頼関係ができてからは、一番前の声のかけやすい場所に配置した。この段階では、かなり離席が減りこちらの指示も通りやすくなっていた。主に座席での行動制御を支援した。2学期には、ほとんど座る場所に配慮しなくてもよくなっていた。

黒板

窓側							廊下側
	26	21	16	11	6	1	
	27	22	17	12	7	2	
	28	23	18	13	8	3	
	29	24	19	14	9	4	
	30	25	20	15	10	5	

座席を決める際は、特性や段階、さらには教師との信頼関係も考慮しつつ決めることが大切である。

（2）目に入るものに注意を奪われやすい子

このような子は、一番前の席がよい。前に人がいるとそちらに注意を奪われ集中できなくなってしまう。中にはちょっかいをかけてしまう子もいる。一番前でも11、16といった真ん中の席がよい。端の席だと黒板を見る際に隣の人が目に入ってしまうからだ。また、廊下側だと廊下の物音や人影に注意を奪われる可能性もある。窓側は校庭が見える教室であれば、他学級の体育などの様子が気になってしまう。対象の子が何に注意を奪われやすいかを知っておくことも必要だ。

（3）何をしていいかわからず不安になる子

よく教師が指示を出した後、周りをキョロキョロ見たり、「何するんですか？」「○○していいんですか？」と細かく聞いてきたりする子がいる。そういった子は、不安傾向が強い可能性がある。この場合は、隣や対象の子の見える場所にモデルとなる子を配置する。そうすることで、何をすればよいかを近くの友達を見て確認でき、安心して学習に取り組むことができる。

（4）ボーッとしていて指示が入りにくい子

このような子は、個別に声をかける必要がある。よって、声のかけやすい一番前の席に配置するとよい。もし、T2やサポートの先生と連携が取れているのであれば、支援に入りやすく、入っても目立たない一番後ろや左右端の席に配置することも考えられる。可能であれば、クラスでしっかりしている子を隣の席に配置して、友達からも声をかけてもらえる環境をつくる。

男女の割り当て

席替えの際は、「男女の割り当て」も大切な視点となる。学年が上がると、お互いに意識するようになる。男女間に自然に交流が生まれるように割り当てを工夫したい。その割り当ての1つとして次の方法がある。男女で隣同士になり、さらに縦列を男女交互になるように割り当てる。こうすることで4人グループになった際も同性同士が斜めになり、同性同士が話すにしても異性が話に入りやすい状況になる。男女間の人間関係が不十分な段階では有効な手立てになる。

女	男		女	男
男	女		男	女
女	男		女	男
男	女		男	女

（中嶋剛彦）

〈1〉非認知能力育成トレーニング　アンガーコントロールキット

「相手の立場に立って」になぜ効果がないのか

怒号と共に教室へ帰ってくる子ども。休み時間の始まり、あんなに元気に飛び出して行ったのに

「うざい！」

「死ね！」

「あいつらと二度と遊ばねえ！」

4年生の担任ならば、こんな光景を見るのは1度や2度ではないはずだ。

いわゆる「ギャングエイジ」に入ったこの時期の子どもたちは、自分と他人の感じ方、考え方の違いに気づき、直面し、調整しようとしていく。

しかし、発達障害の子どもたちの脳は、その一歩手前、「自分を理解する」という段階にある子が多い。相手がどう思っているか、と逡巡するには、まだ早い段階なのだ。「相手の立場に立って、我慢しなさい」という言葉が、いつまでもこのような子に変化をもたらさないのはこのためである。

怒りをコントロールするための4つのステップ

我慢する、つまり怒りをコントロールできるようになるためには、次の4つのステップを獲得しなければならない。

①感情を表す言葉を身につける
②自分の感情がわかる
③感情の大きさを認知する
④感情に対応する

書くのは簡単でも、実践は難しい。怒りをクールダウンさせたり、トラブルになった子どもたちの話を聞いたり、保護者へ報告したり……と、事態の処理だけで疲れてしまう。そこで、私は「アンガーコントロールトレーニングキット」（東京教育技術研究所）を使った指導を行っている。

①感情を表す言葉を身につける

人間は「言葉」によって思考・行動する生き物。黙って考え事をする際も、頭の中では言葉（内言語）が響いている。目の前に「真っ赤な丸い果実」があった時に、「りんご」と言う言葉を知らなければ、それを正しく表現・伝達することができない。

それと同じく「ちょっとイラとした」という言葉が脳内になければ、全てが「怒った！」となり、些細なストレスですら全力の怒りで表現してしまう。

まずは、「ちょっとイラっ」「悔しい」「困った」などの感情を表す言葉を子どもに身につけさせる必要がある。キットの「アンガーコントロールフラッシュカード」は、感情を表す言葉を簡単に繰り返し指導することができる。

②自分の感情がわかる

「廊下の角でぶつかりそうになった」「列の横入りをされた」等、「よくあること」と、「殴られた」「悪口を言われた」という本当に我慢のならない場面とが、同じ「怒った！」になっていた子どもに、次は場面ごとに「適切な感情」を当てはめていく。①の指導で、子どもが感情語を覚えたところで行う。

「廊下の角でぶつかりそうになった」は「ちょっとイラ」。「列の横入りをされた」は「イライラ」。「驚かされた」は「こわい」。など、子どもが過度な怒りを表現してしまう場面に、言葉を当てはめていく。

続けていると、子どもが実際にその場面に遭遇した時に「イライラする」と言葉にする瞬間がくる。その時には「えらい！勉強した通りに使えている！」とほめる。正しい行動は、ほめることによって強化・

定着していくためだ。

③感情の大きさを認知する

ちょっとした怒りならば、胸の内にしまうこともできる。しかし、発達障害の子どもたちは、そもそも「感情のものさし」がない。その怒りが「ちょっとしたもの」かどうかがわからない故、全てのストレス場面で最高潮の怒りを表出してしまう。

「怒りには大きさがある」ことを認知させるため、アンガーログファイルの「怒りの温怒計」で指導する。怒りは5段階で表されており、イライラしている子どもに対して、「今の怒りはどれくらい？」と聞くことができる。

どの子も、最初は（些細な出来事であっても）「5だよ！」と言う。「10だよ！」と、温怒計を突破する子もいる。しかし「えらい！言えたね！」と、ものさし上に表せたことを強化する。興奮しているならば指差しが良いが、可能ならば、ホワイトボードマーカーで、温怒計の中に色を塗らせる。

クールダウンしてきたら「今の怒りはどれくらい？」と聞く。怒りは時間と共に程度が静まるものだ、と言うことを教えることが目的だ。初めは「まだ5！」と言うが、「さっきよりとても落ち着いて見えるよ。3ぐらいまで落とせたんじゃないかな。落ち着き方が上手だね」と、概念形成する。そして、マーカーで塗った部分を3まで消す。怒りのゲージが下がったことを視覚的に入力するためだ。

さらに落ち着いたら「さっきのことなんだけど、『横入りされた』って、『イライラ』くらいだったよね。だから、初めから3くらいで良かったんじゃないかな」と、場面や感情ごとに適切なレベルを教えていく。

アンガーログファイルには、怒りの段階ごとに怒った時の状況をストックしておけるポケットがついている。状況をメモしたものをその時の怒りのレベルのポケットに入れておく。

1週間の終わりに、週の「怒りの記録」を確認する。「あの時は4だと思っていたけど、今思えばどう？」と、冷静な状況で怒りのレベルを修正させたり、「先週は2のことでもキレていたけど、今週は2のことが我慢できていたね！」と成長を褒めたりできる。

④感情に対応する

感情の高ぶりは6秒を境に急激に減少する。これを「魔法の6秒間」と呼ぶが、要はこの6秒を乗り切りさえすれば、概ね「感情をコントロールした」と言えるのだ。

フラッシュカードは両面刷りになっており、「ちょっとイラっ」の裏は「大したことないさ」、「イライラ」の裏は「我慢できる」のように、「その感情が生じた時にどのように考えればうまくいくか」が書かれている。表裏セットで子どもに読ませて、定着をはかる。

実際のストレス場面で子どもが「イライラした」と言えたら「こういう時は、どう思えばいいんだっけ」と、想起を促す。『我慢できる』と言えたらほめる。このように感情を肯定的な方向へ持っていくことで、6秒間を乗り切ることができるようになる。

また、イライラした際、自分はどうすれば落ち着けるかをアンガーログファイルの「きみがおちつきをとりもどせるものはこれだよ」に記録しておく。クールダウンに有効だったものをいくつか記録しておき、冷静な時に「これがあれば君は落ち着けるよ」と伝えておく。これは、「人やものを殴る」「暴言を吐く」など不適切対処をする子どもへの代替行動を提供する指導となる。

トレーニングを始めてから半年で、激しいパニックのあった子が、原級に戻って学習できるようになった。

（原良平）

〈2〉インクルーシブの教室対応
10歳の壁に合わせてアセスメントを

3年生で「ギャングエイジ期」に突入し1年を経過した4年生は次の発達段階へと進む。

それは、

「中間反抗期」

と呼ばれる時期である。

別名「口答え期」とも呼ばれている。

これはただの反抗期や思春期の反発とは違った意味合いを持つ。子供達は9～10歳の間に、強烈な自我意識が芽生える。その結果、親や教師への依存から離れ、自分の判断で行動しようとする。

その結果、

「うるさいな」「自分でやるから」

というような口答えと反抗に似た反応を返すようになる。この時期から、「教師や大人に従順な良い子」にするのではなく、「自立的、自発的な活動」を仕組みむことが重要となる。

これは、発達障がいを持つ子供も同様の発達段階に入ってくるので配慮しなければならない。

発達障がいにおける10歳の壁

4年生でインクルーシブを実現してくために「10歳の壁」を避けては通れない。明確なエビデンスが存在するかは不明だが、多くの教師たちの経験則から、4年生にあたる10歳前後から発達障がいを持つ子供の状態像は大きく変わっていく。

それはマイナスの意味でもプラスの意味でも大きな変化があるということだ。

（1）10歳の壁のプラス面

まずは「言語面」での大きな伸びである。3年間の学校生活や言語活動によって大きく言語面が伸びていることが期待できる。

今まで「どのように表現して良いか分からずに暴れていた子供」「どのように伝えて良いかが分からず手を出していた子供」が「困ったことを表現する言葉」「伝えるべき言葉」を身につけることによって「行動で表現する」ことが減っていく。結果、そのような行動を抑制できるようになってくる。

次に「多動の抑制」である。

低学年時に、離席などが多かった子供は10歳を境に多動が減っていく現象が見られる。脳のコネクションが強まり、行動抑制がうまく効いていくようになるからだ。

（2）10歳の壁のマイナス面

自閉症スペクトラムの症状を併せ持つ子供達の状態が10歳でやはり大きく変化していく。

「より過敏性を強める」

「より集団に不適応を起こしてしまう」

「よりこだわりが強くなってしまう」

という自閉傾向の変化が10歳前後で起こってくる。

時には、今までできていたことができなくなってしまうように見えることもある。

次に「失敗体験の蓄積による問題行動の表出」である。低学年期では、「発達障がいの持つ本来の症状で様々な問題行動や不適応行動」が出ている場合が多い。これについては適切なケアを受けることで自尊感情を落とすことを防ぐことができる。

しかし、10歳までの間に「過剰な叱責経験」「傷つき体験」「失敗体験」を積み重ねてしまうと「2次障がい」を併発してしまう。つまり本来持っていた障がいからの問題行動ではなく、それまでの学習や体験によって「反抗・拒否・挑戦的行動」が表出してしまう。

10歳の壁は学習で顕著に現れる

さらに、今まで発達障がいやLD（学習障害）などと判定されなかった子供たちが学習でつまずくことが多くなる。

算数では、より抽象概念が多くなり日常の生活で取り扱わない項目が増える。

国語では文章量が増え、漢字も複雑さを増してくる。もちろんここには担当する教師の質も大きく関係してくるので、学習指導の下手な先生に教わってしまいＬＤ傾向を大きくしてしまう子供も現れる。

またそれまでに診断を受けた子供たちも学習で大きなつまずきを見せることも多い。

①発達障がいにおける10歳の壁を考えたインクルーシブ教育のあり方

このように10歳を境にして様々な状態の変化が生じてしまう。

この時期からのインクルーシブ教育を進めていく上で重要なキーワードは、以下である。

「適切な個のアセスメント」

「適切な個別支援の展開」

「インクルーシブを進める際の個別の合理的配慮と保護者との合意形成」

（１）適切なアセスメント

発達障がいがあっても、無理やり普通学級で学習を受けることをインクルーシブとは呼ばない。

インクルーシブを進める際に最も重要なのは、この状況を的確に把握し、それを元に分析し、方向性を出す「アセスメント」である。

本当にその子は、集団で学ぶことが学力面と情緒の安定面で適切なのかどうか。

もし個別の支援を受けるのであるならば、どこまでの個別支援を必要とするのかを、状況観察や、心理アセスメントバッテリーでの検査、巡回相談員など第三者である専門家のアドバイスなどからアセスメントする必要がある。

（２）適切な個別支援の展開

アセスメントを行っていくが、インクルーシブ教育の視点でその子の持つ特性や苦手な状況などはすべてカバーできるわけではない。

やはり、「適切な個別支援の展開」を念頭に置かなくてはならない。

「個の特性に合わせた学習環境の提供」「個の特性に合わせた学習内容や学習量の提供」など個の特性に合わせた個別支援を展開することが最終的にインクルーシブにつながってくる子供もいる。

さらに「個別のソーシャルスキルトレーニングの展開」「眼球運動・視知覚トレーニング」などの苦手な分野をトレーニング的に支援する個別支援が必要な子供もいる。

これらの中には、完全に個別支援で伸びていく子供もいるだろうし、一部の個別支援とインクルーシブを併せることで伸びてくる子供もいる。この兼ね合いもやはり「アセスメント」を中心に判断していきたい。

（３）インクルーシブを進める際の個別の合理的配慮と保護者との合意形成

適切な個別支援が展開され、普通学級においてインクルーシブで学習などを進める際に、担任に全てを任せることは避けたい。

やはり、個別の課題と困難性を抱えるので、「集団における個別の合理的配慮」を行っていきたい。

座る位置の配慮。使うノートや教科書の拡大率の配慮。テストなどの拡大版の使用。座るものをバランスボールなどに換える配慮。視覚支援教材を多めに用いる配慮。個別に声をかける回数を増やす配慮。

このような集団で学習するための個別の合理的配慮を適切に行っていきたい。

この際に大切なのが、しっかりと「保護者との合意形成」がなされていることである。

せっかくの個別支援も保護者との合意形成がなされていないと「特別扱い」と受け取られてしまい支援を行えなくなってしまうなどの問題も生じやすい。

合理的配慮を提供の際は、支援会議を保護者と持ち、合意形成を行った上で支援を展開していくことが望ましい。

その子の学びの場と形態が本当に適切なのかを大人が責任を持って判断したい。

（小嶋悠紀）

〈3〉学習困難視点による教科書教科別指導
自尊感情を低めず反復学習への耐性をつける

積み上げ不足による学習困難

3年生は、「あまりのあるわり算」に代表されるように、「たし算」「かけ算」「わり算」などの様々な複合的な計算を求められてきた。

4年生は、それらの量が桁違いに多くなり、たくさんの計算やその速さと正確さが求められるようになる。

4年生の学習困難を改善するポイント

【国語のつまずきポイント】

（1）文章を読んでいるときに行を読み飛ばす。

【主な原因】

視線の移動がスムーズにできない。

低学年教科書よりも文章量が多く、字も小さい。

読んでいる途中で集中が切れて意識が飛ぶ。

【対策】

①数字ボードで眼球運動を素早くできるよう鍛える。

縦方向に1から順に数字を音読させる。眼だけで追えない子どもには指差しをさせる。

真ん中の四角い穴から、子供が音読している数字と視線（指差し）が合っているかを観察する。

最初はゆっくりと徐々に速くしていく。慣れてきたら黙読で行う。

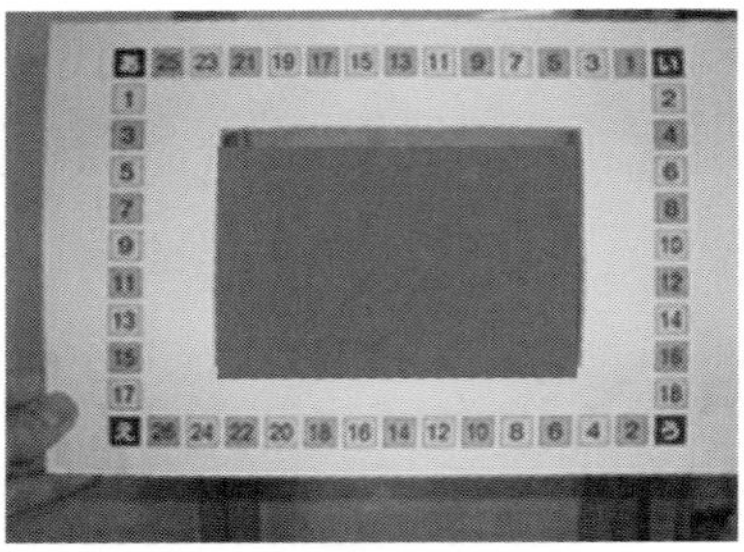

②イエローマーカーシートで読む1文を際立たせる。

1行分の黄色い透明シートを読む部分に置いて、スライドしながら読んでいく。

黄色と黒色の組み合わせは、注意喚起の色遣いで蜂の体や工事現場などにも使われる。目に飛び込んできやすい色の工夫で、注意が飛んでもパッと視線を戻すことができる。

（2）お話の内容がつかめない。

【主な原因】

文章が長くなって、ページごとの話の内容を覚えていられない。

【対策】

『白いぼうし』『一つの花』『ごんぎつね』など絵本を読み聞かせして概要をつかませる。映像がある場合は映像を見せる。

【算数のつまずきポイント】

（1）複雑な図形の面積を求められない。

【主な原因】

計算工程が多くて処理しきれない。

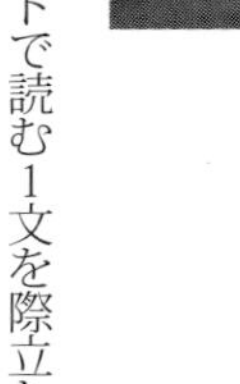

①の面積を求める「かけ算」

②の面積を求める「かけ算」

③の面積を求める「かけ算」

①～③全ての面積を合わせる「たし算」

という作業が必要だ。もっと作業の多い計算もある。

この時に、全ての計算が正確で、ある程度の速さがないと処理しきれない。しかも足して計算するのか、引いてやるのかという判断も加わる。

今まで、学習面は優秀で、完璧主義だった自閉症スペクトラムの子どもがつまずく。

計算が早くできない。一部を間違えてしまうことで、×がつくことに耐えられない。そのような子どもが自信を失ってしまうことがある。

【対策】

①計算の反復で速度と正確さを上げる。

　速度を上げるためには、タイムを計る。1分間で解ける問題数を増やしていく。また20問をできるだけ短い時間で解いていくような計算もある。

　大切なのが、答え合わせだ。間違えた計算を次は間違えないようにする。間違えた段の計算を完璧にする。

②手順を見える化・軽量化する。

　複雑な計算や、作業量が多い活動は、ワーキングメモリ（短期記憶）を大量に使う。計算の順序に頭を使ってしまい、計算ミスをする子もいる。

　計算の手順に慣れるまでは、混乱しやすく、それがパニック要因にもなる。

　クラス全体での配慮として、大きく作業の工程を書いたものを横の壁に貼っておき、いつでも見られるようにしておく。覚えるのに時間がかかる子なら、その子用に、小さくカードにした手順表を置いておく。かけ算が苦手なら九九表も見ていいことにする。

　そのように、無理な負荷を減らして克服させていけば、最終的に手順は身につく。

（2）大きな数で桁が合わなくなる。

【主な原因】

　数字を頭で一時的に記憶して位ごとに並べるのに覚えていられない。数字を飛ばしてしまう。

【対策】

　ＴＯＳＳ Kids Schoolの大きな数（億万兆者）教材を使う。

　電車が位取りのパーツとなっている。一から千の位、万、億、兆と車体の色分けをしている。その色に合わせて漢数字を色分けするなど、色がヒントになっている。

　自閉症スペクトラムの子どもは電車が好きな子供も多い。楽しみながら学習を進めていくうちに自然と身についていく教材となっている。

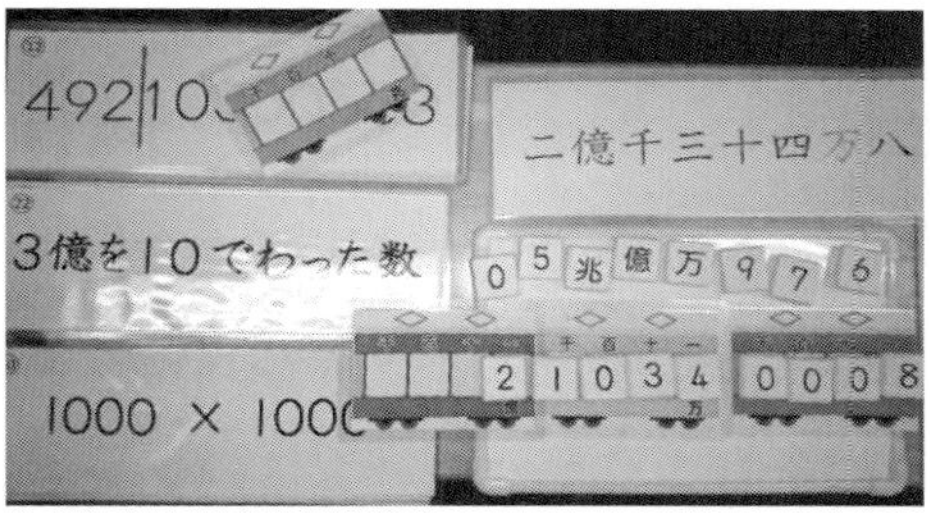

（3）わり算のひっ算でどこに何を書いてよいかわからない。

【主な原因】

　たし算、ひき算、かけ算のひっ算とひっ算の形式が変わって混乱する。わり算のひっ算を解く工程が覚えられない。

【対策】

①わり算のひっ算を解く工程を図のような表にして個人持ちにしたり、拡大して掲示したりする。

わり算のひっ算の仕方

①立てる
↓
②かける
↓
③うつす
↓
④ひく
↓
⑤おろす

②ＴＯＳＳ算数スキルの「わり算のひっ算スキル」でなぞり書き、書き込みをして練習する。

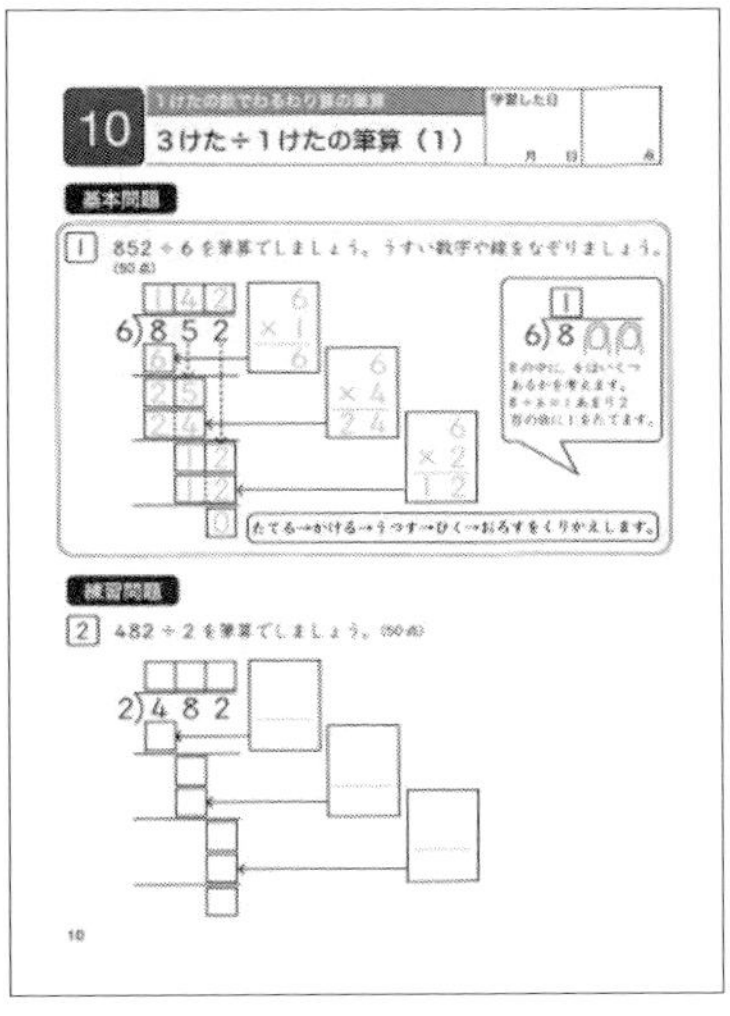

（小嶋悠紀）

〈4〉個別支援計画づくりのヒント

問題行動と合理的配慮とほめ方のアセスメント

課題となっている行動への具体的な合理的配慮を明記する

保護者を交えた支援会議では、度々子供たちの問題行動について話題に上ることが多い。支援会議はこのような問題行動にどのように対応するかだけが話し合われていることも多い。

しかし、多くの支援会議では、

「どうしましょうか」「困りましたね」

と具体的な支援の方向性が出ることが少ない。

子供の問題行動を保護者に提示するだけしておいて、学校側の支援方法を明記しないのは「フェア」ではない。

「問題行動があるのはわかっています。しかし、私たちは学校として対応策がありません」

と言われて安心できる保護者はいない。

課題が生まれ出ているのは「学校として提供している合理的配慮が不足している、または、合理的配慮が適切でない」可能性が高いからだ。

発達障がいがあるから問題行動が出るのではない。周辺環境や、人的環境、大人の関わり、成功体験の多少、失敗体験の多少などによってそのような問題行動は表出してくる。

つまり、

「それまでの教育や関わりの結果＝子供の行動」

として出てくるのである

しかし、問題行動を保護者と共有する作業は極めて重要な支援の1つでもある。

保護者と連携して支援することで、支援が大きな成果を生むことの方が多いからだ。

それでは、支援会議でどのように合理的配慮として保護者に提案をすればよいのだろうか。

まずは、明記した問題行動に対して①②など番号を振っておく。

そしてその番号1つ1つにどのような合理的配慮をしていくかを明記し、支援プランを明らかにする。

このプランがなかなか思い浮かばないかもしれないが、「方針がないことが最もよくない」のである。

とにかく方針を立てて実行することが重要だ。

その支援に効果がなければ、1ヶ月〜3ヶ月で子供の状態は変化していかない。その時には新たな支援方針を立てればいいだけの話である。

支援会議などで、保護者と「一緒に支援を考えましょう」となるべくやらない方が、安心感が大きく違う。学校で起こっていることに対して、責任を負うのは私たち教師の仕事だからである。

このような合理的配慮についてもできるだけ個別支援計画などに記録として残していくのが良い。数年経った時の支援のヒントとして残っていく可能性が高い。

しかし、保護者から申し出のあった「合理的配慮」に関しては、しっかりとその場で検討しなければならない。

提供可能な合理的配慮であるならば、個別の支援計画にそれも再度明記しておくことが必要となる。

共感的なほめ言葉を使っているか自分でアセスメントする

様々な教室を観察していると、「ほめ言葉」の少なさに気づくことが多い。

例えば次のような場面である。

「おい！　お汁が余ってるぞ！」と強い口調で全員に伝えた子供がいた。

その先生は、

「そんな乱暴な言い方はダメです」

と注意した。

しかし、この子供は「伝え方」は間違っていたが、「みんなに聞いた」ということはほめるべきであ

「そうだね。やさしいね○○くんは！」

とほめた後に、

「みんなお汁が余っているよ。欲しい人？って聞くのがいいよね」

とスキル指導をすればよい。

このように「そうだね」などの「共感するほめ言葉」というのが、３学期などに効果的に発揮されることが多い。

１～２学期までは、スキル指導なので「えらい！」「すごい！」など大げさに力強くほめることが必要とされる。

このように力強くほめた行動がそのまま強化されていく。強化された行動は、同じような行動を引き起こすきっかけを作っていく。

また、これらのほめ言葉は、ドーパミン系を興奮させるほめ言葉なので、「やる気」を一気に上げる。

やる気になることで、良い行動や肯定的な行動様式が出やすくなる。

その結果、さらにほめられるので、子供は行動し、ほめられ、認められるという「良い循環」に入っていく。

特別支援教育の最も重要な点は、このような「良い循環」の中に子供を入れてあげることである。

さらに「ほめられ、認められる」ということは、「この先生の言うことならきける」というように指示の従いやすさも演出していく。

問題行動が出ていて困難であればあるほど、このような関係性は重要なのである。

これらのことから「ほめる」という支援はとても重要だということはお分かりいただけるだろう。

しかし、ドーパミン系の対応は「慣れ」を生じさせやすいことも分かっている。

「１学期よりもほめ言葉への反応が鈍いな」

「ほめてもなかなか同じようないい行動がでなくなってきたな」

と感じた先生方も多いだろう。

ドーパミンは同じような刺激に対して耐性を作ることが分かっている。

これは、「ほめ言葉への耐性」を作ってしまうのだ。

学級経営も後半になり、行き詰りを感じるのはこのことが原因でもある。

そこで私はこの時期に

『「そ」のつくほめ言葉でほめる』ということを提案している。

「そうだよね」

「そうそう！」

「それそれ！」

「そうやるんだよね！」

「そっか！　おもしろい」

など多種多様にある。これら全てが「共感と共有のほめことば」である。

教師が、上から「評価するほめことば」ではないのだ。

脳科学で解説をすると、このような「共感／共有のほめ言葉は「同期発火」という現象を脳内で引き起こすことが分かっている。

「同期発火」が生じると、その人への「親和性」が高まってくるので、様々な指導や支援を受け入れてくれる土壌になっていく。

今までのほめ言葉と違い、より「子ども目線」に近いほめ言葉なので、「プライドの高いＡＳＤ（自閉症スペクトラム）の子ども達にも受け入れられやすい。

またスキル指導としても、「かつて指導した事が出来ていた時」に使える。

「そうじはそうやるんだったよね！」「そうだね！ノートは先生に見える様に向けるんだね」

などのように、共感をベースにしながらもスキルを復習させることができる。

このような共感や共有のほめ言葉はあまり聞く事が少ない。どうしても「教師としてのプライド」が邪魔をしてしまい、子どもに共感ができないことも１つの原因だ。

しかし、これら共感と共有のほめ言葉が入りやすい子どもがいるのも事実である。

（小嶋悠紀）

学級運動会をやろう

【1学期】特別活動・学級レクリエーション

4年生は、低学年のようなやる気を備えつつも、自分たちでできる力もある時期である。ただし、今までの経験の違いもあるので、1学期には、まずは、「みんなでやるって楽しい」「一緒に何かするって楽しい」という経験をさせたい。集団にいる喜びや、所属感の向上を図りたい。

学級イベントをいきなり子ども達にやらせるのは難しい場合が多いので、教師が提案、企画するのがよい。

教師が用意した場で、みんなで何かやる楽しさを経験することから始めることだ。

春の運動会後に学級運動会をやろう

5月から6月に運動会を行う学校も多い。

運動会では、様々な種目が行われる。子ども達は、他学年の競技を見て、「やってみたい」と思うことがある。

特に人気なのが、低学年の「玉入れ」や「大玉転がし」である。4年生であっても、あの「玉入れ」や「大玉転がし」を思う存分、本気でやってみたいのだ。また、「リレー」も欠かせない。

運動会では、リレー選手にならないと、リレーに出場できないからだ。

さらには、運動会にはない競技も入れると盛り上がる。

教師発、企画のはじめ方

今までの経験差から、学級イベントをやったことがない子もいる。また、やったことがあったとしても、いわゆるお楽しみ会やお誕生会ぐらいの子が多いであろう。

よって、企画や提案を子どもにさせることは難しい。子どもにできないのであれば、教師がやってしまえばいい。

教師から、「学級運動会をやろう」と子ども達に投げかければよいのだ。

①運動会の楽しかった様子を思い出させる。

↓

②全校でやった運動会には、自分たちもやってみたい競技があっただろうと投げかける。

↓

③学級だけで運動会をやったら、思う存分競技ができるだろう、さぞ楽しいだろうと語る。

↓

④運動会にはなかった競技も、みんなで考えてやったら楽しいに違いない。

↓

⑤私たちだけの「学級運動会」をやろう！

といったような順で子ども達に話すと、学級運動会ができるだろう。

ポイントは、教師が楽しそうに語ることだ。4年○組だけで運動会をやったらものすごく楽しいし、みんなもっと仲良くなれるに違いない、そう思い表情に出しながら、子どもと共に夢を描くことだ。

開催日は、あまり遠い日ではだめだ。やるとなったら、準備ができ次第さっさとやった方がよい。時間が経つと、イベントをやろうという熱が冷めてしまうかもしれないからだ。

できそうな役割は、やらせてしまう

企画の大枠は、教師が作った。

次は、当日とそれまでの役割分担だ。

スムーズに進行し、どの子も満足のうちに終えるには、教師が当日の進行役をするとよい。初めての学級イベントであれば、教師が進行役をやって成功体験としなければならない。子どもに進行役をさせると進行が滞ることが多く予定していたプログラムができなくなり、満足感も達成感も激減してしまう。

進行役以外のできそうな役割は、子どもにやらせてしまうとよい。

・はじめのことば
・選手宣誓
・各種目のルール説明
・各種目のデモンストレーション
・おわりの言葉

これらの役割は、子どもにもできるし、おすすめである。

各種目のルール説明は、必要最低限でよい。多くの場合は、既にルールが分かっているからだ。分かっているルールを説明されても、雰囲気がだれてしまう。

おすすめは、各種目のデモンストレーションである。競技開始前に、何人かの子が試しにやってみせるのである。学級のやんちゃ君にやらせると、大げさに楽しそうに、笑いを取りながらやってくれるだろう。やんちゃ君の活躍の場も確保できる。

種目とルールの工夫で盛り上げる

学級運動会を何度も実践したが、その中から実際に盛り上がった種目を紹介する。

・玉入れ合戦

競技内容は、一般的な玉入れである。普通は、50人対50人など、多数対多数で行うが、学級の場合は、多くても20人対20人となる。人数が少ないとたくさん玉を投げることができるので盛り上がる。

さらに、男子対男子にすると、より盛り上がる。10人対10人とより少数となるだけでなく、玉の投げ方も巧妙になったり激しくなったりしてやっても見ていても楽しい。もちろん、女子対女子も周りに遠慮せずにできるので、盛り上がる。

・大玉転がし

大玉転がしを低学年で行う場合、２人組で３角コーンをまわって返ってくるというものだ。

しかし、２人組ではなく１人で大玉を思い切り転がしてみたいものだ。男子は、ガンガンと転がして迫力もあって楽しい。女子も、全力で転がしたり、時にはあらぬ方向に転がっていってしまいそれがむしろ面白かったりする。本人もつい笑ってしまったりして、より盛り上がる。

・２人３脚

小学校運動会で２人３脚を見かけることは、まずないだろう。しかし、地区の運動会などには、２人３脚はある。子ども達は、知ってはいるがやったことはない、それが２人３脚である。

その２人３脚をやるのだが、ポイントは、「男女ペア」でやるということだ。

男女ペアでやることを子ども達に告げると「えー」などと声を上げるが、いざやってみるととても盛り上がる。事前に練習時間を設けると、はじめは文句を言いながらも、徐々に楽しそうに競技に取り組み、本番では微笑ましい姿を見せていた。

（大門貴之）

【2学期】特別活動・学級レクリエーション

理科室で「お化け屋敷」！

1学期の経験を生かして、子ども達には、子ども達の力でイベントを運営させ、成功させたい。そのためには、子ども達が心からやりたいというイベントを共に考えスタートさせることだ。

また、2学期には、子ども達が活躍できる行事もある。その行事の運営や発表の機会ともリンクさせることで、より多くの機会に子ども達の企画力、実行力、発想力を伸ばしていきたい。子ども達が運営し、成功したイベントを紹介する。

お化け屋敷

怖い話係が中心となって運営したイベント。

怖い話係は、普段は怖い話を考えたり本に載っている怖い話をみんなの前で披露したりする係である。

しかし、週一回のその話もマンネリ化してきた。

そこで、私から怖い話係の子に、「怖い話だけではなく、怖い話に関係するイベントをやろう！　部屋を暗くして、みんなを怖がらせよう。お化け屋敷をやろう！　おばけやゾンビになって脅かそう。理科室なら、黒いカーテンがあるから、暗くすることができる。それに、理科室は教室より広い」と、話をした。

係の子たちは、お化け屋敷、脅かす、理科室、黒いカーテンに惹かれ、イベント開催がすぐに決まった。特に、理科室というワードが子ども達には魅力的だったようだ。教室ではない場所でイベントをやっていいんだというのも、子ども達にとっては目から鱗だったようだ。イベントをやる時には、教室以外の場所でやるというのもいい。それだけでも特別感が出て、ワクワクしてくる。

こうなると、子ども達は自分たちでどんどん準備を進めた。準備の中で、以下のことを子ども達はしていった。

・朝の会で、お化け屋敷をやることをみんなに告知
・休み時間に、画用紙などを使ってお面などのおばけアイテムの作製
・お化け屋敷会場である理科室の下見
・当日のプログラム（はじめのことば、ルール説明、お化け屋敷、みんなの感想、おわりのことば）

また、理科室に入る順番と男女のペアを決めておくとよいと、アドバイスした。

すると、早速ペア決めのくじを作っていた。くじは、男女各1～15番のくじを作り、それを男女別に引いてもらった。自分のペアが分かると、「えぇ！」と言いつつも、嫌そうではなかった。4年生になると、男女ペアで何かをするという機会はなかなかない。だからこそ、ここは先生主導で男女ペア制を盛り込むのだ。

当日の流れである（5・6校時がお勧め）。

①昼休みに、係の子が理科室で準備をする。理科室の椅子を使って順路を作る、暗幕を閉める、怖い掲示物を貼る、人体模型を置くなど。

↓

②教室にて、はじめの言葉、ルール説明、ペア決めのくじ引きを行う。

↓

③ペアの番号順に廊下に並ぶ。理科室へ出発。この間に、係の子は先に理科室へ行き最終確認をする。配置につく。

↓

④理科室の前に到着。係の子に呼ばれたペア

は、お化け屋敷（理科室）に前のドアから入る。
↓
⑤後ろのドアからペアが出てきたら、係の子の合図で次のペアが入る。
先生は廊下で待機している子達の様子を見たり、理科室のお化け屋敷を写真で撮ったりする。
↓
⑥全ペアが終了したら、全員が理科室に入る。
↓
⑦全員感想発表。最後に、係の子の感想発表をし、みんなから係の子へ拍手。
↓
⑧おわりの言葉。教室に帰る。帰りの会。下校。

こういったイベントは、午後に行うことをお勧めする。イベントで盛り上がったテンションのまま次の時間を迎えると、あらぬ方向に行ってしまい、せっかくのイベントが台無しになってしまう可能性がある。また、楽しい思いをしたまま下校すると、1日をハッピーエンドで終えることができ、達成感も高まる。子ども達にイベントを運営させるのだから、自分たちでできた、うまくいった、やってよかったという思いで終わらせたい。

カラオケパーティー

秋には、行事で音楽会がある学校もある。音楽会が終了したら、カラオケパーティーをやると盛り上がる。

音楽会では、みんなで1つの歌を歌い、1つの目標に向かっていく。とても重要な学習である。

しかし、もっといろんな歌を歌いたい、みんなで歌って盛り上がりたいという思いも同時にもっている。

だからこそ、それぞれが歌いたい歌を歌う、みんなでワーっと盛り上がるカラオケパーティーも必要なのである。

歌が上手な子が活躍する音楽会とともに、元気よく歌って盛り上げ上手な子が活躍するカラオケパーティーがあってこそ、いろいろな子が活躍できるのである。

カラオケパーティーも、係の子に運営をさせるとよい。準備もそんなに必要ではないので、子ども達に任せるのにちょうどよい。

事前の準備は、エントリーの受付である。1人でエントリーしてもよいし、グループでエントリーしてもよい。エントリーする際には、メンバーと曲名を係の子に伝える。私は、1人ではちょっと恥ずかしいという子もエントリーしやすいように、エントリー用紙を掲示しておき、そこに記入する形でエントリーできるようにした。そうすれば、既にエントリーされている曲やメンバーを見て、「一緒にやらせて」と言って参加できるからだ。

基本的には、全員がエントリーする。ただ、事情があってどうしてもできない子には、得点係をやってもらったこともある。

当日までには、休み時間に歌の練習をする子がいたり、歌詞カードのコピーを担任に頼む子がいたりした。

本番の場所は、放送室のスタジオがよい。放送室は、学校の中で防音設備がある場所だ。放送室は普段は入れない特別な場所だからだ。また、大きな音を出しても、他の学級に迷惑がかからない。

毎年カラオケパーティーを実践しているが、最近子ども達がよく歌い盛り上がるのは、これらの曲だ。

・ＰＰＡＰ
・パーフェクトヒューマン
・前前前世
・アニメの曲
・ボーカロイドの曲

知っている子の多い、みんなで歌える曲が多い。

また、当日盛り上げるコツに、「飛び入り参加ＯＫ」がある。エントリーしていなくても、歌いたくなったら、前に出てきて一緒に歌ってよいのである。また、先生も1曲歌うと盛り上がること間違いない。

（大門貴之）

【3学期】特別活動・学級レクリエーション

「1日丸まるパーティー」!!

3学期までに、学級イベントの経験を積んでおけば、1日丸まるイベントができるであろう。

1月に入ったら、3月には1日イベントをやろうと子ども達と語り合っておく。子どもから見れば、1日中遊べる夢のような1日だ。子ども達と語り合えば、いろいろな企画やアイデアが出てくるだろう。ただし、4年生の勉強が全部終わったらやろうなどと負荷をかけることで、勉強を頑張らせる動機づけにもなり、一石二鳥である。

2月には、実際に1日イベントの内容をどうするかを決めていく。4年生の場合には、全て子どもに丸投げでは難しいので、

・1日の組み立て
・1人1役
・イベントの内容が誰でも一目で分かる企画書など、1日パーティーを行うために必要なことを教えた。

1日の組み立て

1日を複数のイベントで組み立てると、どの子も満足する。どのイベントも楽しみだが、それぞれに一番楽しみにしているイベントがあるからだ。1時間に1イベントと考えれば、最大で5つのイベントができる。また、2時間続きでやるイベントやもっと時間を使ってやるイベントもある。

子ども達からやりたいイベントを募集し、学級会で決めるのもよい。学級会等で話し合えば、イベント以外にも給食で牛乳乾杯をするなど色々と面白いアイデアも出てくるかもしれない。行うイベントと、何時間目にどこでやるかを決めていく。

できれば、特別教室配当を見て、校庭や体育館が使用できる日に行うようにしておくと、体を動かすイベントもやりやすい。他の学級の割り当てで交渉が必要な場合には、その場では決定はしておかないことだ。子供との約束は絶対なので、「その時間に体育館が使えるかどうか、調べておきます」と子ども達に告げて保留にしておく。特別教室が確保できたら、イベントの順と場所を確定していけばよい。1日の大まかな組み立てが決まったら、次は、各イベント内容を決めていく。

1人1役で自己有用感アップ

まずは、イベントごとに所属を決めさせる。1人1つに所属させる。1人1役当番のようにすることで、当事者意識をもたせたり暇なお客さん状態にさせたりしないためだ。所属は、イベント担当だけではない。

他に、

・1日のプログラム作成と進行係
　掲示用のプログラムを書く。当日は、1日の司会進行をする。
・インテリア係
　教室の飾りを作り、会場である教室の雰囲気を盛り上げる。
・ランチ係

給食の時間を仕切り、出し物などをやって盛り上げる。

――などの係も設けるとよい。

そうすれば、グループの人数も少なくなり、自分の仕事もあり、仕事があれば達成感や自己有用感の向上にもつながる。

各イベント、各係のどれかに全員が所属するよう決定していく。

企画書の書き方を教え、合格するまで書かせる

各イベント、各係で企画書を書かせる。

企画書は、それを見れば説明しなくても準備と実施ができるように書くようにさせる。

企画書には、

・イベント内のプログラム
・時程
・役割分担
・準備するもの
・ルール
・チーム分け
・注意してほしいこと
・当日までにすることと、その分担

などを書かせる。

また、図で説明したほうが分かりやすい場合には、図を描くように伝える。

また、企画書は合格するまで書き直させる。

合格した企画書は掲示し、誰もが見ることができるようにしておく。そうすることで、ルールややり方の周知もできたり、仕事の進み具合をお互いに確認できたりする。

1日パーティーのネタ

1日パーティーは、パーティーネタの複合で行う。今まで行ったパーティーネタを紹介する。

・ドッジボールパーティー

とことんドッジボールをやる。ただ、一般的なドッジボールではなく、ルールに変化を加えるのだ。飽きないためであり、どの子も楽しく参加できるためである。ボール2個ドッジ、宝獄ドッジ、王様ドッジ、女王様ドッジ、隠し王様ドッジ、男子対女子ドッジ、男子は左手ドッジ、女子には先生が入るドッジ、ポイント制ドッジなど、変化のある繰り返しでいつもと違ったルールのドッジボールができる。

・プラバンパーティー

トースターを教室に持ち込み、プラバンをやる。おとなしい女の子や図工が好きな子に人気のパーティー。プラバンは、100円ショップで購入することができる。子ども達にプラバンを用意するように呼びかけるが、用意ができない子もいるので教師がいくつも用意しておく。プラバンに絵を描くのだが、スキなキャラクターの絵などがあると、楽しめる。スキな模様を描くのもよい。穴あけパンチで穴を空け、輪ゴムを通してキーホルダーにするのもあり。学級の記念品づくりにもなる。

・イラストパーティー

グループごとに画用紙を配り、みんなでお絵かきをする。好きなように絵を描いて、イラストを完成させる。テーマを設定し、完成したら黒板に貼ると面白い。

・スポーツ大会

人気があるのは、リレーとサッカーである。また、大縄もやりたがる。チームを決めておいて色々なルールでリレーをやったり、思う存分サッカーをやったりするのもよい。男子対男子、女子対女子のサッカーも盛り上がる。体育館でフットサルのようにやるのも面白い。

・ジャンボすごろく

教室の床を使ってジャンボすごろくを行う。指示が書いてある用紙を床に貼り、スタートとゴールを設定する。子ども達が駒となり、すごろくを進めていく。ジャンボさいころは、ダンボールで作らせるとよい。

（大門貴之）

【1学期】保護者会・配布資料　4年生の学習と生活について

最も重要な教科が「算数」

4年生は、算数が苦手になる時期です。

ある調査では、3年生では、「算数好き」が79・7%。それに対して、4年生では、69・1%と、10%ほど下がっています（「小学生の計算力に関する実態調査」ベネッセ教育研究開発センター、2007）。

算数が、苦手にならないようにするためにいくつか方法があります。

①ノートを丁寧に書く

AとBを比べてください。

B
123
+987

A
123
+987

ノートを丁寧に書くと、「ミス」が減ります。本当はやり方がわかっているのに間違えるということを防ぎます。

「きれいに」書くではありません。「丁寧に」書きます。具体的には、

□文字は、濃く大きく書く。
□1マスに1文字書く。
□定規で線を引く。
□計算と計算の間は、ゆったりと書く。

チェックしてみてください。

②教科書の問題をすべて解く

教科書の練習問題が最終的にすべて解ければ、基礎的な内容はすべて理解できています。

教科書チェックをお勧めします。

教科書の問題を解きます。

・自分でできたら斜め線「／」
・間違えたら「✓」
・間違えた問題、できなかった問題が解けたら「／」

これは学習の仕方にもつながります。できなかった問題だけやる。できない問題、苦手な問題をつぶしていくことが算数嫌いを防ぎます。

熱中期が訪れます

昆虫、花、料理、縄跳び、子どもの興味は様々です。ある程度時間があり、興味のあることをとことん追い求めることができるのも4年生です。

「図鑑」、「本」、「調理」、「縄跳び」等。子どもたちが興味を持ったものを伸ばしてあげたいですね。「本」ならば、図書館に行けば無料です。学校の図書室で借りることもできます。休日は、本を見ながら一緒に調理なども楽しいかもしれません。子どもの得意なこと、興味を持っていることを伸ばすという視点で、見守っていただければと思います。

大人への通過点、ギャングエイジ

中学年の特徴と言えば、ギャングエイジ。良くも悪くも、友達と集団で遊びます。子どもたちの行動を成長への第一歩として肯定的にとらえるか、反抗期として否定的にとらえるかで、接し方も変わってくるかと思います。

○行動的になった（おちつきがない）
○自分で考えて行動するようになった（言うことを聞かなくなった）
○相手の意見に反論することができるようになった（口ごたえする）

集団で行動するということは、楽しいと同時に、嫌な思いも経験することになります。

嫌な思いをしたときにどのように対処するか。相談する、好きなことに没頭する、寝る等。そういった対処スキルを身につけていくのもこの時期です。

（平松英史）

１日の時制と年間の予定をセットにして掲載する。遅刻・早退の際には、重宝される。

西戸崎小学校の一日

	通常時制	特別A時制	特別B時制
朝の会	8：25 ～ 8：35	8:25 ～ 8:35	8:25 ～ 8:35
朝の学習	8：35 ～ 8：50	8:35 ～ 8:50	
1 校時	8：55 ～ 9：40	8:55 ～ 9:35	8:35 ～ 9:15
2 校時	9：45 ～ 10：30	9:40 ～ 10:20	9:20 ～ 10:00
中休み	10：30 ～ 10：45	10:20 ～ 10:35	10:00 ～ 10:15
3 校時	10：50 ～ 11：35	10:40 ～ 11:20	10:20 ～ 11:00
4 校時	11：40 ～ 12：25	11:25 ～ 12:05	11:05 ～ 11:45
給食	12：25 ～ 1：10	12:05 ～ 12:50	
昼休み	1：10 ～ 1：50	【掃除】 12:55 ～ 1:10	
掃除	1：55 ～ 2：10	【昼休み】 1:10 ～ 1:50	
5 校時	2：15 ～ 3：00 児童下校　3：20	1:55 ～ 2:35	
6 校時	3：05 ～ 3：50		
帰りの会	3：50 ～ 4：00	2:35 ～ 2:50	11:45 ～ 12:00
委員会活動 代表委員会	帰りの会　3：10まで ☆3：15 ～ 4：00		
クラブ活動	☆3：15 ～ 4：15		
児童下校	4：10	3:00	12:10

「下校時刻」を書いておくと保護者は安心する。

008　2013.04.17

1年間の予定

1学期

日程	行事
4/5（金）	赴任式・始業式
4/8（月）	PTA役員決め
4/9（火）	給食開始
4/11（木）	入学式
4/12（金）	発育測定
4/19（金）	学習参観・懇談会
4/23（火）	家庭訪問①
4/24（水）	全国学力調査
4/25（木）	家庭訪問②
4/26（金）	歓迎遠足
5/1（水）	家庭訪問③
5/2（木）	歓迎遠足予備日
5/7（火）	家庭訪問④
5/9（木）	家庭訪問予備日
5/10（金）	避難訓練
5/14（火）	一斉下校
5/16（木）	尿検査
5/17（金）	学習参観・懇談会
5/23（木）	耳鼻科検診
5/24（金）	尿検査（2次）
5/27（月）	プール清掃
5/28（火）	内科検診
5/29（水）	歯科検診
5/30（木）	スポーツテスト 眼科検診
5/31（金）	スポーツテスト予備日
6/13（木）	プール開き
6/14（金）～20（木）	ノーメディアウィーク
6/28（金）～7/2（火）	家庭学習強化週間
7/3（水）	学年末テスト
7/4（木）	学習参観・懇談会
7/18（木）	給食最終日
7/19（金）	終業式
7/22（月）～24（水）	個人懇談 サマースクール
8/21（水）～23（金）	サマースクール

2学期

日程	行事
9/2（月）	始業式
9/4（水）	給食開始
9/5（木）	発育測定
9/10（火）	避難訓練
9/18（水）	学習参観・懇談会
9/21（土）～9/27（金）	ノーメディアウィーク
9/28（土）	運動会準備
9/29（日）	運動会
9/30（月）	代休（運動会）
10/4（金）	代休（運動会準備）
10/9（水）	観劇会
10/16（水）	児童集会
10/22（火）	秋の遠足
10/24（木）	児童集会予備日
10/30（水）	秋の遠足予備日
11/1（金）	学校公開週間 全日学習参観
11/2（土）	土曜参観
11/5（火）	土曜参観代休
11/8（金）～14（木）	ノーメディアウィーク
11/8（金）	オーケストラコンサート
11/18（月）～29（金）	読書週間
11/21（木）～22（金）	修学旅行
11/29（金）	生活・学習習慣 定着度調査
12/3（火）～9日（月）	家庭学習強化週間
12/4（水）	人権学習参観・懇談会
12/10（火）	学期末テスト
12/20（金）	給食最終日
12/24（火）	終業式

3学期

日程	行事
1/8（水）	始業式
1/9（木）	給食開始
1/17（金）	避難訓練
1/24（金）～30（木）	給食週間
1/28（火）	学習参観・懇談会
2/3（月）	卒業生会食開始
2/7（金）～13（木）	ノーメディアウィーク
2/25（火）	お別れ集会
3/4（火）	学習参観・懇談会
3/5（水）	学年末テスト
3/10（月）	卒業式総合練習
3/17（月）	給食最終日 修了式
3/18（火）	卒業式

2013年度　6年生西戸崎小学校1年間の予定
※あくまで予定ですので、変更等がございます。

２学期の最初には、２・３学期の予定、３学期は、３学期の予定を付加修正しながら配布する。

保存版！1日の予定&1年間の予定

「保存版」と書いておくと目をひく。

予定なので変更があることを告げておく。

【2学期】保護者会・配布資料

行事山盛りの2学期、学級通信のポイントはこれ

2学期の行事予定

2学期は、行事が山盛りです。

社会科見学の際には、「弁当」が必要となります。行事が近くなったら、持ち物などを含めて再度学級通信等でお知らせしますので、ご留意ください。また、「登校時刻」「下校時刻」も変わる可能性があります。

2学期の学習のポイント

行事や学級のイベントが終わったら、「作文」を書くように指導しています。

A4で1枚です。

初めのころは、「何を書いてよいかわからない」と悩んでいた子も、回数を重ねるごとに、スラスラと書けるようになっていきます。

どんなお題でも、スラスラ鉛筆が動くには、「慣れる」が一番です。慣れたら次は、書き方です。

○原稿用紙を正しく使う。行頭は1マス空けること、句読点の位置、行の終わりに句読点が来たら、同じマスに入れること、等。

○1文1義で書く。意味の通る文を書くことが大切です。1文が長くなると、文がねじれてきます。短文を重ねて書いていきます。

○文末をそろえる。敬体（です、ます）、常体（である、だ）のどちらでも良いのですが、文末を常体、敬体のどちらかに揃えることがポイントです。

「持ち物」のポイント

○「教科書」は、下巻に入る教科があります。学年末のまとめなどに使う場合があるので、上巻が終わっても学年が終わる、てください。

○「分度器」は、透明で飾りの無い物を選んでください。飾りがあるものは、教科書の文字と重なった時に、見えません。

（平松英史）

2学期

日程	行事
8/29(月)	始業式
8/30(火)	給食開始 除草作業
9/7(水)	明治食育体験学習「カカオ・チョコレート」
9/15(木)	学習参観・自然教室説明会
9/21(水)	北九州見学(弁当)
9/29(木)	全市一斉研修(4時間)
10/3(月)	放送朝会
10/13(木)	避難訓練(予20)
10/15(土)	土曜授業・観劇会
11/1(火)	放送朝会
11/1(火)～	読書週間
11/5(土)	学校公開日(4時間)
11/7(月)～	安全歩行週間
11/9(水)	児童集会(予24)
11/10(木)～ 11/12(土)	自然教室
11/14(月)	自然教室代休
11/21(月)	永利牛乳工場見学・酪農体験(弁当)
11/21(月)～	清掃週間
12/1(木)	学習参観・懇談会・PTA人権講演会・市学力実態調査（国・算）
12/8(木)	トヨタ環境体験学習
12/12(月)	大掃除
12/21(水)	給食終了
12/22(木)	終業式

3学期

日程	行事
1/10(火)	始業式
1/11(水)	給食開始
1/16(月)～	給食週間
1/23(月)	避難訓練
1/24(火)	学習参観・懇談
2/1(水)	放送朝会
2/1(水)～	安全歩行週間
2/6(月)	小中連携授業参観 (中学校より来校)
2/18(土)	土曜授業・お別れ集会
2/22(水)	参観・懇談会
3/9(木)	大掃除
3/10(金)	卒業式総合練習
3/16(木)	卒業式準備
3/17(金)	第43回卒業式
3/23(木)	給食終了
3/24(金)	修了式・離退任式

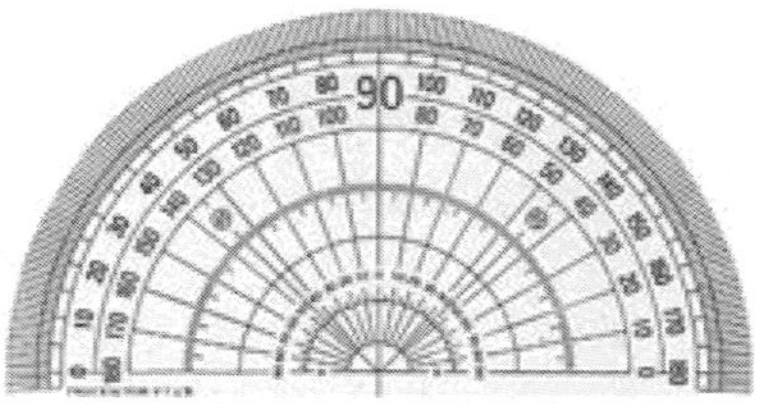

「得意を伸ばす夏休み」を1学期の通信で紹介しておく。

2016.09.07

High Density 057

2016 MIWADAI $ HIRAMATSU-CLASS

【夏の学習】「非認知能力」を伸ばす夏の学習

夏の提出物をいくつか紹介します。

夏休み前に配ったお便りで次のことを紹介しました。夏に伸ばせること4選です。

① 毎日続ける。
② その時起きた大きな出来事について作品を作ること。
③ 夏休みの中に苦手なことを克服すること。
④ 得意なことを伸ばすこと。

この４つの中で先々将来のことを考えて一番よいのはどれなのか。

もっとも将来を左右して有効なのは好きなことをやることだと思うのです。

自分が好きなこと、気に入ったこと、とことんやってみるということがもっともお勧めできますね。

というわけで、いくつか紹介します。

① 毎日続ける編

■毎日小物作り

■毎日折り紙

■毎日イラスト日記

■毎日漫画

■毎日リフティング

■毎日ホークス分析

■毎日犬の観察

「夏の学習」を掲載する。自由課題の紹介は、保護者の目を引く。頑張った子も報われる。

写真、スキャナーを活用する。

「毎日」がキーワード。小見出しにも入れる。

【3学期】保護者会・配布資料
中学年最後の締め、1年間の総チェックを

3学期の行事予定

3学期のメイン行事は、お別れ集会です。学年毎に出し物をして、卒業する6年生に、感謝を伝えます。音楽や劇など毎年趣向を凝らした演出が行われます。学年で音楽の学習をすることも増えますので、忘れ物等、ご留意ください。

集団としての「力」

最初は、自分中心、自分と仲の良いお友達のことだけ考えていた子どもたちも大きく成長しました。4月、学級集団は、どうしても仲の良い子と固まりがちです（どの学年、どのクラスでもです）。

それが、学習班での活動や、係活動、学年行事での活動を通して、自分と違う人とのかかわりを通じて「協力」することを学んでいきます。その際に、上手くいかないこともちろんあります。それを時には先生とともに、時には子ども達同士で、時には保護者の力もお借りしながら、解決していく過程で集団が育っていきます。

様々なご心配をおかけしたことと思います。あと数か月ですが、どうぞよろしくお願いします。

3学期

日程	行事
1/10(火)	始業式
1/11(水)	給食開始
1/16(月)～	給食週間
1/23(月)	避難訓練
1/24(火)	学習参観・懇談
2/1(水)	放送朝会
2/1(水)～	安全歩行週間
2/6(月)	小中連携授業参観 (中学校より来校)
2/18(土)	土曜授業・お別れ集会
2/22(水)	参観・懇談会
3/9(木)	大掃除
3/10(金)	卒業式総合練習
3/16(木)	卒業式準備
3/17(金)	第43回卒業式
3/23(木)	給食終了
3/24(金)	修了式・離退任式

インフルエンザや風邪にご注意を

インフルエンザは、出席停止です。診断された場合は、お医者様と相談して登校時期を決めてください。何よりも予防が大切です。

○外から帰ったら、手洗い・うがい
○時々、換気
○怪しいなと思ったらマスク着用

1年間の総チェック

努力係数をはかってみましょう。

> 努力の持続性は、過去百日間の規則的作業をやった日数であらわされる。日記を例にとれば、きちんと長く書いて一点とし、手を抜いた時・まとめて書いた時を○・五点とし、ぬかした日を○点として合計を出す。九○をこえれば優秀であり、六○を割ると要注意。
>
> 『向山の教師修業十年』向山洋一

著名な先生の仮説ですが、努力を評価してあげることが必要です。継続は力なりと言います。続けられることは才能です。目に見える学力以外のお子様の「努力」を認めてあげられると良いと思います。

次の学年に向けて

中学年、最後の締めが待っています。

○4年生配当漢字全制覇

教科書の巻末に4年生で学習した漢字がすべて載っています。一度、書き取りのテストをしてみて、わからない漢字のみを再度練習してミスを減らすと良いと思います。

○4年生算数全制覇

同じく教科書の巻末にまとめ、復習ページがあります。全部解いて、チェックをつけます（できたら／、間違えたら✓）。できない問題を再度解いてできるようになると良いと思います。

（平松英史）

2009青葉小4年3組平松学級通信

2010年1月8日（木）

謹賀新年☆今年もよろしくお願いいたします！

あけましておめでとうございます。

2010年もつつがなく明け、無事３学期を迎えることができました。

２週間ぶりに、４年３組にはじけるオーラが充満しました。

溌剌とした笑顔ばかり。

みんな元気に登校してきました。

さあ、４年生の最終学期３学期がはじまりました。

残り５０日。

４年３組に対する私の持ち時間の全てです。

残された時間で、なすべきことは何か。

３学期学習の完全制覇！

コレは大切。

４年生の学習の総ざらい！

これは、もっと大切。

いよいよ４年生最後の学期が始まりました。

三学期も、ご意見ご希望がありましたら、何なりとお申し付けください。

何なりとご相談ください。三学期も宜しくお願いいたします。

文章を作っておき、写真を撮って、すぐ印刷。10分ほどでできる。

4-3平松学級始動～アイドリングバッチリ！

板書の写真を撮っておくと通信に載せる時、便利だ。記録にもなる。

学校について、すぐ教室に行きました。

新学期の新鮮な空気が充満していました。

子ども達は、さまざまな場所で歓談しています。

子ども達を迎える黒板には、

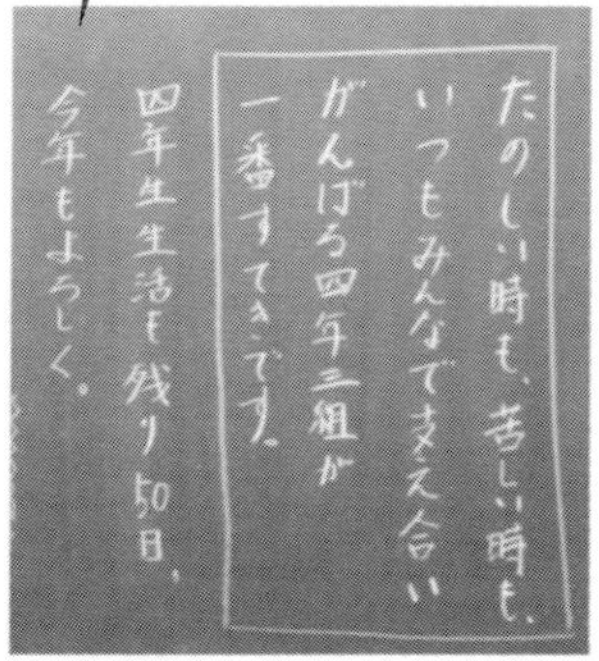

た　のしいときも苦しいときも
い　つも一緒に助け合い
が　んばる４年３組が
１　ばん素敵です。

今年の干支、「とら（タイガー）」でした。気づいた子、いるかな？

■ 硬筆の準備をお願いします。

「硬筆」が始まります。「２Ｂの鉛筆」で文字を書いていきます。以下の物をご用意ください。

２Ｂの鉛筆（２，３本）
下敷き（できれば硬筆用の柔らかいのものが良い）

特別な持ち物は、枠囲みで示す。

■ 筆箱と道具袋の中身をチェックしてください。

物事を実行に移すには、気構えと物構えが大切です。新年です。自分の持ち物を確認して、無いものは、補充しておきましょう。道具袋は、今週中に中身を揃えて学校にもってきましょう。

筆箱の中身は、

	けずった鉛筆（ＢかＨＢ）５本
	けずった赤鉛筆２本
	定規（１０～１５センチ）
	消しゴム１個
	ネームペン（油性）１本

道具袋の中身は、

	セロテープ		ティッシュ
	はさみ		ホチキス
	のり		国語辞典
	クレパス		リコーダー
	色鉛筆		

※ シャープペンシルは小学校の学習に適さないので、学校に持ってきてはいけません。

学期の始まりは、持ち物チェック表を。学校でもチェックする。

4月

国語　「扉の詩」読み取りのスキル・考え方のスキルを指導する

教材解釈のポイントと指導計画

対話でつくる深い学びのある授業を実現していくために、4年生の4月の授業では、授業システムを確立し、読み取りのスキル・考え方のスキルを身に付けさせることを意識する。扉の詩では、「指名なし音読」「一字読解（問いに正対して答える）」を扱う（1時間扱い）。

授業の流れのアウトライン

学級開き2日目の授業を紹介する。

1　音読指導

本来ならば、詩は児童の解釈で読ませるのが望ましい。しかし、学年始めなので、追い読みをしながら学習の姿勢を指導していく。1行読んだら、「教科書は両手で持ちます」「足は床にベタっと着けます」「声を黒板に当てます」など、1つずつ指導していく。さらに、出来ている子を見つけ、褒めながら身に付けさせていく。

> 読みたい人から立って読みます。先生は指名しません。譲り合って読みます。

指名なし音読である。途切れたところで、「今、立って読んだ人はAと書きます」など、評定する。繰り返すことで、1人で立って発表する耐性を付けていく。

2　一字読解

> ノートを出して。①～⑩まで書きます。先生が問題を出します。答えを番号の下に書きなさい。

①「題名は何ですか。平仮名4文字で書きなさい」（かがやき）
②「作者は誰ですか」（羽曽部忠）
③「何連の詩ですか」（3連）
④「1連で、かがやいているのは何ですか。漢字1文字で書きます」（雲）
⑤「どこでかがやいていますか。3文字で書きます」（林の上）
⑥「2連でかがやいているのは何ですか。6文字です」（みんなのほお）
⑦「どこでかがやいていますか。五文字です」（湖のほとり）
⑧「3連で、山を離れたのは何ですか。漢字2文字」（太陽）
⑨「いつ、離れましたか」（今）
⑩「この詩で、見えているものは何ですか」（雲、林、みんな（ほお）、湖、山、太陽など）

問いに正確に答える学習をすることでテストの解き方も身に付いてくる。学期に一度は取り組みたい。

3　意見発表

最後に、意見の分かれるような発問をして発表の仕方を学ぶ。

> 朝日ですか。夕日ですか。（挙手確認）今回は朝日として考えます。この場面を簡単な絵にします。

描けた子に板書させる。それをAとBの大きく2種類に分類する。児童の多くはA「山に太陽がくっついている絵」かB「山から太陽が離れている絵」に分かれるであろう。

> A、Bどちらですか（挙手確認）。そう考えた訳をノートに書きます。

同じ立場の友達と相談をさせ、書いた意見を発表させる。

学習困難状況への対応と予防の布石

年度始めは児童のやる気も高い。ノートの書き方や学習姿勢を、褒めながら身に付けさせていく。

（黒田陽介）

4月

社会　火事から人々をどう守る

教科書の写真から、消防署の仕事を読み取る

教科書に火災現場の写真が載っている。この写真を導入で扱い、

「この写真を見て、わかったこと、気づいたこと、思ったことをノートに箇条書きにしましょう」

と指示をする。１枚の写真から多くのことを読み取らせたい。子どもたちは、自分の今までの知識と写真とを結びつけながらノートに考えを書く。煙がたくさん出ている、消火活動が始まっている、家の人はどこかに避難しているだろう、などが考えられる。また、学習のルールとして、①考えの最初に数字を書く、②１行空きで書くなどもここで指導をしておくと、１年間を通じノートがきれいに書けるようになる。考えをノートに書いたら、次に黒板にその考えを児童に書かせる。黒板に子供たちの考えがずらっと並ぶ。書いた考えを発表させた後、次の発問をする。

「写真に載っている消防署の人で、１番最初に現場に来たのは何色の服の人でしょう」

子どもたちの意見の中で、服の色の意見があったら、それを取り上げて発問をする。考えをノートに書き、発表する。子どもたちは、消防署員の仕事と服の色を関連させ考えるようになる。火を消す活動以外にも様々な仕事があることに気づき、学習問題「火事から人々を守るために、消ぼうしょやまちでは、どのような活動をしているのでしょうか」につなげていく。

学校、地域、家での火事から守る工夫に気づかせる

各地域の消防署の見学を取り入れながら、消防署の仕事について学んだ後、自分の周りの火事を守る工夫についても学習していく。

まずは、学校である。子どもたちに学校にある火事を守る工夫を聞くと、消火栓や消火器などがあると言う。しかし、その数を問うと、子どもたちは答えられない。漠然としか見ていないのである。

学校にある消火栓、消火器はいくつありますか。

この時、校内図があれば子どもに配布しておき、印をつけさせる。数に限定して問うことでどの子も答えることができる。この後、実際に校内を見て回り、数を確かめる。教師が言わなくてもそれ以外の消火設備に自然と目が行くようなり、見つけた子を褒め、そのことを周囲に伝えていく。

消火栓、消火器以外の消火設備については５Ｗ１Ｈで考え発表せる。例えば「防火扉」だったら、「いつ・どこで・だれが・なぜ・どのように」使うのかをわかるようにいうことで、工夫を考え、気づいていく。「子どもが使うのか、大人が使うのか」などで意見が分かれた場合、自然と子ども同士の対話になれば討論を仕組んでいくのもいい。

地域、家の火事から守る工夫についても流れは同じである。学校からの帰り道で気づいたものがあればノートに書き、発表する。時間があれば、教師が写真を撮り、印刷し掲示をする。見つけた子を褒めるという活動を繰り返していけば、家での火事から守る工夫なども子どもたちは自然と見つけていくようになる。

（田中浩幸）

算数 「折れ線グラフ」読み取りコードを教える

グラフは読み取りコードを教え、自由に読み取らせることで対話的な学びが生まれる。

折れ線グラフを見て、東京の気温の変わり方を調べましょう。

【本時の対話的活動】
①発問にリズム・テンポよく答えさせること。
②グラフを自由に読み取り、伝え合うこと。

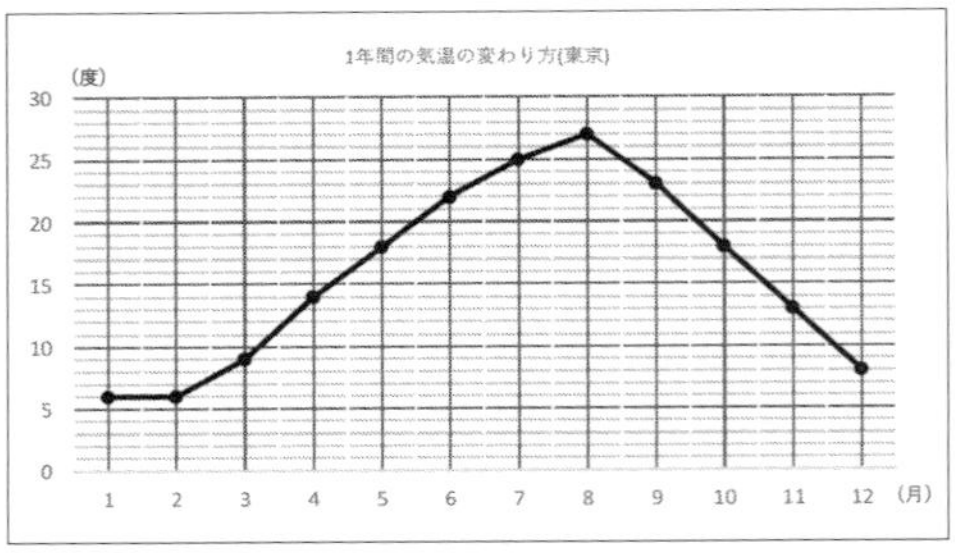

「折れ線グラフを見て、気温がどのように変わっていったかをいいましょう」と発問すると、わからない子供は鉛筆が止まってしまう。そこで、類題をたくさん発問し、リズム・テンポよく答えさせることで、読み取りコードを習得させる必要がある。

① 4月の気温は何度ですか。→「14 度です」
②気温が９度なのは、何月ですか。→「３月です」
③いちばん高い気温は何度で、それは何月ですか。→「８月で、27 度です」
④気温が上がっているのは、何月から何月までですか。→「２月から８月までです」
　また、気温が下がっているのは、何月から何月までですか。→「８月から 12 月までです」
⑤気温が変わっていないのは、何月から何月までですか。→「１月から２月までです」
⑥気温の上がり方がいちばん大きいのは、何月と何月の間ですか。→「３月と４月の間です」
　また、何度上がっていますか。→「５度です」
⑦気温の上がり方がいちばん小さいのは、何月と何月の間ですか。→「７月と８月の間です」
⑧気温の下がり方がいちばん小さいのは、何月と何月の間ですか。→「８月と９月の間です」

教科書によっては以上のような類題がない。その場合は教師が類題を考えればよい。類題を解いていく中で、子供は読み取りコードを習得することができる。

別のグラフにおいて、「このグラフを見て、わかったこと、気づいたこと、ほんのちょっとでも思ったことを、できるだけたくさんノートに箇条書きにしなさい」と発問すれば、習得した読み取りコードを応用して読み取ることができる。また、それぞれが読み取った情報をグループで伝え合うことで、自分にはなかった視点に気づくことができたり、新たな読み取りコードを知ることができたりする。様々なグラフに触れ、読み取り経験を重ねていくことが大切である。　（友野元気）

参考文献：木村重夫・TOSS 群馬インフィニット（2012）『向山型算数授業法事典小学４年』明治図書

4月

理科　植物の成長と季節

身近な植物について、探したり育てたりする中で、根拠のある予想や仮説を発想させ、季節ごとの植物の成長の変化について捉えるようにする。

植物の種をまく

ヒョウタン、ヘチマ、ツルレイシなどの種をまく。この時、どれくらいで芽が出るのかを予想させる。１年生のときに朝顔を育てた経験や自分で種まきをした経験などから、根拠のある予想ができるようにする。

成長の変化に注目させ記録させる

芽が出たら最初の観察を行う。以下の３つの予想をさせる。

「葉の数は何枚だと思いますか」

「葉の大きさはどれくらいだと思いますか」

「茎の長さはどれくらいだと思いますか」

	葉の数	葉の大きさ	くきの長さ
予想	３枚	５cm	10 cm
結果	４枚	８cm	17 cm

上記のように表に書かせる。そして、１週間ごとに植物の成長の様子を記録する。

スケッチでは、葉の数や大きさ、茎の長さに着目してかかせる。

茎の成長を予想させる

葉が３～４枚になったら、花壇などに植えかえる。観察をする前に、茎のどこが伸びるのかを予想させる。

> 茎のどの部分が伸びると思いますか

自分の考えと理由をノートに書かせ、発表させる。

【予想される児童の考え】
①植物は上に伸びていくので上だけが伸びると思う。
②下の方に根があって栄養をもらってくるから下だけが伸びると思う。
③全体が伸びる。
④上に引っ張られるように伸びる。上の方が多く、下にいくにしたがって少しだけ伸びると思う。

観察方法

①右の図のように茎に油性ペンで２cmごとに印をつける。
②１～２週間後、印の間隔をはかる。

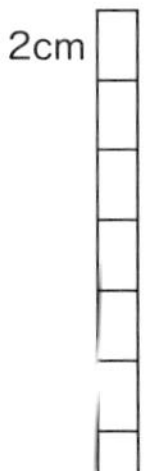

【予想される児童の気付き】
①下だけが伸びると思っていたけど、上だけが伸びていたのでびっくりしました。
②上の方がたくさん伸びて、下の方が少しだけ伸びると思っていましたが、実際には、上だけが伸びていました。
③予想通り、上だけが伸びていました。

予想と違っていることが多く、子どもたちから驚きの声があがる。　（塩沢博之）

4月

音楽　音楽に合わせて身体を動かそう

授業開きは、思いっきり楽しく!!

始業チャイムとともに、CD オーケストラ伴奏版「子どもの世界」を流す。

指示　音楽に合わせて歩きます。

まずは教師が教室中を練り歩く。笑顔で楽しそうにやって子どもたちを巻き込んでいく。

指示　出会ったお友達とハイタッチ。

フレーズの切れ目でハイタッチをさせたり、方向転換したり、教師主導で楽しく行う。

「子どもの世界」で楽しく声を重ねる

楽しく体を動かしたあと、歌う。幼い声から、大人の声にシフトしていく時期である。大人の歌声に耳を傾け、自分の声の出し方にも意識を持たせる。

旋律は有名なので、歌詞を覚えるだけだ。

「歌えたら座ります」と言って、覚えさせる。

次に、左右２チームに分け、左チームは前半を２回繰り返し、右チームは通して最後まで歌う。

後半、音が重なるので皆つられまいと、怒鳴るように歌い出す。

指示　誰かに歌を聴いてもらいましょう。

希望した２名に演奏を聴かせ、感想を言わせる。「怒鳴っている」「重なりがきれい」等、友だちの感想に、歌い方を気にするようになる。

急には直らないが、少しずつ意識させていく。

鑑賞「パパゲーノとパパゲーナ」（第１時）

問　何人で歌っていますか。

歌劇「魔笛」から冒頭を聴かせる。（２人）

問　歌っているのは男ですか、女ですか。

再度聴かせる。（男と女）

指示　男子は男が歌っている所で立ちます。
　　　女子は女が歌っている所で立ちます。

掛け合いに気付く。

問　男の子と女の子は何と言って話しているのでしょう。
　１大好きよ。　２止めてよ！（けんか）

教科書を開き、登場人物を確認する。

ペアを作り、パパゲーノ、パパゲーナ役を決め、真似して歌う。

鑑賞「パパゲーノとパパゲーナ」（第２時）

冒頭を復習として聴いた後、教室を２分する。

指示　左チームはパパゲーノ、右チームはパパゲーナを担当します。自分の番になったら立って歌い演じます。一番表情の良い人を先生が選びます。

聴き終わった後、よかった人をそれぞれ１名ずつ選び、掛け合いの部分を演じさせる。

「アクションが大きい」「かわいい」「色っぽい」等、感想を言わせながら、劇でのパフォーマンスであることを再認識させる。

ペアを組ませ（男同士、女同士で構わない）、全員に演技させる。

次時は、鑑賞曲「アラジン」を聴く。この曲も男女２人の掛け合いからなる。既習事項とリンクして捉えることができる。

１時間の授業の進め方

１時間の授業はいくつかの活動（コマ）に分けて進める。歌唱や演奏技術は、毎時間帯で教える方が定着する。また、教師も指導しやすい。

歌・遊び歌・鑑賞・リコーダー・ふし創作（鍵盤ハーモニカ、リコーダー）で組み立てる。

（関根朋子）

4月

図画・工作　本人そっくりの「自画像」が続出!!

　4月に描かせたい絵は、自画像である。酒井式描画指導法（以下、酒井式）で描かせる。

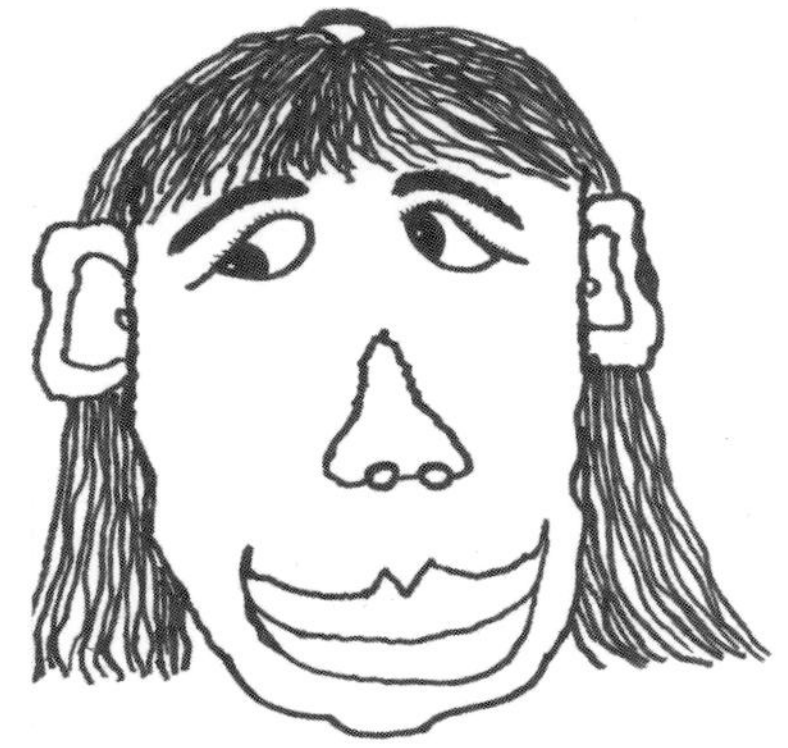

　この絵を描かせることで、次のような良さがある。

> お人形のような顔でなく、生き生きとした顔の描き方が分かる。

　顔だけを描かせるなら45分で仕上がる。彩色させるなら、あと90分で仕上がる。

自画像の描かせ方

【準備物】
・油性黒マジック・８つ切り白画用紙

　画面いっぱいの大きさで「自画像」を描く場合、酒井式の手順に描いていくと、生き生きとした顔に仕上がる。

> ①鼻、②口、③目とまつ毛、④まゆ毛、⑤顎、⑥輪郭、⑦耳、⑧髪の毛

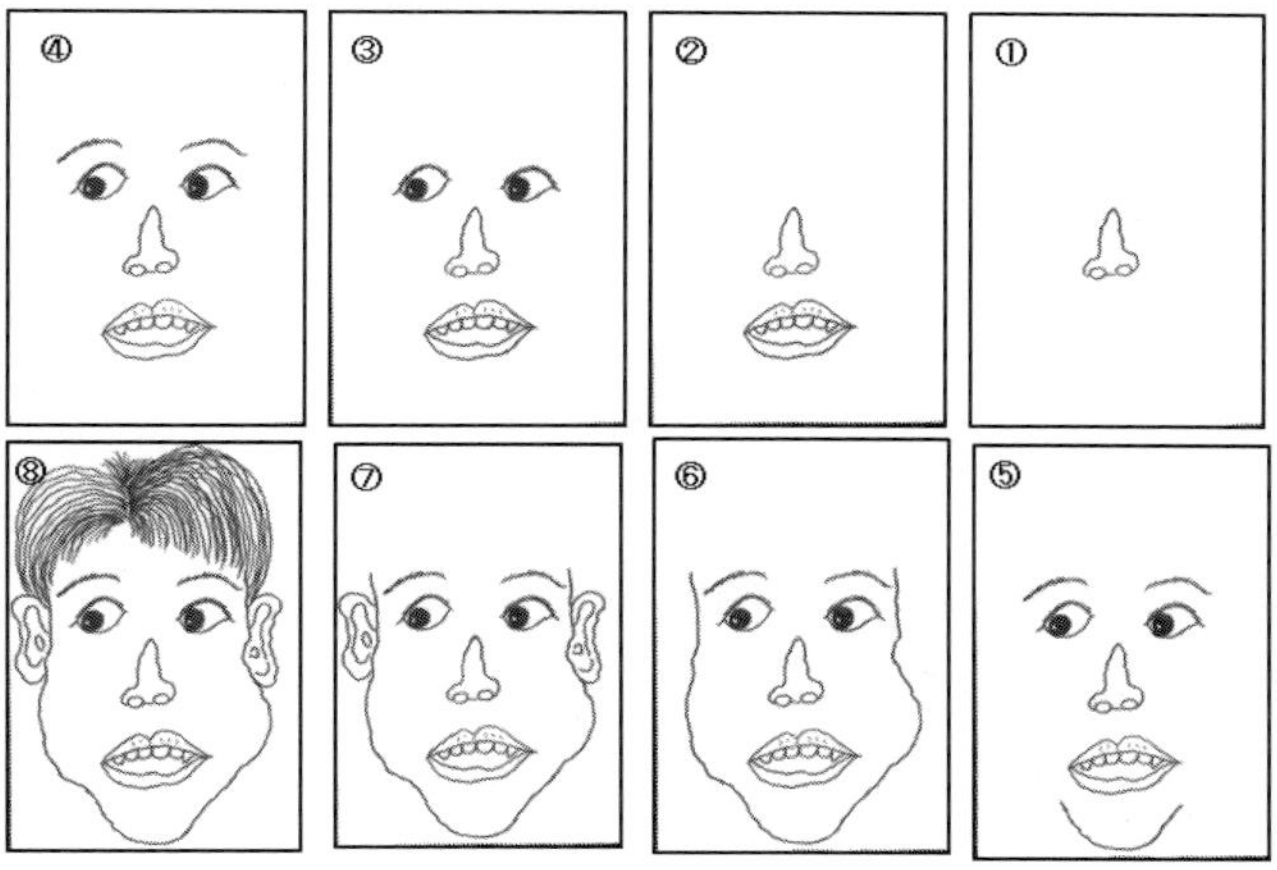

　触った感じを描かせるのがコツである。①で描く「鼻」の場合、鼻の穴を２つ描いた後、鼻の穴のあたりの柔らかいところは「フニャフニャ」と、鼻の上の固いところは「ゴツゴツ」と思いながら描く。描く速さは、「かたつむり」のように、ゆっくりとした速さで描く。すると、質感が出る絵になる。

　自画像が仕上がった後は、上のようにそのまま掲示してもよい。さらに、クレヨンや絵の具で彩色してもよい。

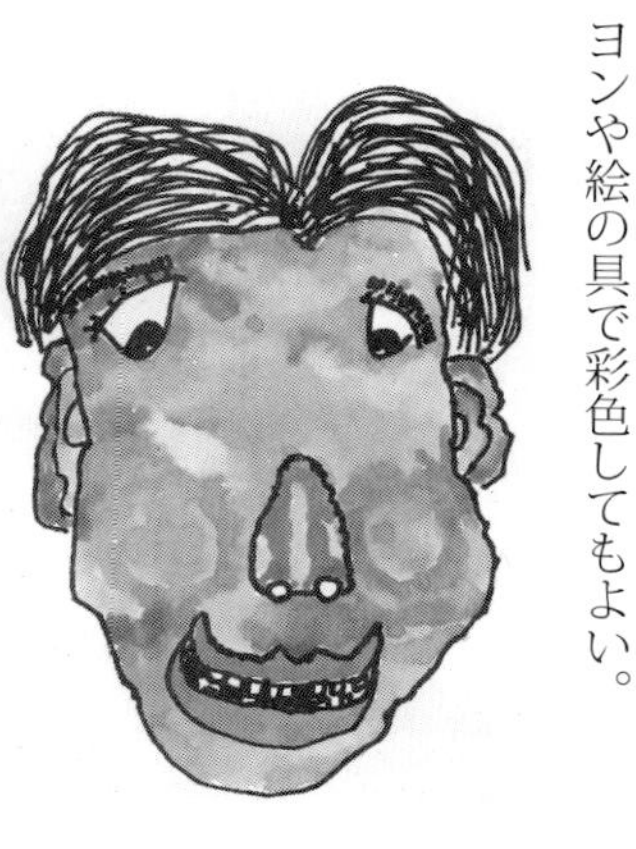

ミニ鑑賞会で、対話をつくる

　自画像が仕上がったら、鑑賞会をする。本人の顔の横に、自画像を並べる。「似ている」「そっくり」などの声があがる。

　全員分見せた後で、級友の「自画像」の好きなところ、工夫しているところを次々発表させる。次に顔を描く時に、子どもたちは、工夫しているところを採り入れて、顔を描くようになる。

（上木信弘）

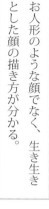

4月

体育　跳び箱指導で協応動作を意識する

体育授業の導入には、「向山式跳び箱指導」が最適である。できない子をできるようにするという事実を生み出すことは1年間の体育指導の根幹となるからである。

跳び箱を跳ばせるためには腕を支点とした体重移動を体感させればよい。

その体重移動の方法が、向山式跳び箱指導（A式B式）である。この方法でやれば、ほとんどの子は跳べるようになる。

単元の流れ

第1時…跳び箱遊び・開脚跳び
第2時…開脚跳び・台上前転
第3時…台上前転
第4時…台上前転・発表会

実際の授業（開脚とび）

体重移動の方法として、跳び箱を実際に跳ぶ前に、取り組んでほしい事項がある。ケンパーである。教師が「ケンケンパー」と言うと、子供はケンケンパーと言いながら、ケン・ケンと言って片足跳びをして、パーで両足を開いて着地する。

このように、指示通りの動きができるかを試す運動だ。次いで「ケンケンパーケンパー」「ケンパーケンケンパー」「ケンケンケンパーケンパー」のようにテンポよく畳みかけていく。やってみると、リズムカルに動ける子がいたり、ぎこちない動作の子もいる。これは、

協応動作を調査しているのである。

これがエビデンスとなる。「跳び箱が跳べない子はケンパーができないこと」や、「その子たちの多くが発達上の大きな課題を持っていること」などの発見につながる。1年間、体育指導をする上で、教師が「協応動作」を意識することは必ず役に立つ。

次に跳び箱指導に入る。学年マイナス1段の高さが良い。開脚跳びを1人ずつ行い、跳べる子と跳べない子に分ける。跳べた子は、きれいに跳ぶフォームづくりなど課題を当て取り組ませる。

そして向山式跳び箱指導。必ず、向山洋一氏の著書（『向山の教師修業十年』、学芸みらい社）を読んでから実践してほしい。この向山式跳び箱指導で、「できるようになった子の人数」や「指導にかかった時間」といった数値がエビデンスとなる。

この後の指導は、跳び方をきれいにしていく。自主的・対話的な学びが展開される。子どもたち同士で、お互いの跳び方を助言し合える。

・走り出しの指導～息を吐いて出発。
・踏み出し足の指導
・着手の指導
・着地の指導などがある。

これらを「跳べていると思っている子ども」に評定をさせていく。できたつもりになった子どもへの指導は、できるようにすることと同様に重要な指導である。

（桑原和彦）

4月

道徳　シンプルに対話の型を教える

4月の道徳のポイント

クラス替えがあったばかりの4月。子どもたちは落ち着かない。そんな中、初めての参観、家庭訪問を迎える。

まずは、教師と子どもたちの間に信頼関係を作る。そのために、

児童理解を深める。

休み時間に子どもと遊ぶのも良いが、授業で、理解を深めたい。

4月の道徳授業のポイントは四つ。

①誰もができる。
②作業がある。
③答えに多様性がある。
④発表しやすい。

どの子もできる対話は、自分の考えを記述し、それを発表し、意見や質問、感想などを言い合いながら進んでいく。

その練習段階として、最もシンプルな題材、資料を選ぶと良い。書き込みは、「単語」、「記号」、「○か ×」など自分の考えが明確になるものを選ぶ。

4月のオススメ資料

文部科学省『わたしたちの道徳』

最初のページ、「自分のことを書いてみよう」

好きな食べ物、好きなスポーツ、好きな歌、好きな遊び、得意なこと、夢中になっていること、自分の好きな所、好きな本やお話、しょう来の夢、目標にしたい人

を書くページだ。

まず、「好きな食べ物」を書かせる。

最もシンプルな質問で、簡単に答えられ、多様性が生まれる。発表も単語で答えられる。

これを「全員」に書かせる。

質問が出る。

「先生、何個書いてもいいのですか」と。

うんと褒め、何個書いても良いが、発表するのは、1つだと伝える。

そして、発表。対話に向けて聞く姿勢も教える。何人か発表した後で、聞く。

「○○さんが、好きな食べ物は、なんでしたっけ」

「カレーライスが好きな人だれだっけ」

「ぶどうが好きな子は、何人いたでしょう」

対話指導のポイント

いくつかの対話の「型」を教えたい。

①全員に発表。
②グループで言い合いっこ。
③隣同士言い合いっこ。
④先生と言い合いっこ。

言いやすいものは、みんなで対話。言いにくいものは、先生と対話。と人数を変えていく。

特に、「将来の夢」は、書いたら先生に見せに来させ、うんと褒めてあげる。

子どもとの対話で子どものことがわかり、家庭訪問や懇談会の際の話題とすることができる。

全部書かせて発表する時間は、到底ない。いくつかの対話の型を教えておいて、後は、休み時間やお家で記入しておきなさいと伝える。

（平松英史）

4月

英語 子供にもALTにも「趣意説明」。これが1年間のカギを握る

子供に「趣意説明」

英語の授業開き。大事なのが「趣意説明」だ。

なぜ英語を勉強するのですか？

子供達に考えさせる。子供達の意見を聞いた後で、教師は趣意説明をする。

・外国を旅行した時の体験
・外国人に話しかけられた時のこと
・好きな洋楽や映画について……など

エピソードを交えて自分の言葉で語る。「英語が話せると楽しい」と、希望をもつような語りが良い。今年の４月、私は子供達にこう語った。

英語は、世界の「共通語」です。
英語が話せると、世界中の人と友達になれます！
先生は、大学生のときにたくさんの外国の友達ができました。世界を知ることはすごく楽しいですよ！　更に、オリンピック・パラリンピック開催で、東京には多くの外国人が訪れます。皆さんも外国の人と出会うかもしれません。
「〇〇へは、どうやって行きますか？」
「おすすめの食べ物は何ですか？」
と聞かれるかもしれないのです。
英語ができると、助けることができます。人の役に立てるのです。
〇〇小の皆さんには、ぜひ英語を学んで世界を知り、人の役に立てる人になってほしいと、先生は思っています。

ALTにも趣意説明

さて、４月はＡＬＴとの出会いでもある。せっかくの出会いだ。子供達の成長を共に喜び、教えることが大好きALTとなるよう導きたい。ALTに対しても担任が趣意説明をしておく。

You have an important role in communicating with children, because practicing English in Japan is very rare for them.
This is a great opportunity for them and practice with you will lead to more confidence in them.
(子供と話すのが ALT の大切な役割です。日本は、英語を使う環境が殆どありません。だからこそ、ALT のあなたが、子供達に貴重な機会を作るのです。あなたと会話をした経験は、子供達の自信につながっていきます)

「ALT のあなたにしか出来ないことがある」。このスタンスで伝えることが大切だ。

You try to talk with many children!

They are so happy!　Thank you!

そして日々、ALT の姿勢に感謝の気持ちを表す。外国人である ALT には、「言葉ではっきりと伝える」ことが効果的だ。

とびっきり楽しい授業でおさらい

語学は声を出して練習することが何よりも大切だ。思いっきり声を出せる子供に育てたい。

◆Big voice game　岡本真砂夫氏
たんぼのお家 HP
http://tanbo.main.jp/2005tokyo/index.html

何度も声を出しているうちに、子供達は自然に大きな声が出せるようになっていく。４月、楽しく既習ダイアローグを復習させる。（竹内淑香）

4月

総合　総合対話の基礎を育てる「五色百人一首」

五色百人一首は、学級づくりに欠かせない最強ツールである。

五色百人一首をすれば、男女の仲がよくなる。

発達障がいの子が、負けを受け入れるようになる。

そして、話を聞かなかった子たちが、話を聞くようになる。

４月、子どもたちと対話するための基礎を作るためには、もってこいのツールである。

教師との対話で「ルールを入れる」

私は毎年、黄金の３日間の３日目に、五色百人一首を導入する。

百人一首の箱を持って行くと、子どもたちは興味津々で見ている。中には、おしゃべりを始める子もいる。

ここで、次のように言う。

> おしゃべりをしている人がいるので、やめようかな。

もちろん、笑顔である。子どもたちはすぐに静かになる。

次に、かるた遊びをしながら、１枚読むたびに１つルールを教えていく。

> ①取るときは、「ハイッ」と言う。
> ②同時のときは、手が下の人が勝ち。
> ③分からないときはジャンケンする。
> ④空中で手をブラブラさせない。
> ⑤裏を見て覚えながら取ってよい。

などのルールを、１枚読むたびに話していく。

子どもたちは、楽しみながらルールを覚えていく。

友だち同士の対話で「ルールを守る」

百人一首を始めたばかりの時期は、子どもたちもルールをよく守っている。

しかし、しばらく経つとルールを破ったり、ズルをしたりする子が出てくる。

そこで、私は次のように話す。

> さっき、ルールを破っている人がいました。ルールを破る人がいると、百人一首は楽しくなくなります。このままじゃあ、続けられないなあ。

これで、終わりである。

子どもたちは、百人一首が大好きになっている。どの子も、やめたくはない。ルールを破っている子も、その思いは同じである。

次にルールを破ると、クラス全員から非難される。それは、どんな子でも耐えられない。

このようにして、子どもたちはお互いにルールを守るようになる。

百人一首は「先哲との対話」を生む

百人一首を始めると同時に、学級文庫に百人一首関連の本をたくさん入れておく。

子どもたちは、こぞって百人一首の本を読む。

百人一首の意味をじっくりと読んでいる子もいる。

学習指導要領には、「先哲との対話」という項目がある。

これは、本を通して作者と対話することを意味する。

百人一首は、教師と対話し、子ども同士が対話し、そしてその作者との対話も生み出すのだ。

（堀田和秀）

5月

国語　「きょうみをもったところを発表しよう」文章構成の捉え方を指導する

教材解釈のポイントと指導計画

本単元では、「大きな力を出す」「動いて、考えて、また動く」という2つの教材がある。

「大きな力を出す」で、文章構成の捉え方や要約の仕方の基礎を学び、「動いて、考えて、また動く」で習熟していく。「大きな力を出す」の実践を紹介する。

> 第1時　音読・文章構成を捉える。
> 第2時　各段落の要約をする。

授業の流れのアウトライン

全文を音読し、段落の確認をする。そして、段落番号を横に並べてノートに書かせる。ノート上で作業させることで、文章構成を可視化する。

> 「大きな力を出す」の文章を大きく3つに分けます。線を2本引いて、段落を3つのまとまりに分けます。

教科書に書いてあるのですぐに分かる。児童に分けた根拠を聞くと、「このように、」という文章の言葉を根拠にした意見も出てくる。

正解①／②③④／⑤を告げ、はじめ・中・終わりの3段の構成になっていることを確認する。

> はじめ・中・終わりはそれぞれどんなまとまりですか。簡単に一言で表します。

グループで相談させてノートに書かせる。代表に発表させ、その発表をもとに、「話題掲示」「説明・例示」「まとめ」の役割をしていることを説明する。

【ノート例】

> はじめ　①　話題掲示
> 　　　　②
> 中　　　③　説明・例示
> 　　　　④
> 終わり　⑤　まとめ

第2時は、各段落を要約し、段落どうしのつながりを考える。

実践では、5つの段落を分担し、班毎に1つの段落を要約させた。なお、本単元の前に、桃太郎の物語を要約する指導をするとよい（桃太郎の要約指導については、TOSSランド等を参照）。

要約は繰り返し行うことで、精度が増して、どの子も大体似た要約文となっていく。

以下、児童から出た要約例である。

①体の力を引き出す呼吸。
②体を思い切り動かすと、自然に出る声。
③息をはくときに大きな力を出す筋肉。
④力を合わせるときも大切な息のしかた。
⑤深い関係のある筋肉と呼吸。

> ①段落と似たことを書いている段落があります。何段落ですか。

⑤段落である。最初に述べた筆者の主張が、最後のまとめで再び強調されている文章構成に気付くことができる。

学習困難状況への対応と予防の布石

要約の手順を教えると、取り組みやすい。「①キーワードを3つ決める。②一番大事なキーワードで体言止めにする。③短く要約する」

（黒田陽介）

5月

社会　日本最古の「災害」は何時代？

「災害」を定義する

発問１　「災害」とは何ですか。災害とは～です、とノートに書きなさい。

ノートに書かせた後、次々と発表させる。あいまいな定義については、教師が質問したり子供同士で質問させたりする。

指示１　辞書で「災害」の意味を調べなさい。

自分の考えと辞書の説明の違いを知る。

よくわからない言葉は質問させる。

「災害対策基本法」を紹介し、例示されている災害を取り上げても面白い。

日本で「最も古い災害」調べ

発問２　日本で最も古い災害は、何時代の災害だと思いますか。

予想して発表させる。時間があれば、調べ学習として「災害年表」を作らせるといい。いろんな発見がある。

時間がない場合は、あらかじめ資料を準備しておき答えを確認する。

正解は、４１６年の古墳時代。

「日本書紀」に「地震」という言葉が出てくる。インターネットで調べると「日本書紀」の画像も入手できる。子供と一緒に「地震」という字を探すのも楽しい。

発問３　古墳時代よりも前に、災害は本当になかったのでしょうか。

「文書資料」としては日本書紀の記述が最も古い証拠になる。これで確定していいか、子供にゆさぶりをかける。

発問４　「文書」で調べる方法の他に、「何」で調べる方法がありますか。

調べ方を予想させ、次々と発表させる。

正解は「考古学」による調べ方。つまり、地層などを掘って調べるのである。

インターネットで調べると、縄文時代の「地震（断層の写真）」や「火事（焼け跡）」などの資料を入手できる。証拠として見せるといい。

日本の考古学の歴史を変えた大発見

発問５　縄文時代よりも前に、災害は本当になかったのでしょうか。

「考古学の資料」としては縄文時代の地層が証拠になる。これで確定していいか、さらにゆさぶりをかける。

今から２万年前から３万年前にできた「関東ローム層」という地層がある。

大規模な火山の噴火によってできた地層だ。火山の噴火は「災害」である。

問題になるのは、そこに人が住んでいたかどうかだ。人がいなければ、ただの自然現象ということになる。

日本の考古学者である相沢忠洋氏は、関東ローム層から石器を発掘することに成功した。この石器は、今から２万数千年前（後期旧石器時代）のものであることが証明された。この発掘は、日本の考古学の歴史を変えた大発見となった。

インターネットで資料も検索できる。

正解は「後期旧石器時代」。

（許鍾萬）

5月

算数　「角」三角定規の組合せを説明させる

1組の三角定規の組合せてつくった角について説明し合うことで、対話的な学びが生まれる。

1組の三角定規を組合せて、いろいろな角度をつくりましょう。

【本時の対話的活動】
1組の三角定規を組合せてつくった角について、図、言葉や式を使って説明し合うこと。

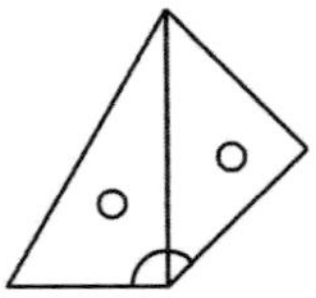

たす組合せ
○度の角をつくりました。
□度と△度をたします。
式は□＋△＝○です。

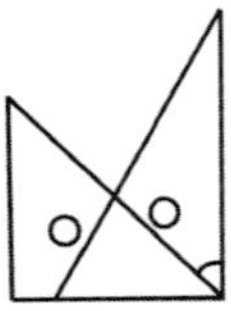

ひく組合せ
○度の角をつくりました。
□度から△度をひきます。
式は□－△＝○です。

角度をつくらせ、上記の型に沿ってノートに説明を書かせる。そして、子供同士で説明し合う。三角定規を実際に操作させながら説明させてもよい。

1組の三角定規でできる角度の組合せはいくつもある。そこで、以下の発問をする。

1組の三角定規を組合せてできる角度は全部で何通りありますか。すべての場合を式に表しなさい。ただし、2枚の三角定規のいずれかの辺が隣り合うか重なるように組合せること。

1つできた子供から持って来させる。黒板に図と式をかかせて説明させる。また、難問形式にして扱うのも面白い。「できたら持ってらっしゃい。1つできたら100点です」と伝える。子供たちは一生懸命に考えて持ってくる。なお、考えられる組合せは以下の11通りである。

45°＋90°＝135°
90°＋90°＝180°
90°－60°＝30°
45°－30°＝15°
90°－45°＝45°
60°－45°＝15°
45°＋60°＝105°
90°＋60°＝150°
90°－30°＝60°
45°＋30°＝75°
90°＋30°＝120°

2枚の三角定規のいずれかの辺が隣り合うか重なるようにしないと組合せが無限となってしまう。

以上の式について、型に沿って繰り返し説明させることで理解が深まる。（友野元気）

参考文献：木村重夫・TOSS群馬インフィニット（2012）『向山型算数授業法事典小学4年』明治図書

5月

理科　１日の気温と天気の変化

天気の様子について、既習の内容や生活経験から根拠のある予想や仮説を発想し表現するとともに、天気によって１日の気温の変化の仕方に違いがあることを捉えるようにする。

生活経験を基に話し合わせる

晴れた日と曇りや雨の日を比べるとどんな違いがありますか。

３年生で学んだ日なたと日かげの学習や自分の生活経験を思い出させ、いろいろな意見を出させる。

【予想される児童の気付き】
①晴れた日は、昼頃になると温かくなってくるけど、曇りや雨の日は昼頃になってもあまり温かくならない。
②晴れた日は日なたが多いけど、曇りや雨の日は日かげばかりだ。
③晴れた日は、日なたの地面の温度が高くなるけど、曇りや雨の日は日かげなので、地面の温度は高くならない。

１日の気温の変化を調べる

晴れた日の気温の変化を１時間ごとに調べる。１回目の気温調べは一斉に行う。２回目以降の気温調べは、学校の休み時間に行うように教師が時刻を設定し、結果を表に記録する。

時こく	午前８時30分	午前９時30分	午後２時30分	午後３時30分
気温	18℃	19℃	24℃	23℃
天気	晴れ	晴れ	晴れ	晴れ

子どもたちが気温を調べて来たら、気温がどう変化していたのかを確認する。そして、その後の気温はどうなっていくのかを考えさせるようにする。

【予想される児童の考え】
①さっきの休み時間より気温が高くなっていました。このままずっと高くなっていくと思います。
②暑い日でも夕方は涼しくなるので、どこかで気温が上がらなくなって、下がると思います。

記録した気温の変化を折れ線グラフで表す。

後日、曇りや雨の日の気温の変化を１時間ごとに調べる。

時こく	午前８時30分	午前９時30分	午後２時30分	午後３時30分
気温	17℃	17℃	18℃	17℃
天気	雨	雨	雨	雨

晴れた日と同様に気温の変化を折れ線グラフに表す。

晴れた日と雨や曇りの日を比べる

晴れの日のグラフと雨の日のグラフを１枚のグラフ用紙に重ねてかく。「晴れた日のグラフを赤線で、雨の日のグラフを青線でかきます」

グラフがかけたら、「２つのグラフを比べて分かったこと、気づいたこと、思ったことをノートに箇条書きしなさい」と指示をする。

【予想される児童の気付き】
①晴れた日の方が雨の日よりも気温が高い。
②晴れた日は、午後２時頃が一番気温が高い。
③雨の日は、あまり気温が高くならない。
④晴れた日は、気温の変化が大きい。
⑤雨の日は気温の変化が小さい。　（塩沢博之）

音楽　リコーダーを復習しよう　リコーダーでふしづくり

リコーダーが吹けないまま放置したら最後、その子は授業に参加しなくなり、“音楽嫌い”になる。１人の落ちこぼしなく、教えていく。

リコーダーの復習

４年生の４月に、「ソラシドレ」が吹けること。

これが目安だ。３年の既習曲（「あの雲のように」）等で、１人１人の習熟状況を確認する。

「ソ、ラ、ド、レ」を使ってふしづくり

T　ラララＶ　　C　ラララＶ
　ラシラＶ　　　ラシラＶ
　ラドレＶ　　　ラドレＶ
　レドレＶ　　　レドレＶ

教師が短いふしを作り、子どもに真似させる。

T　今度は自分で作ってみましょう。使って良いのはラ、ド、レの３の音だけです。
　時間は20秒！

練習の後、端から順に発表させていく。

「(A 子) ラドラＶ(B 男) ドドラＶ(C 太) ラドレＶ…」

拍の流れが切れないように順に発表させる。また、最初は無理でも、挑戦させる。拍の流れに乗る力はこういう面からも鍛えられる。

次時は「ソラドレ」と音を増やし、更に次はリズムをつけてと、簡単な活動を少しずつレベルアップさせる。

“歌のにじ”でふしづくり

①旋律唱（第１時）

範唱を聴かせた後、「追い歌い」しながら歌を教える。

その後、教科書を出し、曲が４段でできていることを確認する。

T　一番好きな「行」を１つ選び、立って歌います。

「たけのこ歌い」をする。次に２つ選ばせ、次に３つ選ばせて歌う。

T　この曲のクライマックスはどこですか。（３行目）

“そらににじをかけよう”検定を行う。

②リコーダー演奏（第２時）

前時の復習で旋律唱する際、４段目のオブリガード部分を教師がリコーダーで吹く。

T　先生が今吹いた部分を今日は練習します。
　ルルルールルル――(聞こえた音をルルルで)
　ソソドーラレド――(聞こえた音を階名に)

T　吹けた人は立ちます。

こう言って、全員に練習させる。

教室を２分し、歌担当＋リコーダー担当で演奏する（できたら入れ替え）。

③４段目を創作する（第３、４時）

T　今日は皆が４段目のふしを作ります。
　教科書右表の白丸部分に、音を入れます。
　自分が吹いて、気に入ったものを書きます。

用紙を印刷しておき、書きたい子にはいくつも作品を書かせる。

T　昨日作った作品を班で聴き合います。一番よい作品を１つ選びます。その作品を班全員で演奏できるよう練習します。

最後に班で選んだ作品を全体で披露し、聴き合う。良かったポイントを言わせながら進める。選ばれた曲をクラスのふしとし、皆で練習し演奏できるようにする。

（関根朋子）

5月

図画・工作　手話の体験をポスターに

４年生の子どもたちは、体を動かすことが好きだ。手話歌を教えると、朝の歌や音楽の時間に楽しく歌っていた。
その時の様子を、ポスターに仕上げた。

手の描かせ方

手話の手の描かせ方は、次のようにする。手の平、手の甲どちらの場合でも、描き方は同じである。

①丸　②親指　③残りの指

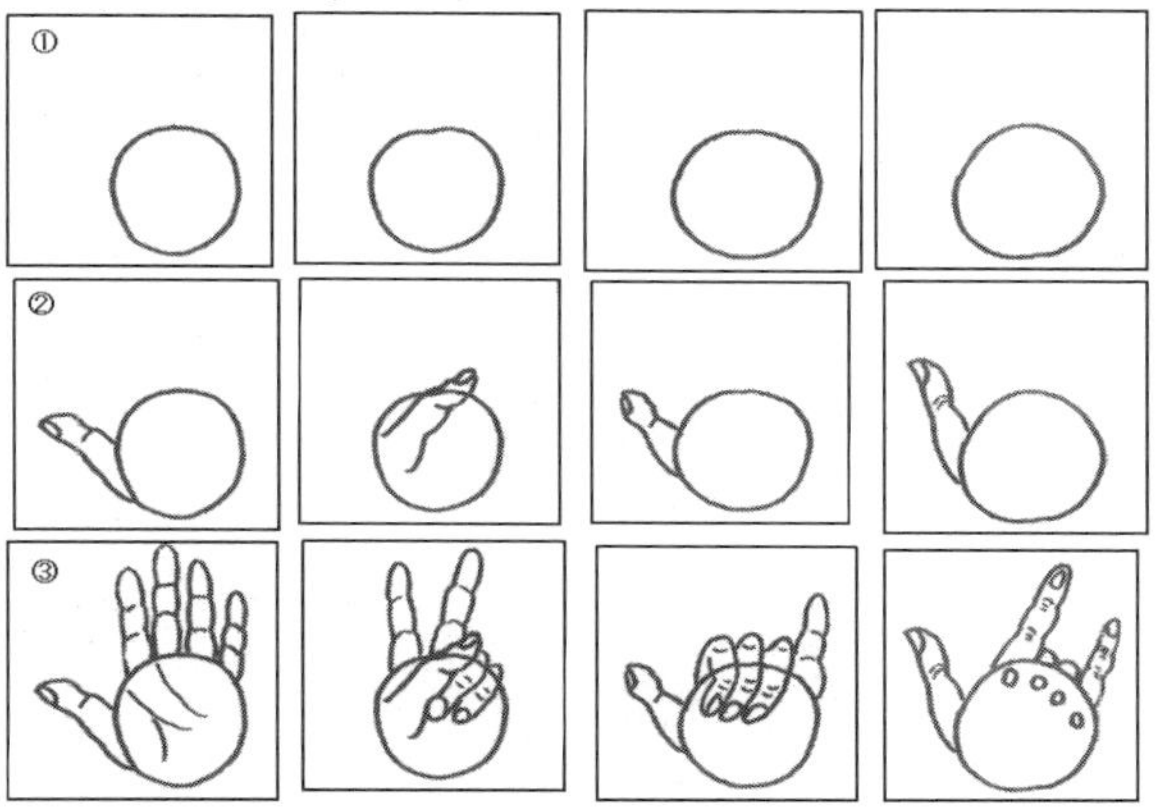

手の構造が分かると、形がしっかりとれるようになる。

①親指だけ生えている場所と向きが違う。

②親指だけ、関節が１つ。残りの指は、関節２つ。

コピー用紙に、手の描き方を練習させてから、16切り画用紙に「好きな手話」を描かせる。さらに、８つ切り画用紙に自画像を書かせる（４月参照）。

絵の具かクレヨンでぬれば、左下のように仕上がる。

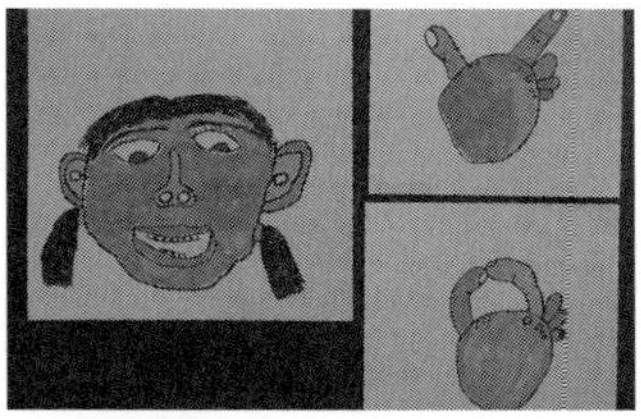

次に切り取って、好きな色の色画用紙（４つ切りサイズ）に貼らせる。

最後に、絵にあう言葉を考え、別の画用紙に字を書く。うまくいかない場合には、別の紙にやり直す。

言葉を切り取って、どこに配置するか考えて、糊づけすると、素敵な「手話ポスター」が完成する。

（上木信弘）

5月

体育　体ほぐし運動・ビンゴリレー

新学習指導要領にも、「みんなで関わりあったりすること」と明記されている。

体ほぐしの運動では、特に運動の得意な子も、苦手な子も一緒になって運動できるよう配慮しなければならない。

ビンゴリレーは、足の速い子が活躍するとは限らず、足の遅い子でもビンゴをとり、活躍できる授業である。

ゲームの展開も早く、様々な作戦を考え、実行できる。

作戦タイムを設けることで対話が生まれ、より競争が白熱したものになる。

準備物

①ビブス（3枚）
②フラフープ（もしくはケンステップ）
③ナンバーカード
④マーカーコーン

ルール

①1、2人目はコーンを回って、ビブスの入っていないフラフープにビブスを入れる。ビブスを入れたら戻ってきて次の走者にタッチ。
②3人目は、ビンゴになるように（ビンゴを阻止する）ビブスを置く。
※ビンゴにならなかったら。
③4人目は、自チームのビブスを1つだけ動かせる。空いているフラフープの中に移動する。ビンゴになれば勝ち。試合終了。

4人目でもビンゴにならない場合はビンゴになるまでエンドレスで続ける。アンカーがいないリレーとなる。

実際の授業

コーンを回って、輪の中にビブスを入れてタッチ。全員できたら座ります。

ビブスをバトンにします。1人目、ビブスを同じように置きます。2人目、そのビブスを拾って3人目に渡す。3人目、置く。4人目、回収。

1チームで例示をする。

本番。1、2人目は空いている輪にビブスを入れます。3人目、ビンゴになるように置きます。

ビンゴにできないときは4人目の人が自チームのビブスを1つ動かします。

練習は歩いて行う。

ビンゴしたときは大きな声「ビンゴ」と言います。

2、3度競争したのち、作戦タイムを設ける。

輪っかの下にナンバーカードを置くことで、「何番から何番に移動しよう」というような対話がさらに生まれる。

（田中健太）

5月

道徳　行事を題材に多様な価値に気づく

5月の道徳のポイント

運動会に向けて、体育の練習にも集団行動が求められる。みんなで動く。みんなで協力することが求められる時期。

が、子ども達は、1人1人違う。

運動が得意な子もいれば、そうでない子もいる。勉強もまた然り。

「得意な子も、苦手な子も協力して頑張る」

という価値があることに気づかせたい。

大人、教師でもそうだが、日常生活で、「できない子」「苦手な子」の気持ちというのは想像する場面がない。

その逆もある。「得意な子」の気持ちを想像する場面がない。

運動会前の道徳のポイントは、

①得意な子、苦手な子がいること。
②その子の思っていることを考える。
③多様な価値観に気づく。

ことである。

5月のオススメ資料

文部科学省『私たちの道徳』

項目「友達とたがいに理解し合って」

資料「同じ仲間だから」

あらすじは、こうだ。

運動会、「台風の目」の練習。運動が苦手な光夫と一緒のグループになったひろしととも子。どうしても負けたくなかったひろしはそのことが不満だ。そんな時、光夫が指をケガする。ひろしは「体育は見学したほうが良いのでは」というが、光夫は大したことないからやるという。とも子が、友達からの手紙をきっかけに、仲間外れはいけないことに気づき、方法を工夫して取り組む。

運動会の取り組み方については様々な価値がある。

勝ちたい
協力したい
楽しみたい
見に来てくれた人に成長を見せたい

そのような多様な価値観が前提条件としてあり、それをもとに全体で、目標や目的を設定し、個人が活動を工夫することを教えたい。

対話指導のポイント

■何を目標に頑張るか

運動会の「目標は何ですか」と聞いても良い。自分の視点だ。

次のような聞き方もある。他人からの視点だ。

発問　運動会、どんな姿を見てもらいたいですか。

■方法をどう工夫するか

目標を達成するには、どうしたらいいか。「行動」を問う。

教室、学校の中には、やらなければいけないことがある。やる前から、「あきらめる」ではなく、工夫を重ねて、練習をして臨む、という視点だ。

発問　どんな工夫をしますか。

資料では、光夫を真ん中にするという工夫だ。その他にも山ほど出るだろう。

（平松英史）

英語 天気を見て遊びを提案する／ルーティン練習で確実に

天気を見て、遊びを提案する

A: How is the weather?
B: It's rainy.
A: Do you like playing 百人一首？
B: Yes, I do.
A: Let's play 百人一首 .
B: Yes. Let's play.

これから遊ぼうと思っていたのに窓の外を見たら雨が降っている→雨の日の遊びを提案する……という状況設定だ。全ての天気の言い方を練習させるため、天気が良いときは“sunny or cloudy”、悪いときは“rainy or snowy”とする。

積極的に会話をしたくなるポイントは、身近な遊びを練習しておくことだ。子供達にどんな遊びを提案したらよいか、考えさせる。

【sunny or cloudy】
play…soccer, basketball, dodgeball, tag, jump rope, ドロケイ , 天下
hide and seek
【rainy or snowy】
play…cards, shogi, けん玉 , origami, 百人一首 , ふれあい囲碁 , すごろく ,
the recorder/ organ/ 鍵盤ハーモニカ

アクティビティの流れは、以下だ。

①子供A、Bはそれぞれ天気カード（sunny, cloudy, rainy, snowy）を持つ。
②Aが“How is the weather?”とBに尋ね、会話がスタート。
③Bはカードの天気を答える。
④Aは、天気に応じて遊びを提案する。

互いの会話が終わったら、“Switch”と言い、持っているカードを交換する。こうすることで、異なったカードが手元に来るので、様々な天気や遊びの言い方が練習することができる。

さて、「提案された遊びが好きではない」という状況もあり得る。この場合、Aは他の遊びを提案することになる。“NOバージョン”も教えておく。

A: How is the weather?
B: It's sunny.
A: Do you like playing jump rope?
B: No, I don't.
A: Do you like playing ドロケイ？
B: Yes, I do.
A: Let's play ドロケイ .
B: Yes. Let's play.

ルーティーン練習で積み上げる

４年生の外国語活動の年間指導計画（文部科学省暫定版）には、アルファベットや数字、曜日に慣れ親しませる単元（レッスン）がある。数が多く言い方も複雑なため、この単元で取り組ませるだけでは、子供達は容易に忘れてしまう。だからこそ、早い時期から少しずつ慣れ親しませていくことが大切だ。

ひらがな、カタカナ、漢字の学習と同じだ。毎時間、少しずつ積み上げ（ルーティーン練習）、確実に定着を図るのである。語学には、とにかく繰り返し練習が欠かせないのだ。

歌で楽しく慣れ親しませる

楽しく英語に触れられるのが「歌」だ。以下、ルーティーン練習にもなるお勧めの歌である。

ABC Song ／ ABC Steps ／ 7Steps ／ Sunday, Monday, Tuesday ／ 12Months ／ I Can Sing a Rainbow ／ Color Songs ／ Heard Shoulders Knees and Toes ／ The Finger Family ／ If You' re Happy ／ 10 Little Snowmen

子供達は歌が大好きだ。楽しく単語やフレーズに慣れ親しませていく。（竹内淑香）

５月

総合　「イベント企画」は、自然と対話を生む

イベント企画は、楽しい学級を作るための必須アイテムである。

５月。学級のシステムが軌道に乗り、少しずつ安定してきたら、イベントを仕掛ける。「学級パーティー（お楽しみ会）」である。

このパーティーを行うために、次のことを行う。

1．教師が実際にやってみせる
2．実行委員会を開催する
3．準備は、子どもたちが行う

教師が実際にやってみせる

「パーティーを企画しなさい」と口だけで言っても、子どもたちは動かない。パーティーを企画し、実行した経験を持つ子が少なく、何をすればよいかイメージできないからである。

そこで、私は４月に次のことをする。

担任企画のパーティーを実行する

担任が企画書を作り、学級会で提案する。準備は子どもたちに依頼するが、当日の司会、ゲームの仕切り、はじめと終わりのあいさつなど、すべて担任が行う。

担任主導でパーティーを実行することで、子どもたちにはパーティーのイメージができあがる。

実行委員会を開催する

パーティーを企画するにあたり、私は「実行委員」を募集する。

実行委員は立候補制で、何人でもよいこととする。

休み時間や放課後に、実行委員会を開催する。

ここで、次のことを決める。

①プログラム（何をするか）
②司会者・ゲーム担当者
③準備物

最初は、教師が実行委員会に参加し、その場を仕切る。

子どもたちは、意見を出し合い、これらのことを決めていく。

楽しいことだからこそ、子どもたちの話し合いは熱を帯びる。

準備は、子どもたちが行う

よくパーティーの準備を、教師が行うのを見る。

せっかくの子どもたちの学習の場を奪っている。

私の場合、パーティーの準備をすべて子どもたちに行わせる。

司会原稿、ゲームの仕切り方、輪飾り、教室の飾り付けなど、すべて子どもたちに任せる。

総合の時間や学活の時間を、１～２時間使うことで、子どもたちはワイワイと話し合いながら準備をすすめていく。

その場には、自然と対話が生まれている。

このようにして準備をすすめ、実行したパーティーは楽しい。

イベント企画は、自然と子どもたちの対話を生むのだ。

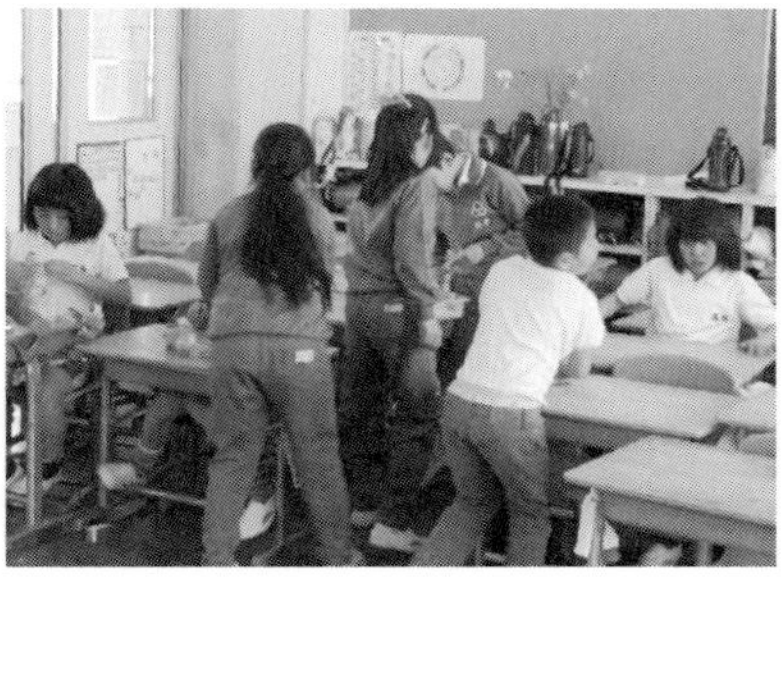

（堀田和秀）

6月

国語　「一つの花」対話の基礎を指導する

教材解釈のポイントと指導計画

本単元では、討論を中心に授業を組み立てた（全8時間扱い）。

第1時　音読・難語句調べ
第2時　登場人物の検討
第3時　設定（いつ・どこ・だれ）の確認と場面分け
第4・5時　1・2の場面で「ゆみ子は幸せか」を考える。
第6時　「一つだけのお花」を別の言葉に置き換えるとしたら何か。
第7時　3の場面で「ゆみ子は幸せか」を考える。
第8時　1・2場面と3場面の対比　一番大切な対比は何かを考える。

「ゆみ子は幸せか」を問うことで、戦争時代の生活環境や登場人物の置かれている状況などを読み取り、本文を根拠にして意見を書く力を育てる。

1・2場面と3場面で同じ発問をすることで、登場人物や時代変化などに注目して物語を読み取ることができる。

授業の流れのアウトライン

第4・5時の授業展開例を示す。

1・2場面のゆみ子は幸せですか。

1・2場面のゆみ子は幸せかどうかを決めさせ、挙手で人数を把握する。

そして、なぜそのように考えたのか、ノートに理由を書かせる。教科書の文を根拠としている子を取り上げ褒めることで、教科書を読む大切さを伝える。

書けた子からノートを持って来させる。大きく丸を付け、黒板に1行程度にまとめて書かせる。

その後、黒板に書いた意見を、端から発表させていく。

《幸せ派の意見》

ゆみ子は幸せだと考える。

なぜなら、ゆみ子はまだ戦争の怖さを理解する歳ではないからだ。食べ物などもろくにない時代だけど、ゆみ子は、お父さんもお母さんもいて、「一つだけちょうだい」と言えば、いろいろな物を分けてもらえる。「足をバタつかせて喜んだ」と書いてあるようにゆみ子が喜んでいるところもたくさん書いてある。戦争は怖いけれど、ゆみ子にとっては幸せだったと考える。

《幸せではない派の意見》

ゆみ子は幸せではないと考える。

なぜなら、戦争が激しく、食べ物を十分に食べられなかったからだ。また、お父さんが戦争に行ってしまい、もう会えないかもしれないからだ。

学習困難状況への対応と予防の布石

討論を活発にするには、多くの考えをノートに書かせることが重要である。どの子も意見を書きやすくするために、文章の型を教える。

わたしは～と考える（結論）。
・なぜなら～だからだ（理由）。
・理由は○つある。
第1に～だからだ（列挙）。

悩む児童がいたら、同じ立場で相談する時間も取る。

口頭作文をさせることで、書ける児童が増える。

（黒田陽介）

6月

社会　何色の服の人が最初に到着する？

事故現場の写真だけで数時間の討論

事故現場の写真を提示し、こう発問する。

この写真を見てわかったこと、気づいたこと、思ったことを箇条書きにしなさい。

教科書に事故現場の写真が掲載されていることが多い。車が大破して、救急車や警察車両が到着している写真である。白い服を着た救急隊員、青い服を着た警察官、オレンジの服を着たレスキュー隊員が仕事をしている。

黒板に子どもたちの意見を書かせる。その中から、対話が生まれる意見を教師がピックアップし発問する。例えば、

「ガシャーンと事故が起こりました。現場を目撃した人は、何番に電話しますか？」

教室では、2つの意見に分かれた。110番と119番である。

「どちらが正しいのでしょうか？　話し合いなさい」「けがをした人がいるから119番です」「交通整理をしないといけないので110番です」

子どもたちは、様々な理由を付けて話し合った。

「これはどちらでもいいのです、どちらに電話をしてもどちらにも連絡が行くのです」

電話の対応の仕方をロールプレイさせてもよい。

「写真には3種類の服を着た人がいます。白、青、オレンジですね。一番最初に現場にやってきた人は、何色の服を着た人でしょうか？」

向山洋一氏の発問である。子どもたちは熱中する。理由をノートに書かせてから、討論するとよい。

「交通事故なので、青い服の警察官が一番に着て交通整理をすると思います」「命に関わることなので、白い服の救急隊員が一番に来ると思います」「潰れた車から人を救助しないといけないからオレンジ色のレスキュー隊員が一番に来ると思います」

子どもたちは次々と写真を凝視し、自分の予想を発表し、討論になっていく。

討論に慣れているクラスなら1時間、子どもたちだけの討論が続く。ここでのポイントは教師が答えを絶対に言わないことである。チャイムが鳴っても決着がつかないので、しぶしぶ子どもたちは、家に帰ってからもお父さんやお母さんに聞く。それでもはっきりわからない。消防署などに見学に行くときに、質問させる。ノートに質問を書かせ、答えを書く欄も作った上で見学に行かせる。

自治体によって到着の順番は違ってくるのだが、救急車がたいていの場合は一番になることが多い。10分以内には到着する。

「交通事故が起こっているのは、高速道路ですか。普通の道ですか」

対話を引き出す発問である。またしても子どもたちは写真を食い入るように見る。

子どもたちの意見の中心になる物は、道の上下、看板、道路標識、矢印などである。

道が高架になっていることを発見する。しかし、下を通っている高速道路もあり得る。看板にはいくつかの言葉が書かれているが、決め手にはならない。緑の道路標識や矢印から答えがわかってくる。

（小原嘉夫）

6月

算数　「垂直・平行と四角形」図形の定義を対話で覚える

四角形の問題を子供同士で出し、説明し合うことで対話が生まれ、その定義を覚えることができる。

平行四辺形には、どんな特ちょうがありますか。コンパスや分度器を使って、辺の長さや角の大きさを調べましょう。

平行な直線の組が１組	平行な直線の組が２組	平行な直線の組がない

平行四辺形の特徴や定義を答えることは難しい。そこで、教師が発問し、特徴や定義を確認していく。上のように、他の図形と比較できるようにするとよい。

【本時の対話的活動】
①発問にリズム・テンポよく答えさせること。
②子供同士で問題を出し合い、その図形の定義を答えること。

角の大きさが同じところは、どことどこですか。→「角 A と角 C、角 B と角 D です」
辺の長さが同じところは、どことどこですか。→「辺 AB と辺 DC、辺 AD と辺 BC です」

以上のような発問をした上で、教科書のまとめを読んで定義を確認する。慣れてきたら、四角形を示して、その四角形の名称と定義を答えさせる。子供同士で問題を出し、説明し合う。以下のように、教科書に載っている定義を使って答えられるようになるとよい。

平行四辺形です。向かい合った辺の長さが等しく、向かい合った角の大きさも等しくなっているからです。

一通りの図形を学習した後は、右のような表にまとめると正方形の特殊性が見えてくる。美しい形には、一定の規則性がある。これは図形だけではない。たとえば、自然界にある結晶などにもいえることである。表にまとめることで、それぞれの四角形の特徴を横断的に見ることができ、深い学びにつながる。　（友野元気）

四角形の特ちょう＼四角形の名前	台形	平行四辺形	ひし形	長方形	正方形
2本の対角線が垂直である			○		○
2本の対角線の長さが等しい				○	○
2本の対角線がそれぞれの真ん中の点で交わる		○	○	○	○
4つの角がすべて直角である				○	○
向かい合った2組の辺が平行である		○	○	○	○
4つの辺の長さがすべて等しい			○		○

6月

理科　かん電池２個のつなぎ方

乾電池２個の回路を追究する中で、乾電池の数やつなぎ方を変えると電流の大きさが変わり、モーターの回り方が変わることを捉えるようにする。

予想についての話し合いを大事にする

乾電池２個とモーターをつないだ回路を図で示し、結果を予想させ、理由を考えさせる。意見を交換させることで、仮説を持って実験できるようにする。

（１）直列つなぎ・並列つなぎ

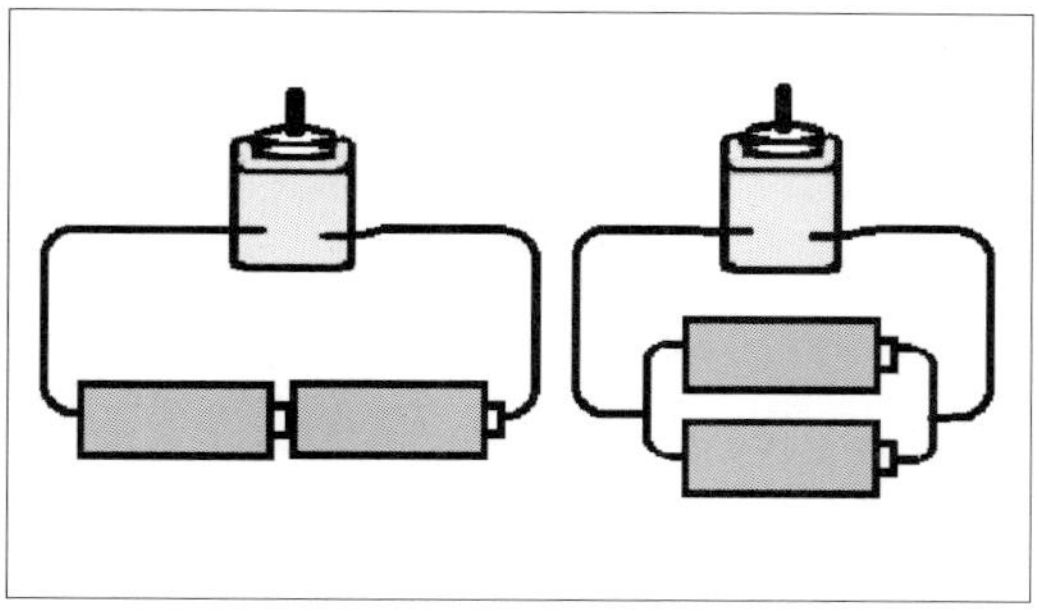

①図を書き予想させる（ＡＢＣから選ぶ）。
　Ａ．速く回る、Ｂ．乾電池１個と同じ速さ、Ｃ．回らない
②選んだ理由を発表させる。
　・＋と＋、－と－をつなぐと大きな電池みたいになるので、速く回ると思う。
　・電池が２つつながって１つの回路になっている方がたくさん電気が流れそうなので速く回ると思う。
③再度予想を聞き、意見の変更を確認する（友だちの発表を聞いて、予想を変えてもよい）。
④演示実験で結果を確定する。この時、電池１個の回路も準備して、同時にモーターを回して比較させると速さの違いが分かりやすい。
⑤グループで回路を作らせて結果を確かめさせる。演示実験と同じ結果にならない場合、回路が間違っているので直させる。
⑥結果をノートにまとめさせる。

（２）電流が流れない回路

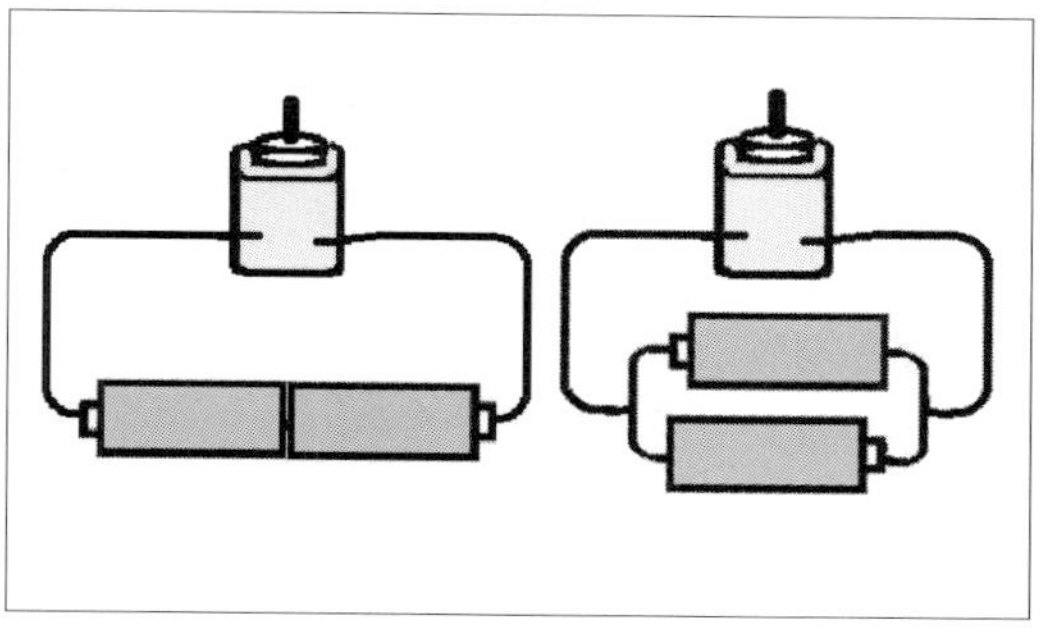

（１）の①～⑥と同じ手順で進める。

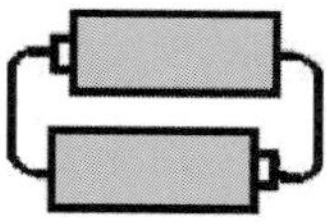

左図はショート回路で危ないので演示実験のみ行う。

自由に回路図を書かせて実験する

（１）で基本のつなぎ方を学んだので、自由に書かせても混乱は少ない。

グループで相談して、電池２個とモーター１個を使ったいろいろな回路を考えさせる。

回路図とその結果の予想を書いてから、実験をさせるようにする。

この時、ショート回路を作ってしまう可能性があるので、熱くなったらすぐに電池を外すように注意する。

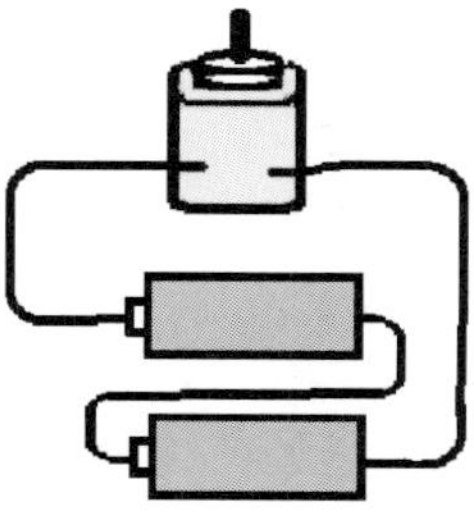

左図のような斜めにつなぐ図が出ない場合、先生問題として考えさせるとよい。

（上木朋子）

6月

音楽　拍の流れにのってリズム伴奏しよう

「いろんな木の実」＋リズム伴奏

①１番の歌詞を覚えて歌う

覚えないと、楽器演奏を楽しめない。

「さくらんぼ」と「バナナ」の絵カードを用意しておく（英語用フラッシュカード可）。曲が物語仕立てになっているので、絵カード１枚で覚えやすくなる。

②演奏順を確認する

１番が歌えたら教科書を見て、歌う順序を確認する。

指示　お隣さんにどうくりかえすのか説明しなさい。

教師はくりかえし記号を確認する。

③A～Cのリズム伴奏を練習する。

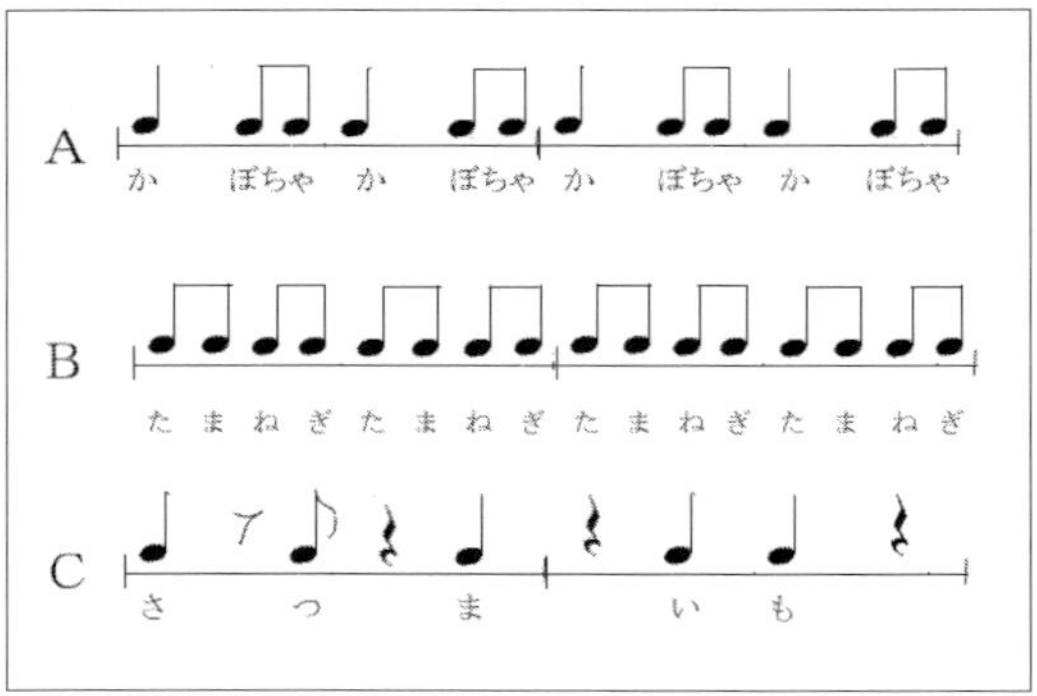

リズム打ちを真似させる。楽譜は見せない。

初めにAのリズムを叩く。

“かーぼちゃ　かーぼちゃ”とことばを付けると、リズム打ちがしやすくなる。

同様にB“たまねぎたまねぎ、C“さつまいも”を確認する。

④リズム打ちで遊ぶ

教室を４つに分ける。A＝かーぼちゃ B＝たまねぎ C＝さつまいも　D＝メロディ唱に分け、リズム打ち。パート交代して楽しむ。

⑤楽器で伴奏

Aはギロ、Bはマラカス　Cはクラベスで演奏する。楽器をローテーションして楽しむ。

鑑賞曲「ブラジル」＋リズム伴奏

①鑑賞曲「ブラジル」（『ニュー・サウンズ・イン・ブラス』編）を聴く

T　どこの国の曲でしょう。（冒頭～ブラジルと叫ぶところまでを聴かせる）

T　もう一度聴きます。（ブラジル）

１回目を聞き逃す子が必ずいるので、再度聴かせる。１回目より少し長く聴かせると、曲のイメージを掴みやすくなる。

T　どんな感じの曲でしたか。（楽しい、賑やか）この曲に「いろんな木の実」のリズム（A～C）をつけて演奏します。

②鑑賞曲「ブラジル」リズム変奏

T　グループで「ブラジル」を演奏します。
歌詞を変える、踊りを入れる、楽器の種類を変える等、演奏を工夫します。
次の順で進めます。
①６～８人のグループを作る。
②どのように演奏したいか相談する。
③②になるための練習する。
④発表する。
⑤意見を言う。

「かぼちゃ、たまねぎ」といった野菜の名前をオリンピック選手名に変える、数名が踊り、残りメンバーで楽器を演奏する、かけ声を入れるなど様々工夫させる。

なお、本実践で使用した音源「ブラジル」（吹奏楽）と教科書CD音源「ブラジル」は、イメージが大きく異なる。打楽器音色がはっきり聴こえる本音源を用いた。　（関根朋子）

6月

図画・工作　紙１枚とハサミで仕上がる紙工作

コピー用紙とハサミで「世界で見たこともない顔」（※1）をつくることができる。

作り方

①Ａ５用紙を半分に折る。
②顔の輪郭をハサミで切る。
③紙を開く。目の位置や形を顔の形から想像する。
④紙を半分に折る。折り目からハサミを入れて、想像した目を切り取る。

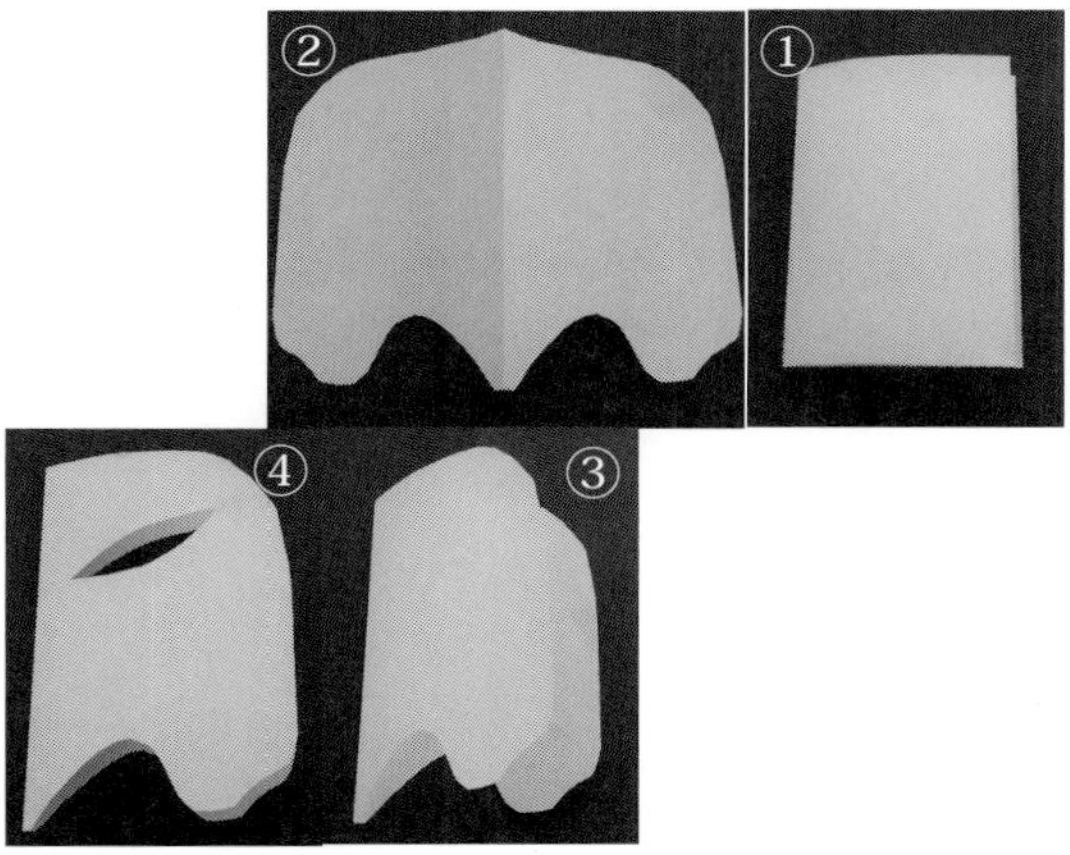

⑤紙を開く。口の位置や形を顔の形から想像する。
⑥紙を半分に折る。折り目からハサミを入れて、想像した口を切り取る。
⑦紙を開く。他に必要だと思うもの（鼻や耳など）、飾りを入れることは自由。
⑧入れる時は、半分に折る。目や口の時と同じように、折り目からハサミを入れて、想像した形を切り取る。
⑨紙を開く。

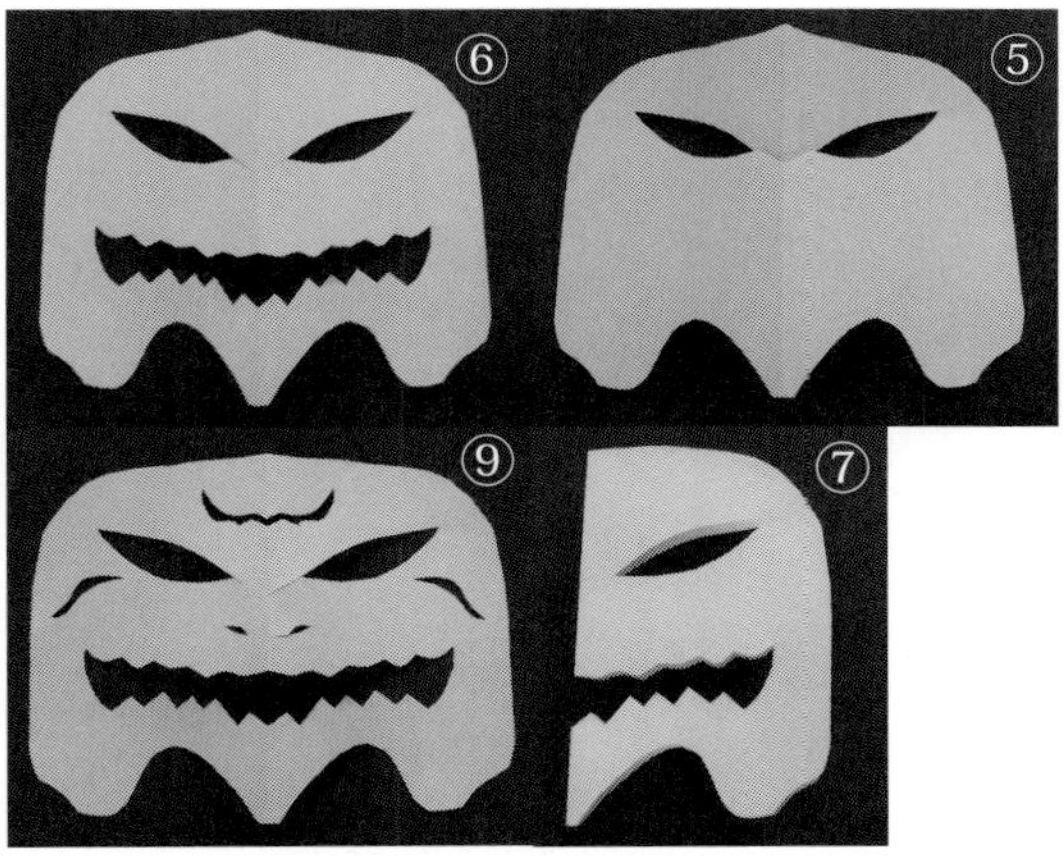

⑩紙を裏返す。折り目の切り離したところを、セロハンテープでとめる。
⑪台紙となる色画用紙を1枚選ぶ。作品の中央（折り目）が浮き上がるように台紙に貼る。

このステップを踏めば、３年生でも「世界で見たことがない顔」を仕上げることができる。

班で交流して2回目の作品づくりへ

この作品は、短時間に仕上がる。そこで、４人1組の班で鑑賞会をする。好きなところ、工夫しているところを次々発表させる。その後で、作品づくりの２回目をさせる。級友の工夫を真似したり、アイデアが浮かんだりするので、作品の質が上がる。

最後に、お気に入りの作品を提出させ、掲示をする。

※1　佐藤昌彦氏の追試

（上木信弘）

体育　器械運動・鉄棒

鉄棒運動では、やることを明確にし、運動量を確保することが重要である。そのため、場の設定や課題とする技をきちんと押さえなければならない。

例えば、場の設定として、まず安全面に気をつけなければならない。

鉄棒に近づき過ぎない場づくりとして、鉄棒の2m手前に線を引く。待機線を作る。また、技が終わったら、次の人はタッチをしてから鉄棒に向かう。こうしたルールを1時間目にきちんと教える。

4年生で求められる技能は、やさしい場・条件のもとで、逆上がり等の技ができることである。そのため、様々な補助具を使い、「出来た」という体験をすることが大切である。

逆上がり補助具としてオススメなのが、「くるりんベルト」である（東京教育技術研究所にて購入可能）。

また、技の練習をする際には、ペアを作り、技を見せ合い。アドバイスや技のチェックをすることが大切である。

技のレパートリーについてワークシートを活用して技の見える化を測ることで、やることが明確になり活動しやすくなる。

技の見る視点を持つことで子どもたちは、話題にするべきことが明確になるので「足を伸ばしてみよう」「両足で着地出来ていたよ」など対話につなげることができる。

感覚運動

①タオルを巻いてダンゴムシ

②ダンゴムシ

やりながら動線を教える。

3秒、5秒、8秒と徐々に時間を伸ばしていくことで、運動の苦手な子も成功体験を積むことができる。

③ダンゴムシリレー

④ツバメ

⑤ツバメをしたまま前回り

⑥布団干し

逆さになる感覚を養う。

鉄棒がお腹に当たって痛い場合、タオルなどを挟み、痛みを軽減することで嫌なイメージを軽減する。

⑦コウモリ

できるようなら手を離して揺れる。

⑧コウモリじゃんけん

コウモリをしたままじゃんけんをする。片手は地面についていても良い。

⑨タオルを巻いて逆上がり

足の付け根と鉄棒が離れないように鉄棒に密着させるために、補助具を使う。

遊びの中で感覚を鍛えていくことによって楽しく、できるようになったという体験をすることがポイントである。そのためにも教師自身が楽しく授業をすることが大切である。

（田中健太）

6月

道徳　ルールの存在意義を考える

6月の道徳のポイント

運動会終了後、中だるみの時期。梅雨に入り、きまりを守れず教室で大暴れしたり、廊下を全力疾走したりするのもこの時期だ。

いま一度、ルールに気づかせ、守らせたい。

小学校のうちに必ず扱っておきたいのが、ルールの存在意義だ。

大人は、常識としてとらえていることも子どもたちにとっては違う。

子どもたちに「ルールはどうしてあるの？」と聞いたときに、「公共」を視点にした回答が欲しい。例えば、

> 「みんな」が気持ちよくすごすため

である。

そのことを授業を通して、教えていく。

6月のオススメ資料

文部科学省『私たちの道徳』

項目「社会のきまりを守って」資料「約束やきまりを大切にすること」、「みんなが守らなくてはならないきまりがある」

震災後の避難所、炊き出しに列を作る人々の写真。

震災で被災した人々が、苦しい中でも、

> ①ルールを「作り」
> ②ルールを「守る」

ことを意識したことがわかる。

本来、列を作ることは、「ルール」ではない。

列を作らないからといって、法的に罰せられるわけではない。が、人々が気持ちよく生活するために、自然とルールが生まれてくる。そして、共通理解される。

みんなが、守らなくてはならないきまりとして、5つ書いてある。

> 人をきず付けない。
> 人の物をぬまない。
> うそを言わない。
> 弱い者いじめをしない。
> ひきょうなことをしない。

「ひきょうなことをしない」は、ルールとしては、異質だが、人を陥れることをしないという視点だろう。

対話指導のポイント

次の流れで、授業を組み立てる。

> 1　(震災の避難所で、きれいに列を作っている）写真からわかったこと、気づいたこと、思ったことを出す。
> 2　約束やきまりはなんのためにあるのですか。
> 3　どんな約束やきまりがありますか。
> 4　どうしてきまりを守らないといけないのか、相手の立場に立って考える。

ポイントは、「ルール」は、大人の世界にも通じていることを教えることだ。

例えば、資料にある「人をきず付けない」。人を傷つけると傷害罪になること、それを防ぐために刑法というルールがあること。

大人の視点を子どもに伝えてあげることでも対話は進む。

大人になった時にも、気持ちよくすごすために、小学生の時から道徳を学習していることを伝えたい。

（平松英史）

英語　英語で仲間を見つける／雨の日に歌いたくなる歌

“Me, too”で仲間集め

・友達のいろいろなことを知れるので、英語の時間が大好きです。
・〇〇さんが、私と同じものが好きということが分かって嬉しかったです。

英語の「ふりかえり」をすると、こんな感想を述べる子供がいる。コミュニケーションするからこそ、相手のことが分かり、更に、親しくなることができる。正に、英会話授業の醍醐味だと言える。曜日は、歌『Sunday, Monday, Tuesday』を活用すると覚えやすい。

アクティビティでは、「仲間集め」を行うと会話がより楽しくなる。

「仲間集め」のやり方は以下だ。

①互いに会話をする。

②同じ意見の友達を見つけたら２人組になる。

③同じ意見の友達を更に見つけてグループになる。　※２人組以上になったら友達と一緒に質問する

【パターン１】
A: What day is it?
B: It's Monday.
A: Do you like Mondays?
B: Yes, I do. / No, I don't./ So-so.
A: Me, too. I like Mondays.

【パターン２】
A: What day is it?
B: It's Monday.
A: What day do you like?
B: I like Sundays.
A: Me, too. I like Sundays.

既習の “Do you like ~?” “What day do you like?” と組み合わせれば、会話を長く続けることができる。また、「仲間集め」を行う時に、教えておくと良いのが “Me, too.” だ。自分と同じ意見の友達を見つけて、互いに “Me, too.” と言い合うのだ。

「ハイファイブ（タッチ）」をすると、友達と触れ合い、楽しさが増す。

雨の季節にお勧めの歌

梅雨のこの時期にぴったりの英語の歌がある。

Rain Rain Go Away
Rain rain go away
Come again another day
[Daddy] wants to play
Rain rain, go away
雨、雨、あっちに行け
他の日に来てよ
[パパ]が遊びたいんだよ
雨、雨、あっちに行け
『Super Simple Songs』
Skyship Entertainment より

日本で言う『あめあめふれふれ…』のような童謡だ。歌詞がシンプルで、フレーズが繰り返されるので、子供達はすぐに覚えてしまう。英語では雨に対して “go away（あっちに行け）” と言うところが、「文化の違い」があり面白い。

［　　　］の中には Mommy, Sister, Brother, Baby, All the Family, Little Johnny などが入る。担任やＡＬＴの名前、子供の名前を入れて歌ったり、ジェスチャーを付けて歌ったりするのも楽しい。雨の日の授業開始は、まずこの歌でスタートだ。

（竹内淑香）

6月

総合　対話のある「手紙の書き方」指導はこれだ

全国学力・学習状況調査で、「ハガキの表書きに必要な事柄を書く順序」を問う問題が出題された。

その正答率は、67・1％である（小学6年）。33・9％もの子どもが間違えたことになる。これは、子どもたちが手紙やハガキを書く機会が極端に減っていることを意味する。

書く機会が減っているなら、授業で書く機会を与えてあげればよい。

6月は、「暑中見舞い」を書くには、ちょうどよい時期である。

「手紙の書き方」テキストを使う

手紙の書き方を授業する際、

> 「手紙の書き方」テキスト（日本郵便）

を使うと、指導しやすい。

このテキストには、「表書きの書き方」はもちろん、裏書きの書き方のフォーマットや郵便の歴史、絵はがきの作り方などが掲載されている。

基本的に、テキスト通りに授業を進めると、手紙・ハガキの書き方を学ぶことができる。

絵手紙は、「真似させる」

ハガキの書き方の基本を学んだら、実際のハガキに暑中見舞いを書かせる。

テキストの中には、他の子が書いた暑中見舞いの見本がたくさん掲載されている。その作品を参考にさせる。

さらに、ある程度書けたら次のように言う。

> お友だちの作品を見ていいことにします。時間は2分。素敵だなと思ったら、参考にしていいですよ。

子どもたちは、友だちの作品を見て回る。その場で子ども同士の対話が生まれる。

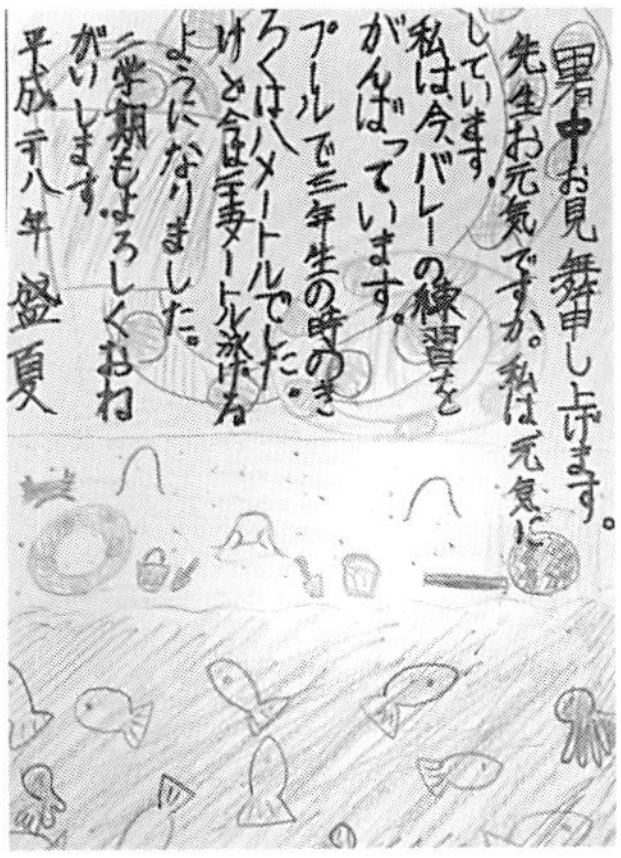

対話の中で聞いたことを参考に、作成を続ける。

よい作品を真似しているので、どの子も素敵な暑中見舞いが完成する。

往復ハガキの書き方は「教えない」

私は、この手紙の書き方を学習したあと、必ず「往復ハガキの出し方」について指導する（向山洋一氏の実践の追試）。

子どもたちに、左のプリントを配り、

> 「結婚式に出席することになりました。正しく書いて、送りましょう」

と指示する。

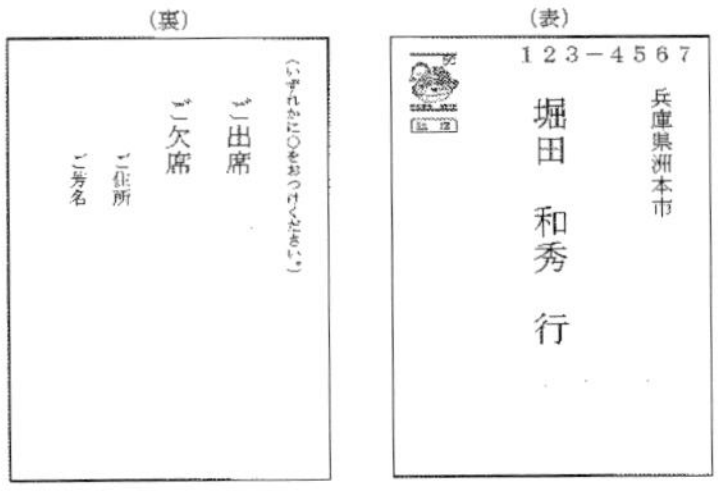

子どもなりに、考えて持ってくる。教師は、それに得点をつけるだけである。

教師が教えなければ、子どもたちは相談する。「『様』をつけるんやで」「『ご』は線で消さなあかん」など、あちこちから声が聞こえてくる。

楽しく、知的で、対話のある授業となる。

（堀田和秀）

7月

国語　「自分の考えをつたえるには」意見文の書き方を指導する

教材解釈のポイントと指導計画

本単元は書く単元である。自分の考えを伝えるために、意見文の書き方を学習する。しかし、それに終わることなく、書いた意見文を用いて、話し合いの基礎を学ばせることのできる単元である。

第1時　音読・意見文の書き方を学ぶ。
第2時　話題を決め、意見文を書く。
第3時　討論・まとめの意見文を書く。
第4時　意見文を読み合い、感想を伝える。
第5～7時　他の話題を決め討論する。

授業の流れのアウトライン

1　意見文の書き方

夏休みに遊びに行くなら、山がいいか。海がいいか。

教科書の話題を取り上げ、意見文を書かせる。児童に学ばせたい書き方は「主張＋理由」の書き方である。

私は○○がいいと考える（主張）。
なぜなら、～だからだ（理由）。

私は○○に賛成だ（主張）。
理由は○つある。
第1に～だからだ（列挙）。

などの文の型に当てはめて意見文を書かせる。書けた児童には、「もし、○○ならば、～のはずである。」など、反論のスキルも教えていく。

型を用いて作文することで、児童は意見文の書き方を身に付けていく。全員が意見文を書けるようになると、その後の話し合いも活発になる。

2　討論で話し合いの進め方を教える

討論前に山派と海派のどちらかを挙手させ、立場を確かめる。討論は小数派の意見から発表させる。

《山派》
・**山から見る景色がきれい。**
・**様々な動植物が見られる。**

小数派の発表が途切れたところで、児童が「海派の意見に移っていいですか」と確認し、多数派の意見に移る。このような司会言葉を指導していくことで児童が話し合いを進めていくようになる。

《海派》
・**海は夏場にしか入れない。**
・**暑い夏に海に入ると気持ちいい。**

多数派の意見が終わったら、質問や反論に移る。このやり取りを繰り返し経験させることで、話し合いの基礎が身に付いていく。

次の話題も盛り上がる。
・「給食がいいか。お弁当がいいか」
・「ねるなら、布団か。ベッドか」

学習困難状況への対応と予防の布石

質問や反論をされることに対して、極度に緊張してしまう児童もいる。その際の対応方法も指導していく。

「少し考えさせてください」
「～の人、助けてください」
「代わりに誰か答えてください」

このような討論の運用スキルは他にも様々ある。討論が停滞した際に、少しずつ指導していくと、その後の討論に生きてくる。

（黒田陽介）

7月

社会　水の通り道は蛇口からスタート

水道の蛇口からさかのぼる

「水道の蛇口があります。蛇口をひねると水が出ます。さかのぼってみると5m先はどこを流れていますか？」

ホームセンターで蛇口を買って教室に持ち込んでの導入。物を用意すると一気に引き込まれる。

ノートに蛇口の絵を描かせて次々とさかのぼって水がどこからどういうルートで学校の蛇口まで届いているのかを予想させる。黒板に書かせ、意見交流させる。

子どもたちは自分の経験を元に活発に発言した。しかし、様々な意見が交流されるも、あやふやな部分が出てくるので、調べてみたくなってくるのである。

水の通り道をたどってみよう

学校にある蛇口のところにみんなを連れて行き、水の通り道をさかのぼって調べさせる。

子どもたちはノート片手に、メモをとりながら、水道管をたどっていく。自然と対話が生まれ、熱中する。

水道管はなかなか見えない。コンクリートの中を通っている場合が多い。そんな中、ある子が屋上にあるタンクを見つけた。

「あれは何だ？　屋上に水をいったんあげるのか？　どうやってあげるんだ？　どこかに仕掛けがあるに違いない。中庭に何か建物があるぞ。行ってみよう。ポンプ室って書いてある」

ポンプ室の鍵を開け、見学させた。様々な機械の中に、大きな水道管を発見した。どうやらこの水道管は学校の外に延びている。

いったん教室に戻り、調べたことを整理させ、ノートにまとめさせる。教師は写真を撮っておき、子どもたちに見せるとまとめやすい。

学校には分厚い設計図がある。水道管の配置も載っている。子どもたちに見せるのもよい。

グーグルアースで水の通り道を見せる

「水をさらにさかのぼってみます。学校の外はどのようにつながっているのでしょう」

教科書や副読本などを使いながら、ノートにまとめていく。浄水場、ダム、川などのキーワードが出てくる。

「浄水場の中はどのようになっているのか？」

子どもたちの自然な思考の流れで次々と課題が見つかる。教師は実際に水の通り道をたどると様々な発見がある。地図、写真、グーグルアースなどを見せながら、水の通り道をたどらせると、非常にわかりやすい。

浄水場内も水は1本の道をたどっている。その途中には、濾過や消毒といった様々な行程があることに気づく。

「目についた物を全てメモしなさい」

メモの取り方は教室で事前に練習しておくとよい、①②……と箇条書きで書かせていく。

子どもたちの意見を使って授業を組み立てたい。水をきれいにするための工夫に迫らせる。

浄水場の水はどこから来るのか？　分水嶺までたどっていった。グーグルアースのスタートを学校にしておき、次々と水の通り道をさかのぼっていった。視点を低くして、実際にたどっていくように見せると、臨場感があって探検しているような気分になる。

（小原嘉夫）

算数 「大きな数」整数づくりはスモールステップ

整数づくりは簡単な問題から解くことで、基本原理を知り、その原理を応用して、難しい問題を解くことができるようになる。

> 1～4までの数字のカードがあります。どれも1回ずつ使い、4けたの整数をつくりましょう。
> ①いちばん大きい整数をつくりましょう。
> ②いちばん小さい整数をつくりましょう。
>
> [1][2][3][4]

「解きなさい」と指示した時点で、多くの子供がすぐに解いてしまう。そこで、「2番目に大きい数をつくりましょう」と発問する。千の位と百の位を入れ替えた数（3421）を持ってくる子供がほとんどである。教師は無言で × を付けていく。1回目で正解を導き出す子供はほとんどいない。もう一度考えさせる。すると、十の位と一の位を入れ替えた数（4312）を持ってくる子供が出てくる。十の位と一の位を入れ替えたことを確認する。小さい位を入れ替えた方が影響が少ない。

4年生では、大きな数を学習する。この原理を応用して、0～9の10けたの場合を考える。

> 0～9のまでの数字のカードがあります。
> どれも1回ずつ使い、2番目に大きい数をつくりましょう。
>
> [0][1][2][3][4]
> [5][6][7][8][9]

> 【本時の対話的活動】
> 問題と向き合い、過去の経験と照らし合わせて問題を解くこと。

> いちばん大きい数をつくりなさい。→「9876543210」
> 2番目に大きい数をつくりなさい。→「9876543201」
> ※1～4でつくった2番目に大きい数をもとに考える。
> 何の位と何の位を入れ替えましたか。→「十の位と一の位です。」

「何の位と何の位を入れ替えましたか」という発問により、けた数が増えても、基本原理は変わらないことに気づかせる。

大きな数の整数づくりは、スモールステップで考えさせていくことが大切である。（友野元気）

参考文献：向山洋一・木村重夫編（2012）『算数完ペキ習得！授業で使える新難問・良問＝5題1問選択システム』明治図書

7月

理科　月の形と位置の変化

月の位置の変化と時間の経過との関係について、既習の内容や生活経験を基に根拠のある予想や仮説を発想させ、時刻によって月の位置が変わることを捉えるようにする。

問題をつかみ予想する

月について知っていることをなるべくたくさん書きます。

「三日月や満月がある」「昼に見えることがある」など、たくさん書かせて発表させる。月の見える位置や動きに関する発表を取り上げて、対話の中から学習課題を立てる。

時間がたつと月は動くか。

３年生で学んだ太陽の動きを思い出させて、「太陽と同じで東から西へ動く」「反対で西から東へ動く」「太陽とは違う動き方をする」「動かない」のどれか予想させる。

写真等で確かめる

同じ日に１時間ほど時間をずらして撮った写真で月の動きを見せる。

デジタル教科書やインターネット上の動画を見せてもよい。

月の動きについて気が付いたことをなるべくたくさん書きます。

「時間が変わると月の場所が変わる」「太陽と同じように東から西へ動く」「東から南へは段々上にいき、南から西へは段々下に下がっていく」など、たくさん書かせて発表させる。

観察カードを全員で書く

写真または動画を見ながら、観察カードに月の動きを書く。

書くときには、「タイトルを書きます」などと１つ１つ指示を出し、板書する。教師が一緒に書くことで苦手な子がスムーズに活動することができる。

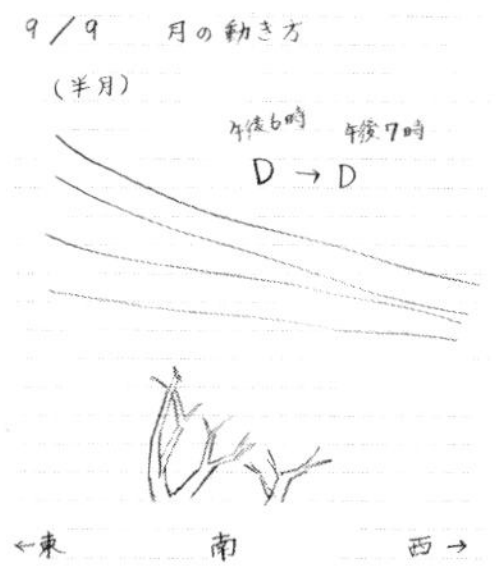

家庭学習としての観察

他の形の月も同じように動くのか。

三日月から満月までの期間は、夕方から月を見ることができるので、観察に適している。

「月齢カレンダー」で検索すると観察に適した時期を知ることができる。

この時期になったら、観察カードを多めに印刷して、「家で観察できる人はどんどんやっておいで」と渡し、やってきた子を大いにほめる。

子どもたちが家で書いてきた観察カードを基に、形が違っても動き方は同じことに気づかせる。

（上木朋子）

7月

音楽　旋律の特徴をとらえさせる　はずむ感じ

「まず、吹ける（歌える）こと」が大切だ。

皆ができるようになったのを確認してから、表現を工夫させる。

「自分の思い」は、できるようになり、工夫を試みる過程を通し培われる。

「聖者の行進」をリコーダー演奏

T　歩きます！

T　「ソシドレ」と聞こえたらその部分だけ音に合わせて歩きます。

「♪聖者の行進」のふしに合わせ歩かせる。

「ソシドレ」と何度も聞こえることが分かれば良い。身体を動かすことで、曲想を捉え、曲の構造を理解しやすくなる。

T　アゴに笛を置きます。
　指をゆっくり動かします。「ソ　シ　ド　レ」
　分からない人は先生を見ます。「ソシドレ」
　「ソシドレ ソシドレ ソシドレ」と、「ソシドレ」を３回繰り返します。

同じ指使いを３回繰り返せば良い。初めの「ソシドレ」が分かれば、自分の指をコントロールできるよう練習すれば良い。

T「ソシドレ ソシドレ ソシドレ　シソシラ」
　今日は「レシソシラ」まで練習します。

「レシソシラ」を何度も言わせ、教師の指使いを見せ、階名を言いながら指使いさせる。

吹けた子どもをミニ先生にし、全員を吹けるようにする。

「シシラ　ソソシレ　レド」（次時）

「シド　レシソラソ」（次々時）

一回に練習する課題を限定し、全員ができるようにする。

「聖者の行進」でスタッカート

T　この曲を先生が吹きます。
　<聖者の行進をスタッカートで吹く。>
　皆の演奏と何が違いましたか。

はねていた、音を短く切っていた等々、意見が出てくる。

T　よくわかりましたね。
　「スタッカート」皆で言ってみましょう。
　「スタッカート」は音符に、点が付いています。点が付いていたら、はねて演奏するんだね。

　教科書に「聖者の行進」の楽譜があります。
　スタッカートを探してみましょう。

こう言うと、夢中になって教科書を探す。あれども見えず、音符にスタッカートが書いてあるのを目で確認し感嘆の声を上げ、興奮して演奏する。

こういう経験を経ると、子どもは記号１つだが、忘れない。

鑑賞「バディネリ」

T　演奏している楽器は何ですか。

冒頭を聴く。分からなければ、何度か聴き、楽器をイメージさせる。

T　曲はどんな感じでしたか。（はずむ、寂しい）

T　「バディネリ」という曲です。
　皆はフルートを吹きます。（吹く真似をさせる）
　はずむ感じのところは立って演奏します。
　はずむ感じでないところでは、座ります。

１分半ほどの短い曲だ。

終始、はずむ感じで演奏されている。スタッカートは、音を短く切るというより「はずむ感じ」であることをイメージさせたい。

（関根朋子）

7月

図画・工作　シャワーを浴びている様子を描こう

7月、プール学習が行われている時期である。

シャワーを浴びている時の様子は、絵になる。動きがあるからである。

動きのある人間の描き方

8つ切り画用紙に、油性黒マジックで描かせる。

右の絵のポイントは、直立不動の人間を描くのではなく、「冷たい」「気持ちいい」という時の動きのある人間を描くことである。次の順で描いていく。

①頭　②胴体　③手　④肩から手とつなぐ　⑤足　⑥腰から足をつなぐ　⑦水着服

それぞれのコツを述べる。

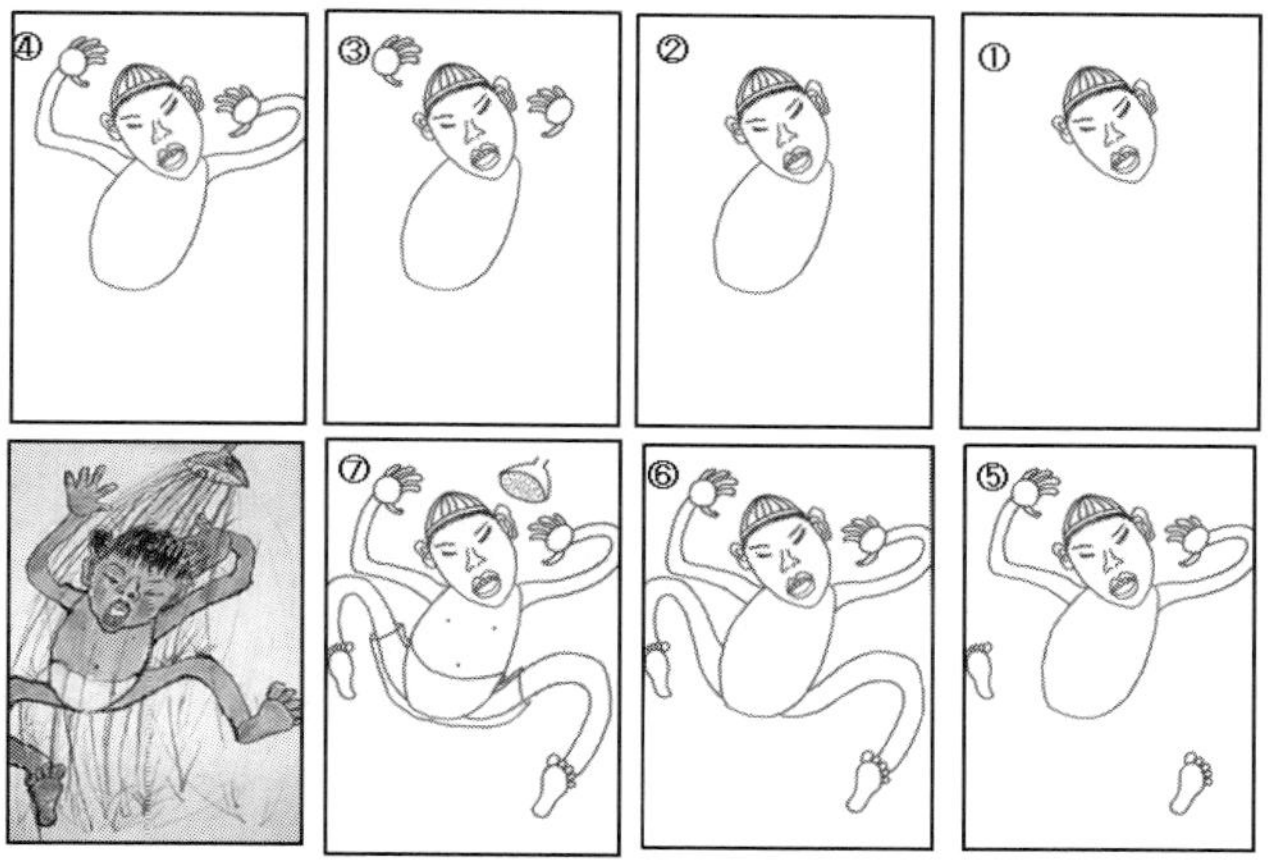

①頭を描く。動きを出すために、どちらかに傾けるのがコツ。

②胴体を「長丸」で描く。頭と胴体が一直線ではなく、「く」の字にするのがコツ。なお、首を描かない。首を描くと、動きが出にくくなる。

③手を描く。左右の手の高さを揃えないようにする。

④肩からつなぐ。1直線にならないようにする。右のように、画用紙からはみ出してもかまわない。

⑤足も、高さを揃えないようにする。その方が、動きが出る。

⑥腰からつなぐ。④と同じように、1直線にならないようにする。

⑦好きな水着を描く。模様を丁寧に

鑑賞会

絵が仕上がったら級友の絵を机の上に置く。全員に付箋紙10枚持たせ、各自の絵の好きな所を書かせ、絵に貼らせる。

好きな所を書くことで、絵を見る力がついてくる。工夫している所が見えるようになる。自分の絵の所に戻ると、付箋がたくさんついている。どの子も笑顔いっぱいになる。

（上木信弘）

体育　水泳・浮く運動（蝶々泳ぎ）

中学年の水泳運動では、「浮いて進む運動」「もぐる・浮く運動」で構成れている。また、浮く・もぐることの基本的な動きや技術を身につけ、高学年の水泳運動の学習につなげることが求められる。

横向き走

「肩まで沈みます。手も使って走りなさい（後ろ向きにも進む）」

だるま浮き

「肩まで沈みます。膝を抱えます。顔を入れます。床を蹴ります」

足をつかずに顔を水面に出します。顔を上げる時に手で水を押すようにする。目標5連続（徐々に回数を増やす）。

背浮き

「手を伸ばします。足を大の字に開きます」

ペア背浮き

ヘルパーは、泳者の進行方向に立つ。耳の後ろを持ち頭が沈まないようにする。

「ペアはヘルパーとして耳の後ろを支え、引っ張って進みます。

目線はどこを向いたらいいですか？

A正面　B斜め後ろ　C空

確認しなさい」

実際に泳ぎ、試させる。

やってみて実感を挙げさせる。

やってみると、斜め後ろを見ると良い、ということがわかる。

「沈んだら顎をあげて進む方向を見るようします。

その場で背浮き（顎をあげ、斜め後ろを見るようにする）」

ちょうちょ泳ぎの練習

①地上で手の動かし方の練習

「手を左右に開きなさい。

胸に手を置くようにあおぎなさい」

②歩きながらちょうちょ泳ぎ

水中で足をついて歩きながら後ろに進む。手で蝶の羽のようにひらひらと優しく水を押す。

「水の音を立てないようにあおぎなさい」

③手足を使ってちょうちょ泳ぎ

「水中から足を出さないように足は軽くバタ足をします。ちょうちょ泳ぎは手と足どちらを先に動かすと良いでしょうか。A足　B手　C同時」

Bの手です。手から動かすことで沈みにくくなります。

1人で浮く感覚を養うために、出来ない子は発泡スチロールのヘルパーを2個腰に巻く。できるようになったら、1個にし、最終的にヘルパーなしでできるようにする。

（田中健太）

7月

道徳　夏休みに得意を伸ばす！

7月の道徳のポイント

夏休み。

向山洋一氏は、夏休みの過ごし方、夏休みの課題として４つのポイントを挙げている。

夏休みにしかできないことだ。

①毎日続けること。
②その時起きた大きな出来事について作品を作ること。
③夏休みの中に苦手なことを克服するということ。
④得意なことを伸ばすこと。

得意なことを伸ばす、そのことを毎日続けられるような自由課題を出したい。

「続けられる」目標を持たせるために、高橋尚子選手のエピソードを紹介する。

7月のオススメ資料

文部科学省『私たちの道徳』

項目「やろうと決めたことは最後まで」

資料「きっとできる」

マラソンの高橋尚子のエピソード。自分で小さな目標タイムを立て、その目標を更新することを目指し練習してきたことが、金メダリスト高橋尚子につながっているという話だ。

本文を読んだ後、問う。

高橋さんが、夢（目標）を実現させるために、必要なことは何でしたか。

このエピソードから抽出できる目標達成までの方法は、

大きな目標を達成するために、小さな目標を設定すること。
毎日、努力し続けること。
自分を励まし続けること。

この後、夏休みにしかできないことの４つを話す。

最も将来に有効なことは、これも向山氏が述べている。

好きなことをとことんやること。

夏休みの計画表も、目標達成を目指すという視点で子どもたちに記入させたい。

対話指導のポイント

人物を扱った資料の場合、その人物の功績がどれほど、すごいことなのか、イメージできない子がいる。

付加情報を入れる必要がある。

例えば、以下のようなものである。

・マラソンとは、どんな競技かわかる写真。
・マラソン競技の距離（運動場で言うと、○○周）。
・マラソン競技の時速（自転車で走るのと同じくらいの速さで、２時間以上走り続ける）。
・元世界最高記録保持者（地球に生まれた女子の中で一番早かった）。

さらに、人物を扱った資料の場合、その人がすごい。という結論に至る場合がある。実際にコツコツと努力をしている学級の子のエピソードがあると良い。

例えば、自学を毎日している子、毎日縄跳びを頑張っている子、過去担任した児童の夏の自由課題の例（毎日、新聞を書く。毎日、折り紙の作品を１つ作る。毎日、手芸でマスコットを１つ作る等）を挙げるとよい。

（平松英史）

英語　外国の街中で時刻を尋ねる／自己紹介を完璧に

"What time is it?"と尋ねる状況

外国に行った時、もし自分が時計を持っていない状況で、今何時であるか知りたかったら、現地の人に、思い切って話しかけるしかない。

「What time is it?」の第1時間目は、そんな状況を設定する。場所は、外国でのバス停だ。腕時計をしている人に話しかける。

A: Excuse me?
B: Yes?　　　　　※大げさに振り向く
A: What time is it?
B: It's 7:30.
A: Thank you.
B: You're welcome.

Bは、大げさに振り向いて見せると良い。

こんな風に、舞台を外国にすると、子供達は自分が外国に行ったことを想像し、大きな期待感を持って取り組む。逆の状況も良い。日本で、外国人観光客に話しかけられるという設定だ。短いやり取りだが、見ず知らずの人に話しかけ（話しかけられ）、お礼を言うまでの基本的なフレーズが散りばめられている。

アクティビティは、学級の半数の子供に、腕時計を付けさせ、状況設定中のBになる。腕時計は、時計のイラストをラミネートし、裏に髪ゴムを付け、それを腕にはめさせている。

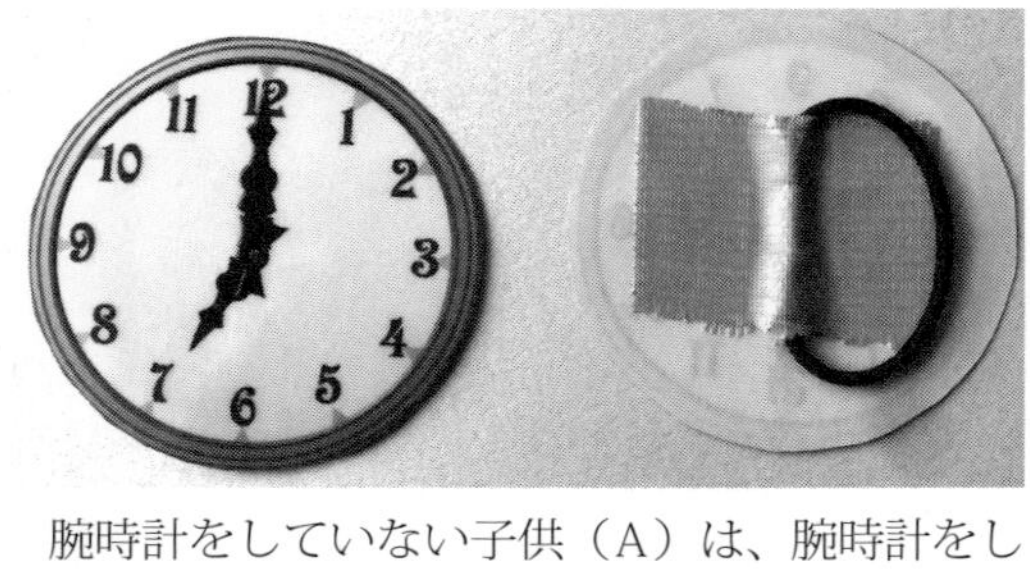

腕時計をしていない子供（A）は、腕時計をしている子供(B)に話しかけて会話がスタートする。

さて、話しかけたところ、相手が腕時計をしていない場合もある。時計を持っていないバージョンも教えておく。

【相手が腕時計をしていないバージョン】
A: Excuse me?
B: Yes?
A: What time is it?
B: Sorry. No watch.
A: Ok. Bye-bye.
B: Bye-bye.

楽しくかつ実践的な、やり取りができる。

夏休みに外国人と出会うことを想定

夏休み、子供達は日本国内の観光地を訪れたり、英語キャンプに参加したり、普段より外国人と出会う可能性が高くなると言える。そんなことを想定して、英語で自信を持って自己紹介できるようにしておきたい。

Hello.
My name is Sakura.
Nice to meet you.
I'm from Tokyo.
I'm 10.
I like Sushi.
I don't like Spiders.
Bye-bye.

NPO英語教育研究所制作『わくわく復習カード』は、短時間で繰り返し復習ができるので、愛用している。お勧めの教材である。　　　（竹内淑香）

7月

総合　「親守詩」は、親子の対話を生むツールだ

親子の絆を深めるために最適なのが、

親守詩《おやもりうた》

である。親守詩は、「おかあさん　育ててくれて　ありがとう」のように、子どもが育ててくれた親を思って作る俳句である。

7月。1学期のまとめの月である。夏休みが間近に迫っていることもあり、子どもたちは浮き足立っている。学級が不安定になることも多い。

気持ちが不安定な時期に、親守詩を作るとよい。

親守詩を作っているときの子どもの表情は柔らかく、教室は温かい雰囲気に包まれるからだ。

親守詩を作る

まずは、学級で親守詩を作る。

親守詩とは何かのコンテンツを使って簡単に説明する。そして、親守詩づくりに入る。

いきなり作れと言われても、子どもたちは書くことができない。

そこで、アウトラインを示す。

「お母さん（お父さん）
□□□□□□□
ありがとう
□に入る七文字を書いてごらん。

これで、ほとんどの子が書ける。

途中、「周りの子がどんな作品を作っているか、見てごらん」と指示を出す。

子どもたちは、友だちの作品を見ながら、何を書けばいいのか、どのような言葉がいいのかなど、よりよい作品を作るために対話を始める。

対話させることで、どの子も素敵な作品を作ることができる。

保護者に「返歌」をもらう

子どもが作った親守詩に、親から七・七で返歌をつけてもらう。

私は、右下のプリントを準備し、子どもが作った親守詩を書き込ませておく。

そして、「みんながんばって作った親守詩に、お家の人からお返事をもらいましょう」と話しておく。

子ども同士ではないが、親と子の対話が生まれる。

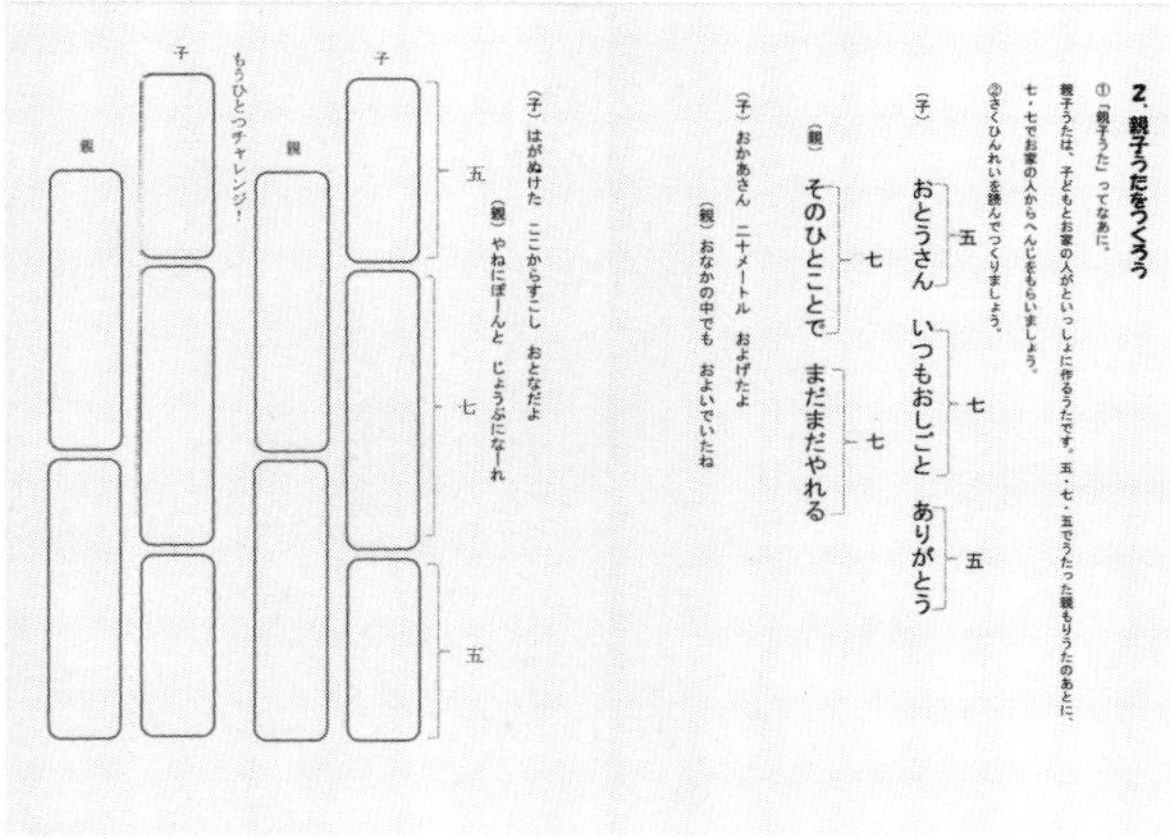
2、親子うたをつくろう

①「親子うた」ってなあに。

親子うたは、子どもとお家の人がいっしょに作るうたです。五・七・五でうたった親もりうたのあとに、七・七でお家の人からへんじをもらいましょう。

②さくひんれいを読んでつくりましょう。

（子）おとうさん　いつもおしごと　ありがとう

（親）そのひとことで　まだまだやれる

（子）おかあさん　二十メートル　およげたよ

（親）おなかの中でも　およいでいたね

（子）はがぬけた　ここからすこし　おとなだよ

（親）やねにぽーんと　じょうぶになーれ

子　五　七　五

親

もうひとつチャレンジ！

子

親

授業参観で「親子の対話」を！

この授業を、6月、7月の授業参観で行うと、より効果的である。

その場で親と子の対話が生まれ、教室には温かい空気が流れるはずである。

（堀田和秀）

国語　「だれもが関わり合えるように」発表（スピーチ）の基礎を指導する

教材解釈のポイントと指導計画

「話す・聞く」単元であり、「課題設定」「調べ学習」「文章にまとめる」「発表（スピーチ）」「振り返り」という流れになっている。

発表するためには、文章がしっかりと書けていなければならない。

調べ学習（取材・調査）の負担を減らし、作文の型を学び発表の際に対話を取り入れる指導計画を立てた。

第1時　音読・作文の型を学ぶ。
第2時　発表原稿の書き方を学ぶ。
第3・4時　発表用の原稿を書く。
第5時　発表練習をする。
第6・7時　発表（スピーチ）
第8時　発表のよかったところを伝え合う。

授業の流れのアウトライン

教科書を読み、学習内容を押さえる。

資料「手と心で読む」を参考にして作文の型を学ぶ。

この資料を参考に原稿を書きます。
少し難しいので簡単にしてきました。

手と心で読む（点字）
みなさんは点字を見たことがありますか。
これは、駅の自動券売機で見つけた点字です。
点字は目の不自由な方が文字を読むのに役
立ちます。点字は指でさぐって読む文字です。
よく注意してみると、ゆうびん局や、市役所
などでも見つかるかもしれません。
点字は、ルイ＝ブライユがもちこみ
ました。人間のちえは、多くの人によ
ろこびをもたらしていくでしょう。
20×10

視写ワークを配り、お手本をなぞらせる。なぞることで文章の型を学ぶことができる（TOSSランドからダウンロードできる）。

次は、共通課題として「スロープ」の原稿を書く。

キーワードやまとめの1文は、自分で考えさせる補足ワークである。

スロープについて
みなさんは　　を見たことがあります
か。これは、図書館で見つけた　　です。
（　）は　　の不自由な方にとって役に立
ちます。階段が登れない車いすの人もスロー
プならば、楽に進めるのです。
ベビーカーでも通りやすいので、いろいろ
な人にとって便利なのだと思いました。
20×10

文章の型を学んだら、教師が準備した写真資料を渡し、その中から発表するものを選び、原稿を書く。

第5時には、発表（スピーチ）練習をする。発表のポイントとして「声」「目線」「姿勢」を示し、1人30秒くらいずつで発表させ、高速で評定していく。

私は1つの観点を3点とし、9点満点で評定をした。教師が評定をすることで、児童はどんな発表が良いのかを体感することができる。練習時の視点にもなる。

また、発表の良かったところを伝え合う際の視点にもなる。児童はこの評定が大好きである。

評定後に、班で練習の時間を取る。練習の時から、児童相互でアドバイスし合う姿が見られる。その後の発表（スピーチ）の仕方が劇的に変化する。

学習困難状況への対応と予防の布石

発表用原稿を書く際に、教師も黒板に例文を書いていく。どうしても書けない子には、それを写させることで全員が原稿を完成させることができる。

（黒田陽介）

9月

社会　そもそもごみとは何なのか

学習の初めは言葉の定義から

「ごみとは何ですか？　ごみを定義しなさい」

ごみの学習をする上で、基本となるのがごみの定義である。ごみとは何なのか？　子どもの言葉で定義させたい。

すかさず、子どもはこう言う。

「ごみとは、いらないものです」

ここで終わってはいけない。教師は切り返す。

「ここに落とし物の鉛筆がたくさんありますが、先生にとってはいらない物です。ということは、この鉛筆は全てごみなのですね？」

子どもたちは、考え出す。ごみってなんなのだろう。

「『ごみとは～です。～ならばごみです』というようにノートに書きなさい」

子どもたちは様々な意見を考えてくる。難しい場合は、近くの子と相談させてもよい。教室で出た意見は、

・落ちていたらごみです。
・ゴミ箱に捨ててあればごみです。
・ごみならば汚いです。

討論ができるクラスであれば、1つ1つの意見に対して、賛成か反対か話し合わせればよい。非常に盛り上がる。

このような対話を通して、ごみについて深く考えるようになる。国語辞典などを使ってもいい。国語辞典の意味に反論させても面白い。

「教室のゴミ箱には、どんな物が入っていると思いますか？　予想してノートに書きなさい」

身近な教室のごみからスタートする。次々と予想を発表させた後、教卓の上でゴミ箱をひっくり返す。ごみを1つ1つ取り出し、ノートに書いてある物には○を付けさせ、書いてない物は追加で書かせていく。

「どんなごみが多かったですか？　多い順に5つ書きなさい」

教室なので紙類が多いことに気付く。ごみを分類するという作業である。ここまでしてから、自分の家のごみ調べを行う。

ノートに表を作り、家庭で出たごみを1週間分調査させる。

書き込めるように表を作っておくこと、分類の仕方を指導しておくことがポイントである。

ごみの行方を調べる

「教室で出たごみは、どこに持って行きますか？」

学校のゴミ捨て場がほとんどであろう。子どもたちもよく知っている。

「では、学校のゴミ捨て場からごみはどこに行くのだろう。教科書や副読本を使って調べ学習をしなさい」

地域によってごみの分別の仕方、ゴミ袋の指定、回収日が異なっている。ゴミ捨て場に看板があったり、プリントとして配られたりする。調べ学習でそのことに気付く子が出てきたら、大いに褒め、学習に生かす。

教科書には、ごみ処理場の内部が掲載されてあることが多い。部分的にトレーシングペーパーで写させながら、ノートまとめをすると、細かなところもよく見るようになる。

このような学習をした上で、実際にクリーンセンターに見学に行く。

見つけた物全てをノートに箇条書きさせ、ごみ処理の工夫へとつなげていく。

（小原嘉夫）

算数 「わり算の筆算」対話を作る「次に何しますか」

わり算の筆算では、「次に何しますか」という発問を、リズム・テンポよく繰り返すことで、「たてる→かける→うつす→ひく→おろす」のアルゴリズムを身に付けさせる。

おり紙が63まいあります。このおり紙を1人に21まいずつ分けると、何人に分けられますか。

①21は大体いくつですか。→「20です」
②商はA（十の位）にたちますか。B（一の位）にたちますか。→「B（一の位）にたちます」
③いくつがたちますか。→「３がたちます」
④かけます。補助計算を書きなさい。
⑤うつしなさい。
⑥ひきなさい。
例題はこのように指示で解かせる。

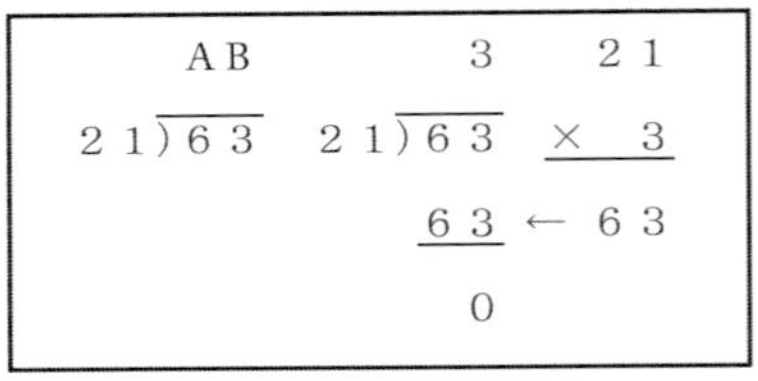

68÷13の筆算のしかたを考えましょう。

【本時の対話的活動】
「次に何しますか」という発問にリズム・テンポよく答えさせること。

①13は大体いくつですか。→「10です」
②商はAにたちますか。Bにたちますか。→「Bにたちます」
③何がたちますか。→「６がたちます」
④次に何しますか。→「かけます」（補助計算）
⑤次に何しますか。→「うつします」
⑥次に何しますか。→「ひきます」→「ひけません」
⑦× を書いてやり直します。
⑧何がたちますか。「５がたちます」……
類題はこのように発問で解かせる。

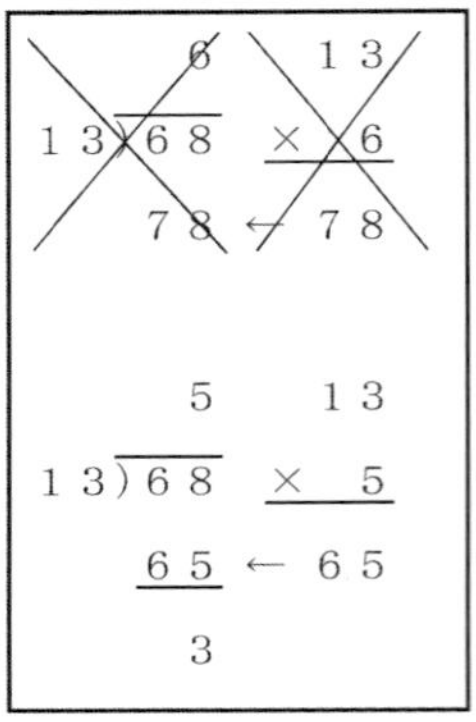

わり算の筆算に限らず、「次に何しますか」は、とても重要な発問である。（友野元気）

参考文献：向山洋一　企画・総監修『「算数」授業の新法則４年生編』学芸みらい社

9月

理科　骨や筋肉のつくりと働き

骨や筋肉のつくりと働きに着目して、それらを関係付けて調べ、人の体のつくりと運動との関わりを捉えるようにする。

自分のうでを動かして調べる

自分のうでをさわる、観察するなどの方法でうでのつくりと動き方を調べる活動をする。

> うでを曲げたり伸ばしたり、力を入れたりしたときの筋肉の様子を調べよう。

【予想される児童の考え】

①うでを曲げるときにうでの内側の筋肉が盛り上がって、かたくなる。
②うでを曲げるときにうでの外側の筋肉は、あまり変化がない。ふくらんだり、かたくなったりしない。
③うでは、いつもひじの部分で曲がるしくみになっている。
④うでをただ曲げたときよりも力を入れて曲げたときの方が、筋肉がかたく盛り上がる。

うでの筋肉のモデルを使って調べる

> うでを曲げるときに、２つの筋肉がどのような動きをするのだろうか。

写真のような教材（ナリカ）で調べる前に、予想を立てる活動を行う。考えた予想は、グループで話し合ってまとめ、発表させる。

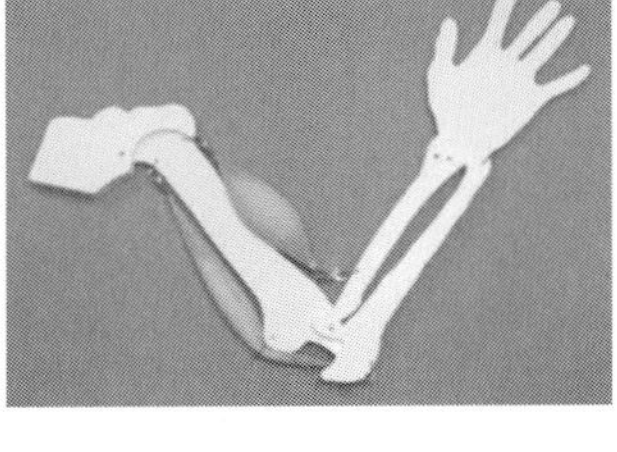

【予想される児童の考え】

①曲がるとき、うでの内側の筋肉が縮んで骨を引っ張るから曲がると思う。
②曲がるとき、うでの外側も筋肉が伸びて押すはたらきをすると思う。

上記のような意見が出ないときには、「曲がるときは、外側の筋肉は、何のはたらきもしないのかな」と問い、児童の考えを揺さぶるようにする。このように、調べる活動の前に、予想し意見を交流することにより、「調べて確かめたい」という意欲が高まる。

うでの筋肉モデルを作って調べる

TOSS ランド（http://www.tos-land.net/）の№3870137 に筋肉モデルの作り方がある。

プラスチック段ボールやぬいぐるみ用の綿や結束バンド、ストッキングなどの材料を使い、筋肉モデルをつくることができる。図のようにうでの内側の筋肉を縮めることにより、うでが曲がる仕組みを調べることができる。

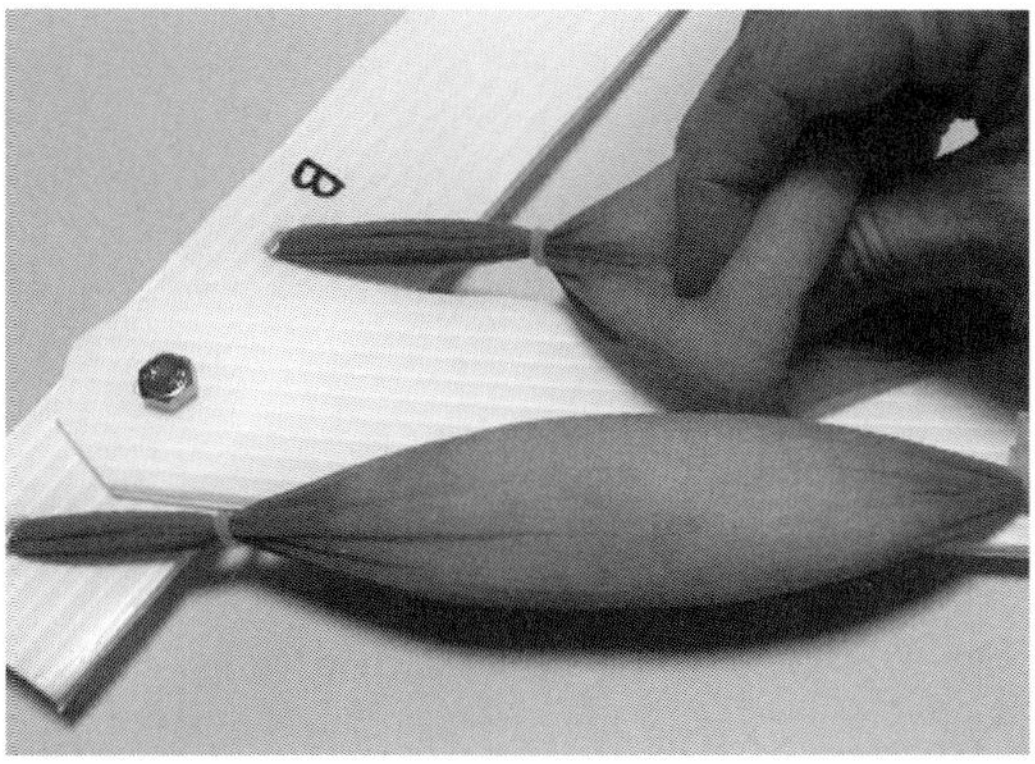

筋肉モデルをつくるときに、「2 つの筋肉を骨のどの部分につけると、うまく曲げ伸ばしができるか」をグループで話し合いながら作る活動をするとよい。　（関澤陽子）

（図版提供：株式会社ナリカ）

9月

音楽　音の特徴を生かして音楽づくり

打楽器　音の特徴や音色の違いを感じ取る

（1）「音のカーニバル」を踊る

指示　まねっこ

「音のカーニバル」指導用CD歌唱オケ版が良い。コミカルな前奏が楽しい気分を盛り上げる。曲に合わせてステップを踏む。これだけでも十分楽しい。途中の楽器を打ち鳴らす部分では踊って歌い、拍の流れに乗って旋律を体に十分浸みこませる。

【楽器を打ち鳴らす部分のリズム】

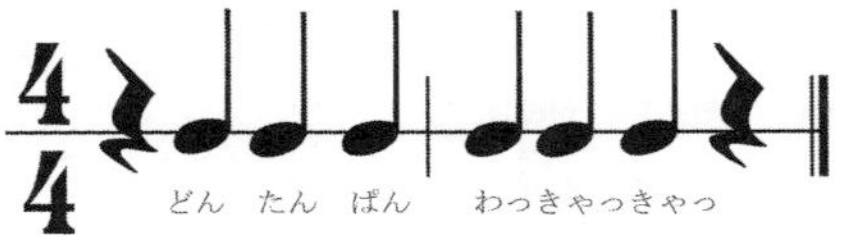

どん……足を踏み鳴らす
たん……ひざ打ち
ぱん……拍手
わっ……両手を広げてびっくりポーズ
きゃっ…ジャンプ

（2）踊りを楽器に変えて

「どん・たん・ぱん・わっ」それぞれの部分で、タイミングよく楽器を打ち鳴らす。

①楽器を選ぶ：皮がはってある楽器（太鼓、タンブリンなど）、金属でできている楽器（トライアングル、鈴、シンバルなど）、木でできている楽器（カスタネット、ウッドブロック、クラベスなど）、それぞれの音の特徴や音色の違いに気をつけて、自分が演奏したい楽器を選ぶ。「どん・たん・ぱん・わっ」のどこを担当するか決める。

②楽器の組み合わせを考える：４人グループを作る。楽器の組み合わせや打ち鳴らす順番を、話し合って決める。

【例】　Aさん　Bさん　Cさん　Dさん

どん　たん　ぱん　わっ

③聴き合う：拍の流れに乗って演奏できているか、楽器の組み合わせはどうかなどの観点で、それぞれのグループの演奏を聴き合い意見を交流する。

打楽器　音の特徴を生かして音楽づくり

３人グループで、６小節の打楽器のアンサンブルをつくる。

（1）基本の打ち方ができる

楽器を選ぶ。図形カードを見ながら打つ。

【図形カード　基本４種類】

●●○○（弱弱強強）　○○●●（強強弱弱）

（だんだん強く・弱く）

（2）まず１小節をつくる

基本の４種類が打てるようになったら、個人で４つ打ちのリズムに強弱や高低をつけて打つ「打楽器の音楽」をつくり、図形に表す。

【打楽器の音楽創作例】

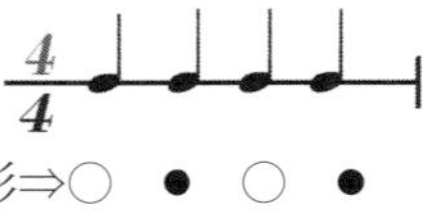

図形⇒○　●　○　●

（3）６小節のアンサンブルをつくる

ワークシートにそって作らせる。話し合って、楽器の組み合わせや楽器の打ち方鳴らし方強弱の付け方を決める。

（中越正美）

9月

図画・工作　消しゴムで、楽しくスタンピング

下の絵は、消しゴムに色をつけ、スタンプのように押して仕上げたものである。色に変化をつけながら押すことで、楽しく作業をすることができる。

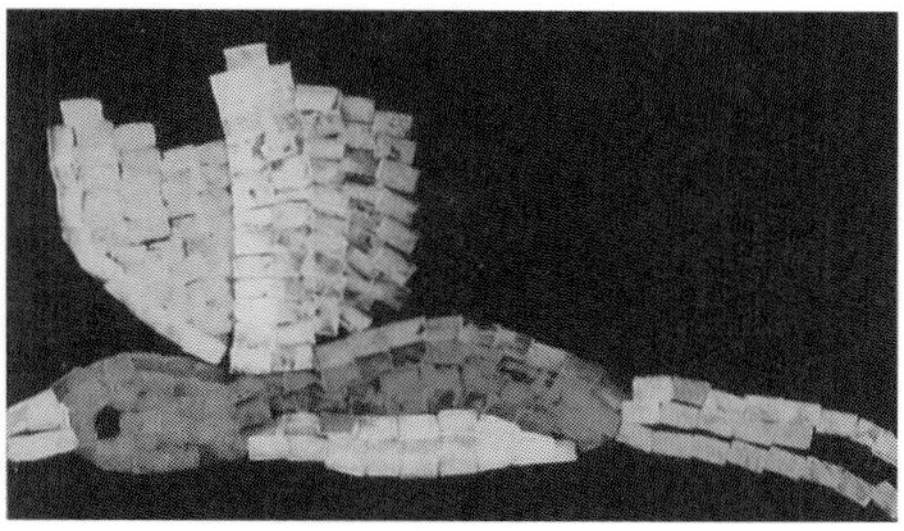

スタンピングのやり方

【準備物】・黒画用紙（８つ切り）・新品の消しゴム・白色の絵の具

特に、白色が足りないと、鮮やかな色が出ないので、余分に準備する。

まず、どの色を中心に色を変化させるのか、３種類から選ばせる。

●青色を中心にする場合…青色、白色を多めに、赤色、黄色を少なめに。
●赤色を中心にする場合…赤色、白色を多めに、青色、黄色を少なめに。
●黄色を中心にする場合…黄色、白色を多めに、赤色、青色を少なめに。

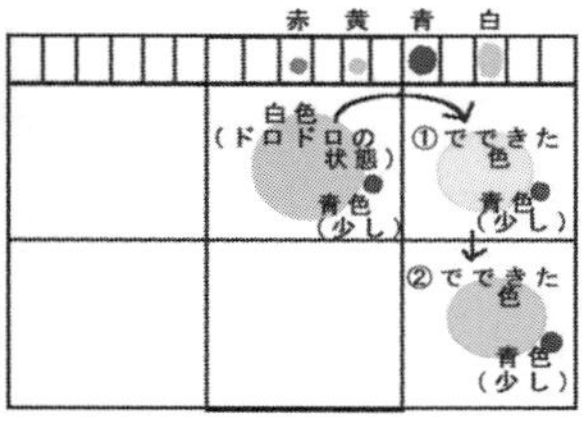

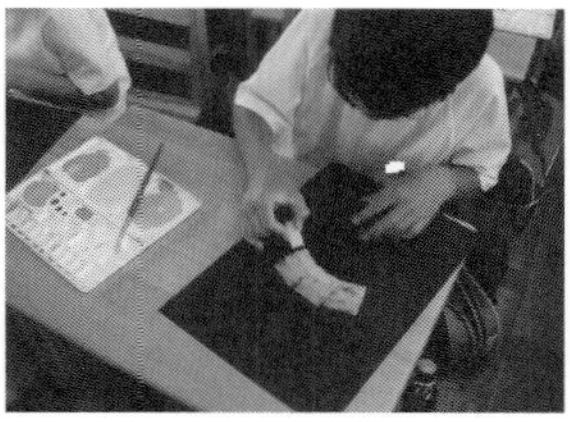

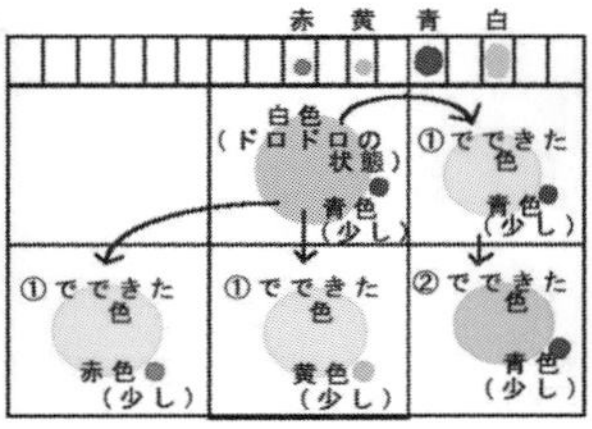

青色の場合で説明する。

上のパレットのように、色作りをする。水はほとんど入れない。ドロドロの状態である。

絵筆で消しゴムに色をぬり、黒画用紙上に押すと、色がくっきりと出る。

上の写真のように、曲げたり、色に変化をつけたしていく。グラデーションの学習になる。

慣れてきたら、上のパレットのように、色作りをする。色の変化をさらに楽しめるようにする。丁寧に黒画用紙に押していく。

すると、「木にしたい」「鳥にしたい」などのイメージが浮かんでくる。あとは、楽しませながら、作業に取り組ませたい。90分たったら、途中でも終える。

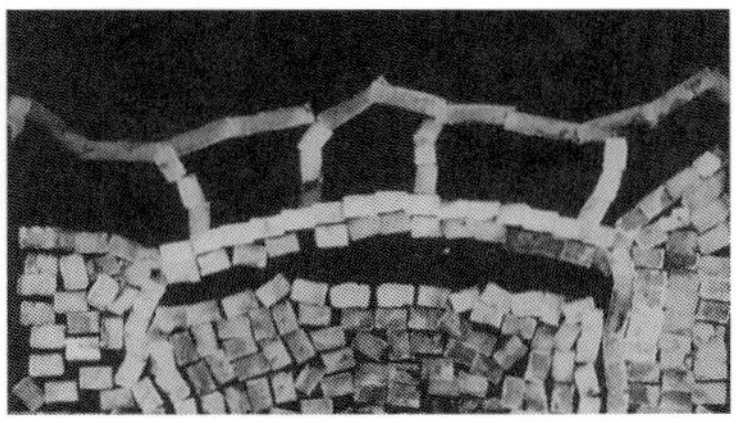

鑑賞会をして、２回目をする

次の時間、２回目のスタンピングの前に、級友の作品を全員分見せる。その後、感想を発表させる。級友の工夫、アイデアの面白さなどが発表される。

級友の発表を聞き、作品の面白さに気付くことで、２回目のスタンピングの時に、自分の作品づくりに採り入れるようになる。

（上木信弘）

9月

体育　新提案　ビブスを使った体つくり

4年生の多様な動きをつくる運動遊びでは、体のバランスをとる動き、体を移動する動き、用具を操作する動き、力試しの動きをし、それらを組み合わせることを目的にしている。

そこで、新提案として教材開発したお勧めの運動が「ビブス」を使った体つくりである。体の動きを高めるためには感覚統合の視点から「触覚・固有覚・前庭覚」を高めることが必要である。

実際の授業

①ビブスストレッチ

ビブスを持ったままで背伸びや横曲げ、立位や長座や開脚での体前屈などを取り組む。タオルを持った体操と同じイメージである。心地よさを感じさせたい。

②ビブスの投捕（1人）

例えば、次のような運動が考えられる。投げ上げて捕る。高い位置で捕る。低い位置で捕る。背中で捕る。足で捕る。ジャンプして捕る。投げ上げたら床を触って捕る。投げ上げたら拍手をして捕る。投げ上げたら回転して捕る。

ポイントは、必ずできることを目指すのではなく、体験させることを重視することである。

③ビブスの投捕（2人）

ビブスをボールに見立て、キャッチボールをする。例えば次のような動きになる。上投げ、下投げ、左投げ、片手投げ、両手投げ、後ろ向きで頭の上・股の間を通して投げる。2人同時に投げ合い捕る。

④グループでのビブス操作

ひらひらさせたり、マントのようにしたり、お腹にくっつけて走ったり、1人の動きを他の人がまねをする。いわゆる表現運動である。

そして、動きを組み合わせてグループで創作するとよい。例えば4つの動きをつくり、「8呼間 ×4」の短い曲にあわせる。一度取り組んでみると、動きと動きのつなぎが必要なことに気付く。スムーズになるように、8呼間の8と、次の1の動きを考え出す。発表会を開き、お互いを見合う。

新学習指導要領の体育では、「動きや技能を確実に身につける」ことが強調されている。

基本的な動きや技能を身に付けるようにするとは、生涯にわたって運動やスポーツを豊かに実践していくためには、小学校段階において、発達の段階を踏まえ、その基礎となる各種の運動の基本的な動きや技能を、解決すべき課題と関連付けながら、確実に身に付けることが重要であることを示したものである。

動きや技能を確実に身に付けるためには、運動する楽しさを伴わなければ意欲は湧いてこない。意欲無しには向上は困難である。

そのために、扱いが容易であるこの「ビブス」を道具として使用することがお勧めである。運動が得意な子も不得意な子も個人差が吸収され盛り上がる。

（桑原和彦）

9月

道徳　学校モードにチェンジ！

9月の道徳のポイント

夏休み期間中、意外に子どもたちは友達同士で話していない。

友達同士で話すときの声、教室で全員に話すときの声。新学期、早急に学校モードにチェンジしてあげる必要がある。

と、同時に、集団活動で生じてくる困難にも立ち向かわせる必要がある。

9月のオススメ資料

文部科学省『私たちの道徳』

項目「協力し合って楽しい学校、学級を」資料「みんなでつくる楽しい学校」、「みんなでつくる楽しい学級」

（1）学校編

資料の中で、学校は、次のように定義されている。

> ①教えてもらう所
> ②自分の力をのばす所
> ③力を合わせて活動する所
> ④思い出をつくる所

それぞれ、記入させて、教師が確認する。

まず、教師が確認することがポイントだ。

夏休みには、自分の意見を言うなんてことはほとんどの子がしていない。

教師が、すべて認めてあげる。

書けない子は、教師が助言してあげる。

それでも、書けない子は、これから見つけていこうでもよい。肯定的にとらえてあげる。

そして、その後、子ども同士で交流させる。

（2）学級編

学級でおこる様々な諸問題をどのように解決するか話し合う。

例えば、次の問題。

> 仲間に入れなくて困っている友達がいるとき
> 一人でさびしそうにしている人がいます。

まず、書かせる。

子どもたちは様々な解決方法を出すだろう。

・話しかける
・一緒に遊ぶように声をかける
・手をひいて連れていく
・先生に教える　等

これで終わらない。

例えば、話しかけると書いた子を取り上げる。

> なんと言って話しかけますか。

実際にやらせてみる。解決に向かうならば、お笑いでもよい。

こうやって、子ども達に様々な方法を体感させ、引き出しを広げてあげる。

対話指導のポイント

夏休み明けの9月、子ども達は、とにかく話したい。

そこで、フリートークをさせるのが良い。

> 席を離れて、３人の人と意見を言い合いっこしたら座りなさい。

話しやすい友達のところに行ってよい。徐々に集団に慣れさせる。

（平松英史）

英語 夏休みの体験を子どもに語る／“Do you have~?”で達成感を持たせる

担任の体験、ALTの体験を語る

夏休み、担任やALTも様々なことを体験する。その体験を、子供達に大いに還元する。担任が訪れた外国について伝えたり、ALTに、帰国した様子や、または国内旅行をリポートしてもらったりするのだ。もちろん、写真を交えて。現在、勤務校に来ているALTのマイク先生（アメリカ人）は、京都や大阪を旅行し、地元のお祭りに参加したことを、子供達に伝えてくれた。

○マイク先生が日本を知ってくれてうれしいです。
○日本にも、すばらしいところが、あるんだなぁ、と思いました。

子供達は、外国の人が、自分の国である日本を知ったり、日本文化を楽しんでくれたりすることが嬉しいのだ。ALTがいるからこそ、このような学びが可能になる。

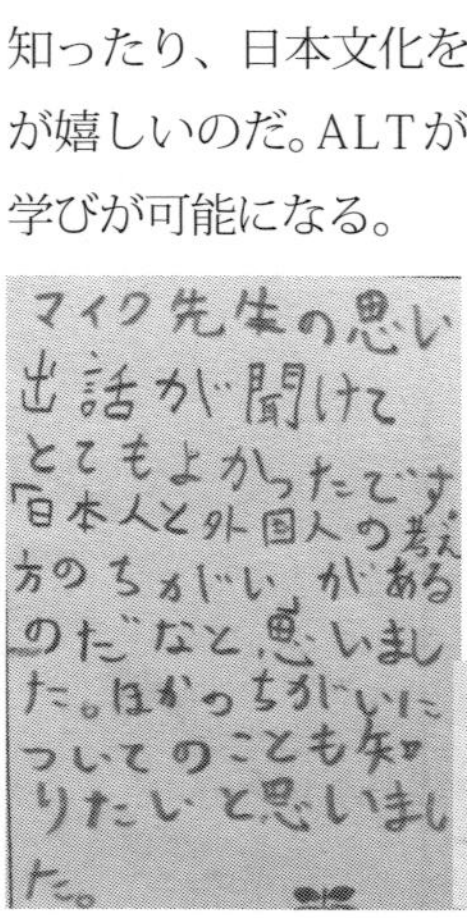
マイク先生の思い出話が聞けてとてもよかったです。日本人と外国人の考え方のちがいがあるのだなと思いました。ほかのちがいについてのことも知りたいと思いました。

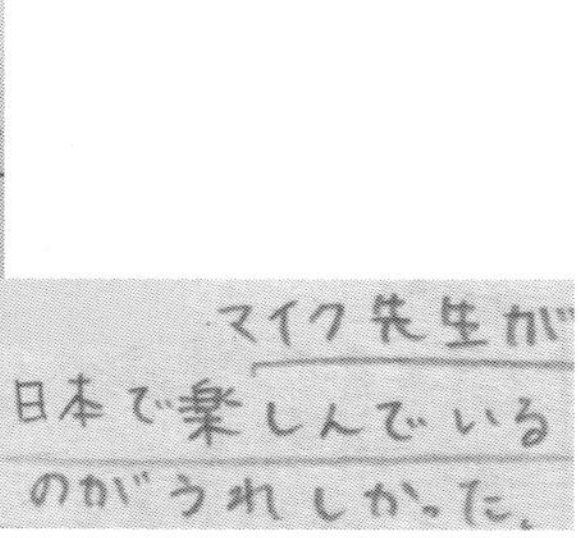
マイク先生が日本で楽しんでいるのがうれしかった。

“Do you have~ ?”で会話を広げる

『Do you have ~ ?』のダイアローグを知ると、会話の幅が大いに広がる。“How many?” “What do you have ~?” と組み合わせると、やり取りが増え、かなり長く会話を続けることができ、子供達の達成感につながる。毎時間、少しずつ積み上げていくことがポイントだ。

A: Do you have color pencils?
B: Yes, I do.
A: How many pencils do you have?
B: I have 12 pencils.
A: What colors do you have?
B: I have red, blue … and yellow.
A: I don't have silver and (or) gold.
※“or”の方が自然な言い方だが、“and” でも誤りではない。

アクティビティでは、実際に、自分の持っている色鉛筆についてやり取りをさせてもいいが、色鉛筆のイラストの描かれたワークシートを使って会話するのも楽しい。更に、以下のように会話を続けることも可能だ。

A: Silver and gold, please.
B: Here you are. ※シールを渡す
A: Thank you. ※AとBの役割交代

この時は、ワークシートとは別に、子供達に、「ラベル印刷」した色鉛筆シールを持たせる。

①Aは自分の持っていない色鉛筆を希望する
②Bは、Aが希望する色鉛筆シールを渡す
③Aは、自分のワークシートに、色鉛筆シールを貼る
④AとBの役割を交代する

子供達は、このようなシールを交換するやり取りが大好きだ。笑顔で会話がはずむ。（竹内淑香）

9月

総合　対話でより効果的！「車いす体験」

肢体不自由障がいを理解する上で、車いす体験は必須の体験である。

車いすは、比較的身近な道具である。

しかし、車いすの正しい使い方や介助の仕方を知っている子は少ない。

小学生のうちに、車いすの正しい使い方や介助の仕方を知っておくことが大切である。

車いす操作で大切なことを対話する

まずは、車いすの基本操作を学習する。

車いすの開き方や閉じ方を、実際に見本を見せながらやらせる。

その際、「できるだけたくさんの車いすを確保しておくこと」が大切である。

可能であるならば、2人に1台あれば、学習がスムーズに進む。

ブレーキやハンドリムなどの名前と位置を教えたあと、次のように問う。

> 車いすを動かし始める前に、必ず確認しておかなければならないことがあります。それは、何ですか。

「ペアの人と相談しなさい」と指示を出す。ペア同士で、対話が生まれる。

これは、ブレーキである。ブレーキがかかっていなければ、ちょっとした坂道でも動き出してしまう。

「車いす動かすときはブレーキ確認」のように、語呂のいい言葉で覚えさせることも有効である。

バリアフリーについて対話させる

いよいよ、車いす体験を行う。

体育館に、あらかじめ教師がコースを作っておく。

①クランク道
②凸凹道
③段差（マットを使って作る）
④階段

などのバリアがあるとよい。

実際に、車いすに乗ってこれらのコースを通ったあと、次のように問う。

> どこに何があれば、車いすはスムーズに進むことができますか。

これも、ペアや近くの人と対話させる。

「段差のところにスロープをつける」「凸凹道は舗装する」等の意見が出る。

実際に、スロープは跳び箱の踏切台（ロイター板）をおいたり、舗装はマットなどを敷いたりして、体験させる。

対話することで、学びは深くなる。

車いすの方へのマナーを学ぶ

車いすの動かし方だけでなく、車いすに乗った人に対するマナーも学習させる。

「車いすに乗っている人に挨拶をするとき、立って挨拶するか、屈んで目線を合わせるなどして挨拶するか、どちらがいいですか」と問う。

これも、近くの人同士で対話させる。

立ったままあいさつをすると、車いすの人は、恐怖感を持つそうだ。

このようなことを知っていることも、大切なことである。

（堀田和秀）

10月

国語　「ごんぎつね」登場人物の心情の変化を指導する

教材解釈のポイントと指導計画

本単元では、登場人物の気持ちの変化を捉えることで、物語の読みを深めることがポイントである。

そこで、「ごん」「兵十」の気持ちの変化をつかみ、主題を考える指導を行う（全14時間扱い）。

第1・2時　音読・難語句調べ
第3時　設定・登場人物の検討
第4時　1場面でごんはどんなきつねかを読み取る。
第5・6時　各場面を「〜ごん」と要約する。
第7・8時　ごんの気持ちの変化から、主題を考える。
第9・10時　各場面を「〜兵十」と要約する。
第11時　6場面の兵十の視点を検討する。
第12時　兵十の気持ちの変化から、主題を考える。
第13・14時　ミニ評論文を書く。

授業の流れのアウトライン

第7・8時の授業展開例を示す。

各々の場面を一言で表します。

1　いたずら
2　こうかい
3　つぐない
4　つぐない
5　つぐない
6　つぐない

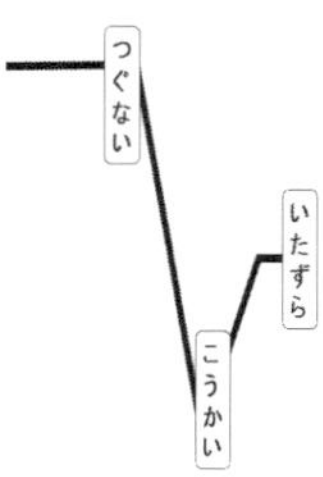

最初と最後でごんは変化をしています。それぞれ、「〜なごん」と書きます。

最初　いたずらずきのごん
↓
最後　つぐないをしたごん

ごんの心情は「いたずら」から「つぐない」にガラッと変わっています。変わった場面は何場面ですか。

2場面か3場面かで分かれる。理由を書かせ、討論する。

物語で読み手に伝えたいことを「主題」と言いました。「ごんぎつね」の主題を考えます。

この学習までに主題について簡単に指導しておく。

していなければ、「ワシントンと桜の木」などを用いて、主題について触れるとよい。

《児童から出た主題》
・間違ったことをしても、それが間違いだと気付くことが大切だ。
・悪さをすると、自分に返ってくる。（だから、正しい行動をすることが大切だ）

出た主題から、一番ふさわしいのは何かを話し合う。

学習困難状況への対応と予防の布石

文章のみでは登場人物の心情の変化を捉えられない場合には、心情の変化を図にすると、考える手助けになる（中段の図を参照）。

（黒田陽介）

10月

社会　地域の偉人「復興のリーダー」

> 発問1　江戸にはお城がありました。江戸城に天守閣はあるかないか。あると思う人？　ないと思う人？

正解は「ない」。残っていない。江戸城跡の写真を見せるとよく分かる。

> 発問2　江戸城には天守閣がありません。一番最初はありました。それがすぐになくなりました。その後、一度も建てられていません。何があったのでしょうか。予想してごらんなさい。

「地震」や「火事」などの意見が出る。正解は「火事」。１６５７年の「明暦の大火」によって、江戸城の天守閣は焼け落ちてしまった。

> 発問3　その後１８６８年、滅亡するまで一度も天守閣は建てられていません。一体どうしてでしょうか。近くの人と相談してごらんなさい。

ある1人の人（側近）の命令があったからである。

明暦の大火は、たいへんな被害が出た。日本史上最大の火事で、死者10万人以上。究極的な火事の災害だった。その様子を見た将軍家綱の側近は次のように言った。

「公儀の作事《こうぎのさくじ》　長引くときは《ながびくときは》　下々の《しもじもの》障り《さわり》」

民衆たちが暮らしにくくなってしまう。天守閣はなくても生きていける。それにお金を使うな。民家の復興を最優先せよ、という命令をした人がいた。着工して土台まで作った時点でストップをかけ、復興を最優先せよと命令を出した。将軍家綱の側近である。

この人物とは、誰か。

さらに、明暦の大火は燃え広がる。

江戸中、全部が燃えた。天守閣にも火の手が迫る。将軍家綱を守るため、老中の松平は寛永寺への避難をすすめた。大老の井伊直孝、酒井忠勝もそれぞれ避難をすすめた。実際はどうか。

将軍家綱の側近が、どこにも避難させなかった。

「先ず西の丸へ」

司令官はみだりに動いてはならない。まわりが燃えていても、まだ燃えていない西の丸に将軍がいること。それが人々を安心させると助言するのである。

この人物とは、誰か。

さらに、大火は広がり江戸幕府の米倉へと迫る。２００万俵とも言われる米倉へ火の手が迫る。側近は、何と言ったか。

「火を防ぎ　蔵米を取り出したもの　その米をすべて与える」

取り出した米を全部あたえるとした。結果、人々は我先に米倉へ行き、火を消し止め、米を守り、そこから米を取り出して帰っていった。取り出した米は飢えをしのぐのに役立った。江戸の米が全て無くなることはなく、必要な分だけを人々はとっていった。ほとんどの米は守られることになった。方針は大成功。

この人物とは、誰か。

正解は「保科正之」。

未曽有の大災害から江戸を守ったリーダーである。他にも様々なエピソードがある。子供と一緒に調べると面白い。

授業の後、地域の偉人の「エピソード調べ」へとつなげるといい。（許鍾萬）

算数 「およその数」場面に合わせて見当をつける

見積もりの仕方を比較し、説明させることで、対話的な学びが生まれる。

買い物で代金の合計の見当をつけています。３人の見当のつけ方を説明しましょう。

ゆうた
だいたいいくらかな。
ガム あめ チョコ
183円 178円 148円
↓ ↓ ↓
200円 200円 100円

お姉さん
1000円でたりるかな。
ノート ペン コンパス
136円 280円 439円
↓ ↓ ↓
200円 300円 500円

お母さん
1000円をこえるかしら。
せんざい 石けん リンス
237円 384円 528円
↓ ↓ ↓
200円 300円 500円

教科書の吹き出しを参考にしながら進める。ゆうたは四捨五入、お姉さんは切り上げ、お母さんは切り捨てをしているということを、子供なりに説明できればよい。

【本時の対話的活動】
教科書の吹き出しを参考にしながら、説明の型に沿って説明させること。

○○（名前）は、□□（理由）を考えています。だから、どの値段も△△（四捨五入、切り上げ、切り捨て）しました。

型をとおして説明することができたら、逆のパターンの問題を解く。

次の３つのものを買うとき、３人は下のように考えました。それぞれの考えに合う計算はどれですか。下の㋐〜㋓の式から選びましょう。
はさみ 463円　　ボールペン 137円　　定規 280円
なおこ　代金の合計は、だいたいいくらかな。
ゆうき　代金の合計の金がくは正しいかな。
さとみ　1000円でたりるかな。
㋐ 460＋150＋280　㋑ 463＋137＋280　㋒ 500＋100＋300　㋓ 500＋200＋300

説明の型に沿って、その式を選んだ理由を説明させることで理解が深まる。　（友野元気）

10月

理科　とじこめた空気の性質を調べよう

　空気の体積やおし返す力の変化とおす力との関係について追究する中で、既習の内容や生活経験を基に、閉じ込めた空気をおすと体積は小さくなるが、おし返す力は大きくなることを捉えるようにする。

空気をとじこめたものをいろいろ試す

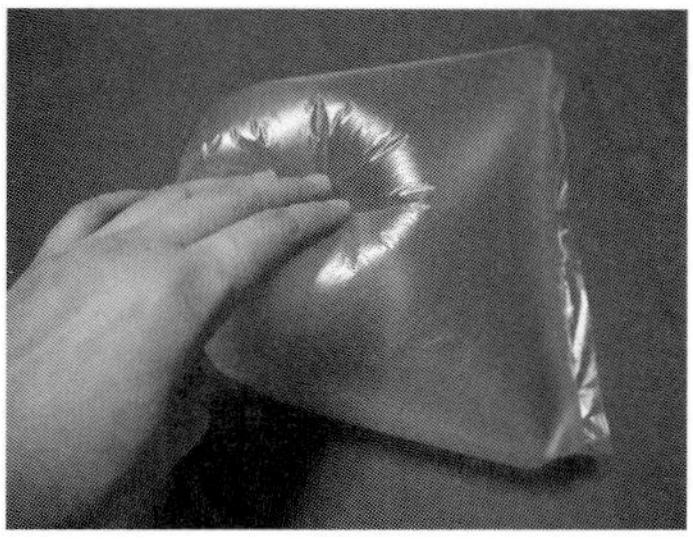

　袋にとじこめた空気をおしたりゴムボールや風船などをおしたりして、空気の体積の変化や手ごたえをノートに書かせる。

　実験の結果を発表させた後、なぜ形が変化したのか、考えを書かせる。「空気が縮んだため」「袋やゴムが変形したため」といった対話の中から、「とじこめた空気はおし縮められるか」という課題を設定し、目的意識を持たせて実験を行う。

注射器で実験する

　袋やゴムのように変形しない注射器を使って、「とじこめた空気はおし縮められるか」を確かめる実験を行う。

①予想

「空気の入った注射器のピストンはどこまでおし下げられるか」について予想と理由をノートに書かせる。

「おし下げられない。理由は……」または、「注射器の○めもり（めもりの数）まで縮められる。理由は……」のように書かせる。

②実験と記録

　ピストンをおした結果や、おした時の様子を記録させる。この時、箇条書きでなるべくたくさん気付いたことや思ったことを書かせて発表させる。

【予想される児童の気付き】

①注射器のめもりの20から10まで縮まった。

②ピストンから指を離すと元に戻った。

③最初は簡単におせるけれど、下の方にいくと力がいる。

④下までおすと、はねかえされる感じがする。

⑤人によって、おし縮められる高さが違う。

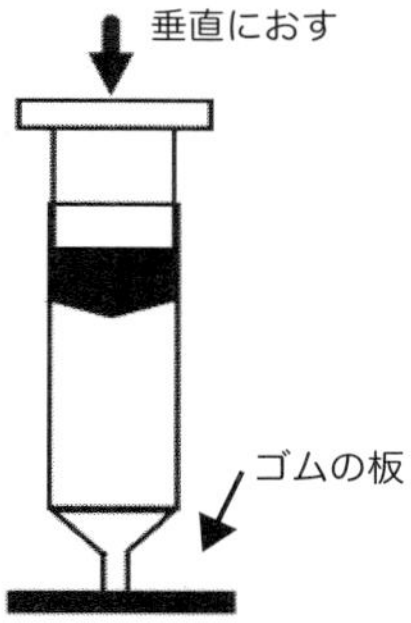

※注意：事故やケガ防止のため注射器をしっかり支えてピストンを真上からゆっくりおすように指導する。

図で説明させる

　注射器の中の様子を絵で表現させる。

　イラストやバネ、丸などの記号等を使って、実験で感じたことを自由に表現させる。

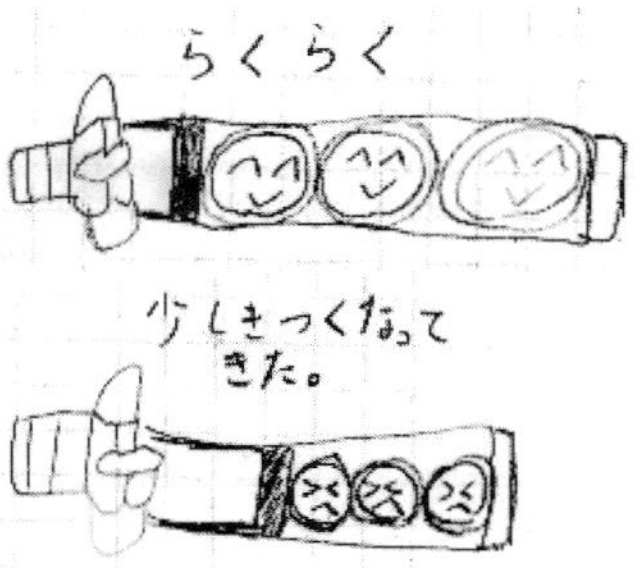

　このとき、おし縮める前と後で空気が漏れていないので、中身は同じであることを確認しておく。

（上木朋子）

10月

音楽　旋律のかさなりのおもしろさを感じる（1）

「もみじ」主旋律(上声部) 唱（1時間目）

指示　まねします。

T♪あきの　Cあきの

T♪ゆうひに　Cゆうひに

T♪あきのゆうひに　Cあきのゆうひに

最初は、ごく短いフレーズを、教師が歌ってみせ、まねさせて（追い歌い）歌えるようにする。ここまで歌えたら、２小節単位で追い歌い。最後まで歌えるようにする。

問　曲名は何ですか。

指示　教科書に載っています。探しましょう。

教科書から「もみじ」を見つけたら、ピアノ伴奏に合わせて覚えて歌えるようにする。

指示　覚えて歌えるようにします。

ピアノの周りに集める。ピアノ伴奏は、主旋律を弾くようにすると歌いやすい。

覚えて歌えるようになった子は、ピアノからどんどん離れて教室後方で歌う。

問　季節はいつですか。（秋）

問　朝、昼、夕方のどの時間帯を歌っていますか。

教科書を見せず、歌を聴かせる。

できれば教師が歌って聴かせる。CD範唱を聴かせる場合は、ピアノ伴奏のものがよい。

曲と全体像を確認した後、１フレーズごと、「教師→子ども」と、追い歌いで歌っていく。

クラス全員で歌うと、皆がよく歌えているように教師は錯覚しやすい。しかし、よく歌えない子、自信のない子が必ずクラスにいる。追い歌いし、安心して歌えるようにする。

「もみじ」下声部唱前半（2時間目）

指示　もみじを歌います。

子どもたちは主旋律を歌う。重ねて教師は、下声部を歌う。

説明　今日は、ここのところを練習します。

下声部前半は、１小節遅れで、２小節目から７小節目まで主旋律を歌う。８小節目『♪かずあるなかに』だけリズムも旋律も変わる。

指示　まねっこ。♪かずあるなかに

何度も繰り返し練習する。

指示　上（主旋律）。下（下声部）。

クラスを２分して、合唱。すぐにうまくいく。

説明　合唱がうまくできたね。素晴らしい！！

小学校初の合唱経験だ。「合唱」という言葉を教えておく。

３「もみじ」下声部唱後半

前半と比べると、少し難しい。

説明　いよいよ本格的に合唱します。

指示　まねっこ。

「♪まつをいろどる」「♪かえでやつたは」一気には難しい。まずは、ここまでを歌えるようにする。

全員が歌えるようになったら、教師が小さい声で主旋律を歌う。徐々に主旋律を歌う子を仲間に引き込んでいく。

主旋律と下声部が半々ぐらいになるまで続ける。ここをクリアできたら、「♪山の麓の裾模様」は比較的簡単に合唱できる。リズムが主旋律と違った重なり方になるからだ。

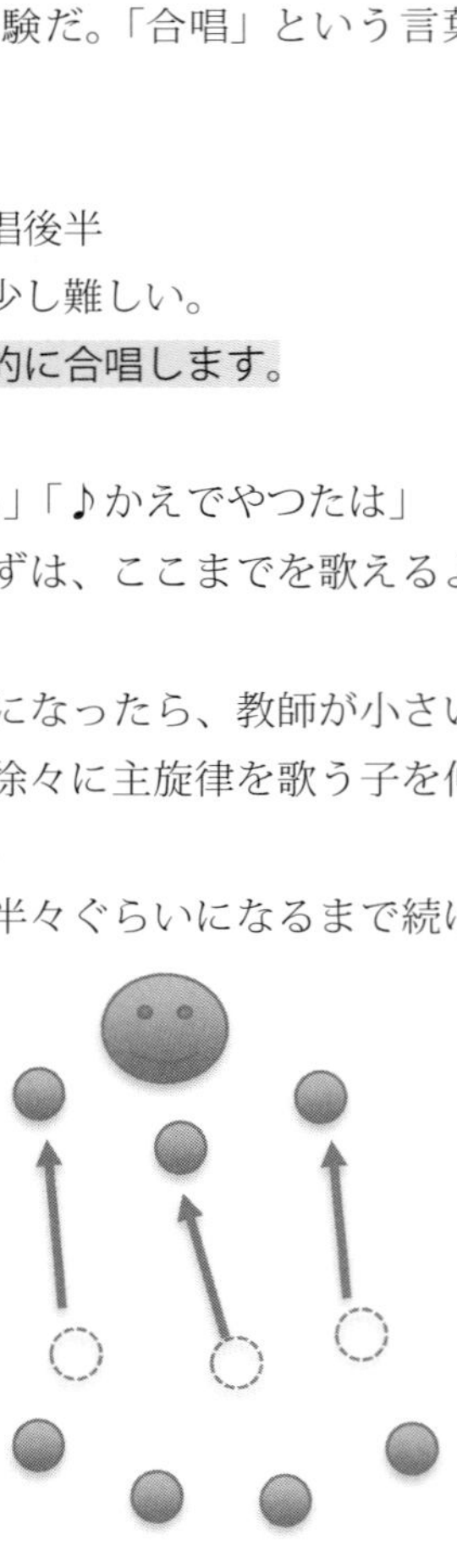

（中越正美）

10月

図画・工作　交流しながら、コリントゲームを作る

コリントゲーム作りは、子どもたちを熱中させる。絵を描く、のこぎり、金槌を使うなど、作っている時、まるで大工さんのような感覚になるからである。ビー玉が転がって点数を競うゲームを作るというゴールも明確だからである。

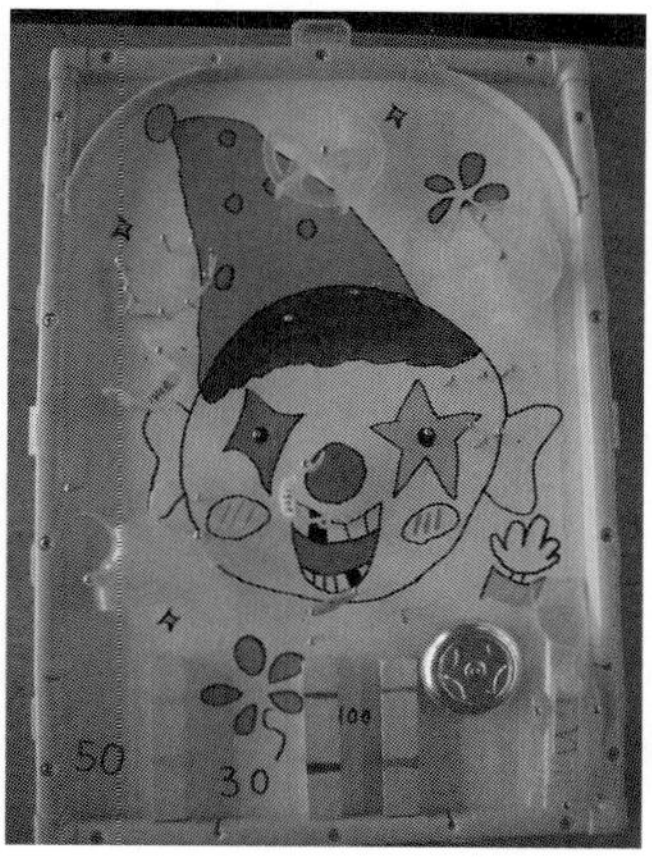

進め方

私は「市販キット」を使って作らせた。

①A３コピー用紙にデザインを描く

ポイントは、大きめに描かせること、発射台の部分を描かせないようにすることである。

描けた子から、持って来させ、チェックを入れる。

②ボードに描き、彩色する

好きな色の絵の具を使って、ぬらせる。水をあまりつけないでぬると、きれいに仕上がる。

③棒をのこぎりで切る

両刃ののこぎりは、左右で刃の形が違う。縦挽き用と横挽き用の刃がある。棒を切る時は、木目に対して垂直に切るので、横挽きを使う。

のこぎりの使い方は、子どもたちを集めて教える。のこぎりの刃の違い、横挽きを使うこと、棒を足で押さえ安定させること、のこぎりを軽く細かく動かすことで切り込みを入れること、あとは刃渡り全体を使って切ること、である。

集めて教えた後は、②の彩色の時、乾かすなど時間差が生じるので、その時に、私が近くで見ながら、棒をのこぎりで切らせた。

④釘を打つ

子どもたちを集めて、釘打ちの仕方を見せる。深く打ち込む必要はない。手で引っ張っても抜けない程度に打てばよい。

あとは、コースを考えながら、釘を打たせる。切った棒の位置も決めさせ、ボンドで貼らせる。

交流しながら、釘打ち

写真のように、子どもたちは、お互いのゲームで遊びながら、釘を打つ。

「ここに、釘を打った方がビー玉がはねかえるので面白くなる」などとアドバイスがされていた。

私は、実際にビー玉を転がして、途中でつっかえない幅になっているか、確認するだけである。あとは、「面白い」、「楽しい」と驚くだけで、子どもたちは、どんどん工夫をしていった。　（上木信弘）

10月

体育　対話が生まれる集団マット運動

マット運動に必要な基礎感覚と基礎技能を身につけさせる。次に、組み合わせ技と集団マットについて展開する。

組み合わせ技

子どもに組み合わせ技を考えさせると「できない技」「高度な技」を選択する時がある。ポイントは、難しい技を入れるのではなく、容易にできる技を確実につなげていくことである。

その組み合わせもスモールステップで行う。

①単一技のくり返し
（前転の連続・後転の連続など）
②単一のくり返し技の中に、つなぎ技やジャンプを入れる
③2～3種類の技の組み合わせ

1つの技がある程度できるようになったら、くり返しできる事を課題として「技の終わり＝次の技の開始」の意識を持たせる。また、同じスピードでなめらかに回ったり、速く回ったりスピードをコントロールできるようにしておくと、技を組み合わせた時にリズミカルにできるようになる。

さらに、技と技の間にジャンプ等で「スムーズにつなぐ」という感覚を身につけさせる。いくつかの方法を練習させる。特に「足交差方向変換」は、教師側から提示するのではなく、子ども達から引き出したい。次のように指示した。

前転から後転へスムーズに技を組み合わせてごらんなさい。

この指示で、主体的に思考を働かせて子どもは練習に取り組む。さらに、どのように組み合わせるかを友達と対話的に取り組むようになる。

集団マット

①2人組から大人数へ

集団マットといっても、いきなり大人数で行うのではなくスモールステップが必要である。2人組という小集団から始め、「動きを合わせる」という感覚を養うのである

②シンクロ技と合わせ技

まずはシンクロ技から入るとよい。例えば、前の友達のまねをして転がったりするという動きである。回転のスピードを友達に合せてコントロールすることをつかませる。

次に、合わせ技に進む。横に並んで調子を合わせて行う。手や足を上げる高さに気をつけたり、1つ1つの技をより慎重に行う。

③集団マットの工夫

演技の方向を変えたり、マットの並べ方を工夫する。動きにあった曲を選びよりリズミカルな動きとなるよう工夫する。

（桑原和彦）

10月

道徳　社会科とリンク！　働くことの大切さ

10月の道徳のポイント

社会科見学の時期。社会科とリンクした資料を使うと良い。

働いているところを見学させていただく。働くことについて、考えるいい機会である。

勤労について取り上げた資料を使う。

10月のオススメ資料

文部科学省『私たちの道徳』

項目「働くことの大切さを知って」資料「働くことの大切さ」

（１）働くことの大切さ

資料を読んだ後、働くことの大切さについて書き込ませる。

働くことは、大切です。
どうして人は、働くのでしょうか。
資料から見つけなさい。

・元気がもらえるから。
・やりがいがあるから。
・子どもの成長が喜べるから。
・技術を伝えたいから。
・味の良い野菜を人に食べてもらいたいから。
・みんなのくらしを便利にしたいから。

子どもたちは、実際に働いた経験がない。資料から見つけさせる。

普通にどうして人は、働くのかと問うと、生活のため、お金のためとなる。

（２）一流の仕事への思い

外科医の天野篤さん、ファッションデザイナーの小篠綾子さん、ソニー創業者の井深大さんが取り上げられている。すべてその分野では超一流の方のコメントが載っている。

まず、読む。そして、感想を書かせる。

３人から学ぶ仕事に対するキーワードは、

①全力を尽くす。
②人の喜ぶ顔を見たい。
③誰もやらないことに挑戦。

である。

感想を発表させる際に、キーワードが出てきているものをほめる。

そうして、仕事をするうえでの価値を子どもたちに広めていく。

対話指導のポイント

「私たちの道徳」には、先生からのひと言を書く欄があるものがある。

学校や学級での仕事、思っていることや頑張っていること。

これに対してのコメントだ。

子ども達に書かせ、テキストを集めて教師がコメントを書いていれば、テキストを返すころには、子ども達は忘れている。

書かせたら教師のところへもってきてもらい、その場でコメントを入れると良い。

もちろん、列ができないように、笑顔で、短くコメントを入れていく。

文字だけでなく、言葉、表情でコメントを伝えていく。

対話は、その場でするから、やり取りが生まれる。

文字、言葉、表情も対話の一部である。

（平松英史）

10月

英語 1学期からのルーティンが、文字を使ったやり取りを可能にする

Alphabet単元に入る前に、小文字に十分に慣れ親しませておく

A: What's this?
B: Donut?
A: No. Try again.
B: How many letters?
A: 5 letters.
B: It's "juice"!
A: No.
B: What's the first letter?
A: It's "a".
B: Do you have "p"?
A: Yes, I do.
B: Hint please.
A: It's red/ sweet/ a fruit.
B: How do you spell?
A: "a・p・p・l・e".
B: It's "apple"!
A: That's right!

Alphabetの単元（レッスン）では、アルファベット小文字を用いて、上のような、やり取りを行う。だからこそ、この単元に入る前に、あらゆる角度から文字に慣れ親しませておくことが大事だ。フラッシュカードや歌などで、4月からルーティン（帯）練習として扱っておく。お勧めの練習を紹介する。

①輪郭英単語カード

（東京教育技術研究所）

単語の周りに、イラストの「輪郭」がうすく描かれており、単語（スペル）そのものに目が向くように工夫された教材である。4月から、この輪郭英単語カードを使って、単語の読み方に慣れ親しませておく。

単語が読めるようになってきたら次のステップへ。以下のように、子供達に尋ねる。

T: How do you spell "apple"?

子供達は、今、目に焼き付けた単語のスペルを一生懸命に思い出して言う。"Really?" などと言いながら、答えを見せる。アルファベットを含めてリピートさせて終了。

T: a・p・p・l・e, apple.
C: a・p・p・l・e, apple.

また、文字の数を問う。

T: How many letters in "apple"?
C: 5 letters.
T: That's right.
apple, a・p・p・l・e, 5 letters.
C:apple, a・p・p・l・e, 5 letters.

スペルが長い単語もあるのでリズムに乗せてテンポよくリピートさせるのがポイントだ。クイズのように楽しく、文字の読み方はもちろん、スペルにも慣れ親しませることが出来る。

T: How do you spell "apple"?
C: "a・p・p・l・e".
T: How many letters in "apple"?
C: 5 letters.

これら教師と子供とのやり取りは、単元で学ぶダイアローグ練習にもなっている。

②アルファベットかるた（3～4人組）

アルファベット神経衰弱

裏返して使うため透けて見えないよう作成する。厚紙か模様がある紙裏に印刷するとよい。

1. 大文字、小文字に分け、裏返して置く。
2. Aは、大文字1枚小文字1枚をめくり、読む。
3. マッチしたら、カードをもらう。
4. カードをめくるのは1回のみ。マッチしてもしなくても次の人に交代する。

A: "A", "g". Does it match?
B: No.
A: Your turn.
C "G", "g". Does it match?
B: Yes!
※Cはカードをもらう。次の人に交代。

（竹内淑香）

◆参考【Pelmanism】LEEP Elementary School Teacher Training

10月

総合　体験での対話が、視覚障がい理解を深める

点字体験、アイマスク体験。この2つが、視覚障がいの方の理解を深めるために必要な体験である。

体験学習の日程だけを決めて、その日だけ学習することもあるようだが、得られるものは少ない。

あらかじめ、事前の学習を行うことで、子どもたちの学びは深まる。

他教科との連携で、点字を学べ

4年の国語の教科書に「だれもが関わり合えるように（光村図書4年上）」という単元がある。

この単元と連動して、学習を進める。教師があらかじめ準備した点字ブロックやスロープ、字幕などの写真から1つを選び、紹介文を書かせる。

私は、次のアウトラインを示す。

> みなさん、これが何か分かりますか。これは、〇〇で見つけた△△です。
> これは、～の不自由な人の役に立ちます。なぜなら、……

最後に感想を書かせて、紹介文を完成させ、みんなの前でスピーチさせる。

体験終了後に、感想発表を行う

次に、点字体験を行う。

各市には、社会福祉協議会のような福祉体験学習を請け負ってくれる組織がある。そこに依頼して、体験学習を行うのがよい。

点字体験では、点字を読む体験と点字を打つ体験の両方をさせてもらう。

点字を読む体験をすることで、視覚障がいの方への理解が深まり、点字を打つ体験をすることで、ボランティア意識を啓蒙することができる。

体験学習が終わったら、必ず「指名なし感想発表」を行う。全員が自分の言葉で体験の感想を語ることで、来てくださった方との対話が可能となる。

アイマスク体験は、「ペア」で行う

アイマスク体験では、必ずペアを作り、1人が体験、もう1人が介助者となる。

体験は、廊下や階段など、障害になるものが多い場所で行うのがよい。

その方が、視覚障がいの方の大変さや有効な介助の方法を理解しやすい。

体験中、「どっちに行けばいい？」「左、左！」などと、子供同士の自然な対話が生まれる。

体験後、「視覚障がいの方が安心できる介助の仕方」を指名なし発表させる。

「引っ張らない」「声をかけながら歩く」「ゆっくり歩いてあげる」などの意見が出る。このあと、

> 2回目のアイマスク体験を行う

ことが大切である。2回目を行うからこそ、正しい介助方法を実践できる。

2回目は、「もっと、こうしたらいい」「それは危ない」など、子どもの対話がより具体的になる。実践的なアイマスク体験となるのだ。

（堀田和秀）

11月

国語　「アップとルーズで伝える」説明文の対比を指導する

教材解釈のポイントと指導計画

本単元では、段落どうしの関係を捉え、読み手にとって分かりやすい説明文の書き方について学ぶ。特に対比して説明することで分かりやすい説明文になっていることをつかませたい。

本教材で学んだことを次単元の「クラブ活動リーフレット」に生かして説明文を書いていく。

第1時　音読・段落分け
第2時　問いの文と答えの文・問いに正対する答えの文をつくる。
第3・4時　アップとルーズの特徴をまとめる
第5・6時　段落ごとの要約
第7時　全文の要約(要旨をつかむ)
第8時　文章の構造をつかむ。

授業の流れのアウトライン

第3・4時の授業展開例を示す。

まず、ノートに段落番号を書かせ、大まかな内容を捉えさせる。

各々の段落は何について書かれているのか。「アップ」「ルーズ」「アップとルーズ」に分けます。

①　ルーズ
②　アップ
③　アップとルーズ（問いの段落）
④　アップ
⑤　ルーズ
⑥　アップとルーズ
⑦　アップとルーズ
⑧　アップとルーズ

教科書P40の下段を読み、対比について学習する。

2つのものをくらべてちがいをはっきりさせることを「対比」といいます。

第4段落と第5段落が対比されていることは書かれている。

他に対比して書いてある段落は、右図を見れば、すぐに分かる。第1段落と第2段落である。

「アップ」と「ルーズ」を対比して書かれていることで、違いが分かりやすくなっていることが押さえられる。

「アップ」と「ルーズ」の長所と短所をワークシートにまとめます。

詳しくは『「国語」授業の新法則　4年生編』(学芸みらい社)に書かれている。「アップ」と「ルーズ」の長所・短所をまとめることで、文の構成（対比）を視覚的にも理解させることができる。

段落	写真	分かること	分からないこと
④		・細かい部分の様子	・うつされていない多くの部分のこと
⑤		・広いはんいの様子	・各選手の顔つきや視線、それから感じられる気持ち（細かい部分の様子）

学習困難状況への対応と予防の布石

ワークシートにまとめる活動では、ペアやグループ単位でまとめさせることで、どの子も安心して取り組むことができる。

（黒田陽介）

11月

社会　地元の「文化遺産」を授業する

「昔の人が残したもの」の学習で地元の文化遺産を取り上げる。以下、兵庫県姫路市にある「姫路城」を取り上げた授業事例。

> 発問1　みなさんの知っている「世界遺産」には、どんなものがありますか。

知っている世界遺産を次々と発表させる。日本の世界遺産でも外国の世界遺産でもかまわない。

> 指示1　本や資料をつかったりして、できるだけたくさんの世界遺産をノートに箇条書きにしましょう。

参考になる資料を教室にたくさん持ち込んでおき、自由に手に取れるようにする。もしくは図書室やパソコン室へ連れて行き調べさせる。それだけで楽しい活動になる。

> 発問2　日本で一番最初に登録された世界遺産は、どこか知っていますか。

ノートにたくさんの世界遺産を書き出しているので予想することができる。

正解は「姫路城」と「法隆寺」である。

メディアでも多く取り上げられている「姫路城」はすぐに答えられるだろう。

日本で最初に登録された世界文化遺産であることを簡単に説明する。

> 発問3　姫路城が世界遺産に登録されたのはなぜでしょうか。資料から考えて書きましょう。

姫路城の観光パンフレットを資料として活用する。パンフレットは「姫路観光ナビ（https://www.himeji-kanko.jp/）」のホームページから無料で閲覧・ダウンロードできる。

印刷して配ってもいいし、パソコン室へ連れて行き資料を閲覧させてもいい。パンフレットから情報を取り出し、次のようなフォーマットで書かせ発表させる。

> この資料から次のことが分かります。
> ①（　　　　）
> ②（　　　　）
>
> つまり、姫路城は（　　　　）なのです。だから世界遺産に登録されたのだと考えます。

最初に書き終えた2、3人を指名し、発表させる。意見を認め力強くほめる。

フォーマットで書かせて発表させた後、「戦前」と「戦後」、2枚の姫路城周辺写真を比較させて見せる。

2枚の写真を比べて気がついたことや思ったことを自由に発表させる。その後、さっきと同じフォーマットで書かせる。

続けて「昭和の大修理」のことを話し本や映像資料を紹介する。

> 発問4　平成21年（２００９年）から平成27年（２０１５年）にかけて「平成の大修理」が行われました。どうして大修理が行われたのでしょうか。

様々な理由がパンフレットや資料に書かれている。それぞれが自分の考えを発表し合いながら対話が深まっていく。

（許鍾萬）

11月

算数　「計算のきまり」図を多様な見方で考える

問題の解き方を説明し合うことで、子供同士の対話が生まれ、問題の見方の知見が広まる。

右の図で、●は何こありますか。求め方を１つの式に表し、答えを求めましょう。

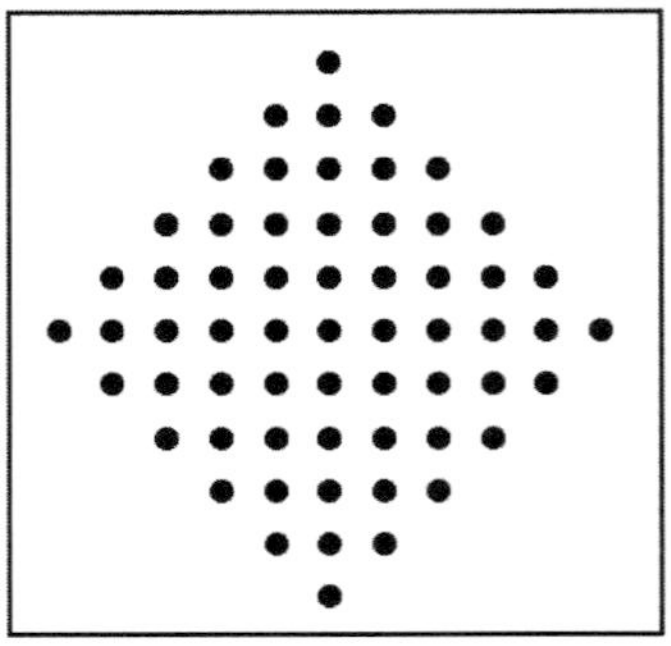

いくつかの考え方がある。「たとえば、このような考え方があります」といって１つ例示する。そして、「他にもいくつかの考え方があります。自分で考えてごらんなさい」と指示する。しかし、この発問だけでは、わからない子供は鉛筆が止まってしまう。「どうしても思いつかないという人は、教科書を写してもいいですよ。写すのもお勉強です。一番いけないのは、何もしないことです」と言うと、わからない子供でも安心して取り組める。

【本時の対話的活動】
図、言葉や式を使って、自分の考えを説明すること。

子供からは、主に以下の考え方が出てくると思われる（出なければ教師が教えればよい）。

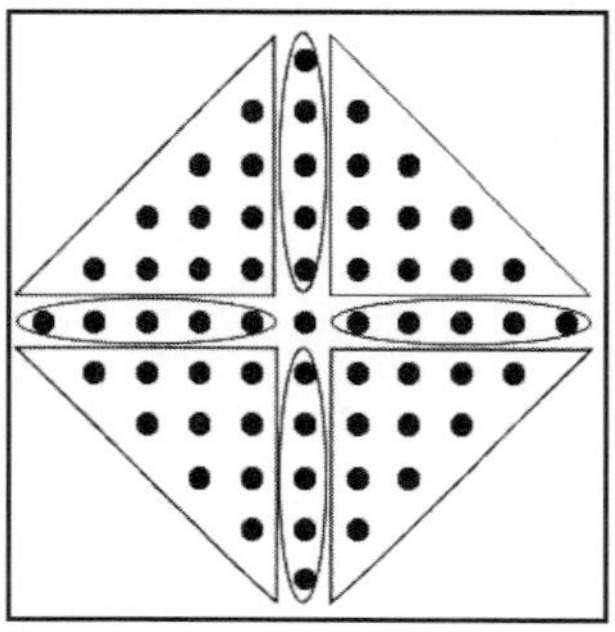

10このまとまりが４つと、
５このまとまりが４つと、
ばらが１つあると考えました。
式 10×４＋５×４＋１＝61

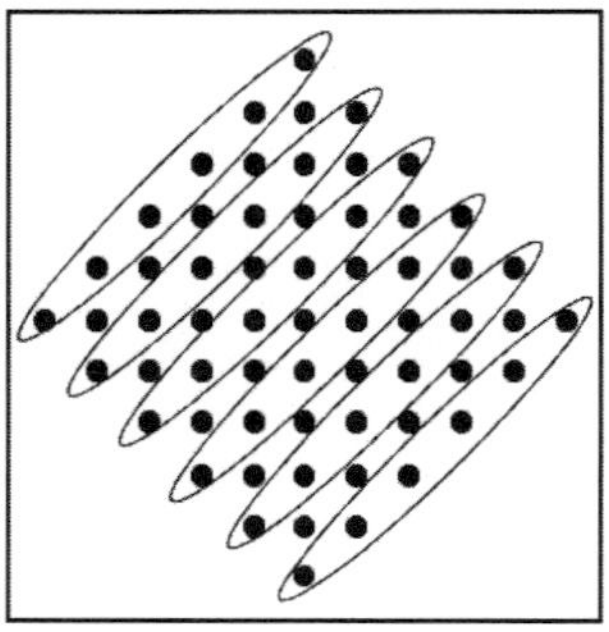

６このまとまりが６つと、
５このまとまりが５つあると考えました。
式６×６＋５×５　＝61

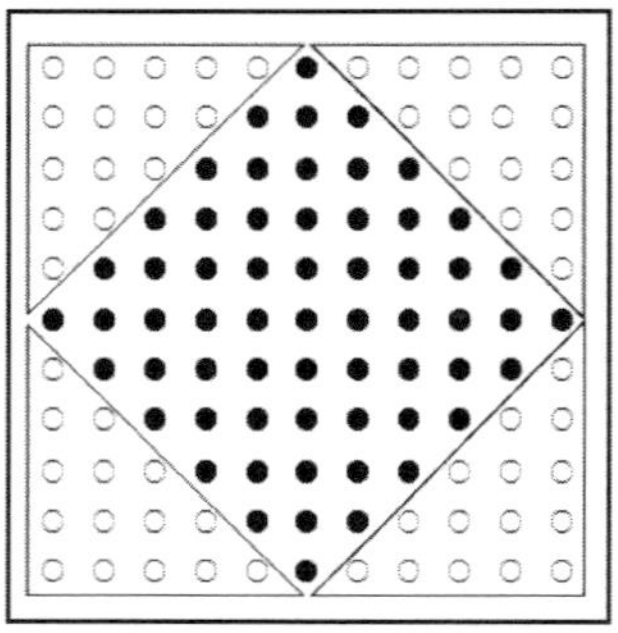

周りに○をかいて、正方形と見ました。全体から○の部分をひきました。
式 11×11－15×４＝61

図を拡大したものを黒板に貼り、言葉や式を使って自分の考えを発表させる。発表していくなかで、似たような考え方や自分とは違った考え方に触れることができる。

（友野元気）

参考文献：向山洋一　企画・総監修『「算数」授業の新法則４年生編』学芸みらい社

11月

理科　空気の体積と温度の関係

空気を温めたり、冷やしたりしたときの体積の変化に着目して調べる活動を通して、空気の性質について、根拠のある予想や仮説を発想する力をつける。

シャボン玉の観察

用意するものは氷水を入れた 500mL ビーカーと、60 度くらいのお湯を入れた 500mL ビーカー、500mL ペットボトル、シャボン液。

ペットボトルをお湯に入れてシャボン玉がふくらむ様子を観察させる。シャボン玉がふくらんだり、氷水に入れて戻ったりすることを体験させ、以下のように発問する。

シャボン玉はなぜふくらんだのですか？

【予想される児童の考え】

①温めると中の空気がふくらんだからシャボン玉がふくらんだ。

②温められて空気が上に上がっていったからシャボン玉がふくらんだ。

上に上がる意見が出なければ、「温められて空気が上に上がったのでは？」と発問する。

空気の体積変化を確かめる

以下の発問で話し合い活動を行う。

空気が上に上がったのではなく、ふくらんだのか。どんな実験をすれば確かめることができますか。班で方法を２つ以上考えなさい。

【予想される児童の考え】

①ペットボトルを逆さにして温めたら確かめられる。空気が上にいくならシャボン玉はふくらまない。空気がふくらむならシャボン玉はふくらむ。

②ペットボトルをお湯の中にさかさまに入れる。温められた空気がふくらむなら口から出てくるはず。

③へこませたペットボトルにふたをして、お湯の中に入れる。空気がふくらむなら、ペットボトルは元の形に戻る。

実験方法を交流し、班ごとに確認実験を行う。実験後、結果を交流しまとめる。

空気は温めると体積が大きくなる。
冷やすと体積は小さくなる。

１円玉の動きを説明する

ビンにふたをするように水でぬらした１円玉をおく。ビンを手で温めると、１円玉がパタパタと動き出す。

１円玉はなぜ動くのですか？
理由を話し合いなさい。

空気は温めるとふくらむことが説明に入っていれば正解である。

（蔭西孝）

11月

音楽 旋律のかさなりのおもしろさを感じる（2）

パートナーソング

互いに違った旋律を歌い合わせることを、「パートナーソング」という。同時に複数の旋律を聴き分けるのは難しい。パートナーソングや輪唱、など、旋律を重ねる活動を楽しむことで、少しずつ音が聴こえてくる。

（1）「春が来た」VS「夕やけ小やけ」でパートナーソング

Aチーム	Bチーム
春が来た春が来た	夕やけ小やけで
どこに来た	日が暮れて
山に来た里に来た	山のお寺の
野にも来た	鐘が鳴る

教室を２チームに分け、歌い合う。

①同時に歌う

②教師が手で合図をした方が歌い、合図のない方は歌ってはいけない。これをくり返すと、相手につられたり、自分のパートと相手のものがまぜこぜになったりする。

楽しく歌い合わせながら、徐々に普通の声でも歌い合わせられるようにしていく。最後はペアで互いの声を聴き合いながら歌う。

（2）「子ども世界」でパートナーソング

４月に歌った「子どもの世界」で声を重ねて歌う。「おとぎ」チームと「すてき」チームに分かれて歌い合う。

「ファランドール」を聴く（第１時）

T　王様が行進しています。どんな感じで歩いていますか。（堂々と、ゆっくり、のんびりと）

T　主旋律を歌ってみましょう。（タンタンタータ　タタタタターンタ……）このメロディが聴こえたら立ちます。（最後まで聴く）

最後に、曲全体のポイントを押さえる。（速さの変化、強弱の変化など）

「ファランドール」を聴く（第２時）

T　これから聴く音楽は何を表していますか。（「馬のダンス」の部分を聴く）ヒントは動物です。ある動物がダンスを踊っている様子を表しています。その動物とは何ですか。

「聴いて答え、再度聴いて答え」、感じた答えを言わせていく。正しい答えでなくても良い。自分が思った答えを発信することが大切だ。

T　答えは「馬」です。「馬のダンス」のメロディを歌いましょう。（タラタタタタタタタタタタタタカタカタ…）馬のメロディが聴こえたら立ちます。太鼓の音に合わせてやさしく膝も打ちましょう。（聴く→立つ）

「ファランドール」を聴く（第３時）

T　「ファランドール」というフランスの踊りの音楽を聴いてきました。これから聴くのは「王様の行進」、「馬のダンス」どちらですか。

こう言って、「双方の旋律が重なる部分」を聴かせる。答えは「王様の行進」、「馬のダンス」両方だ。もし、わからない児童が大勢居る場合、「双方の旋律が重なる部分」に合わせ、「王の行進」を歌い、「馬のダンス」の旋律を歌う。

T　２人組になります。王様役、馬役を決めます。振りをつけてもいいです。「自分の役」で立ちます。初めから聴きます。

ペアで行うので、教え合いやすい。また、役割りを決め振る舞うことで、状況を想像しやすくなる。

（関根朋子）

11月

図画・工作　クレヨンと絵の具で描く、宮澤賢治「林の底」

読書感想画の時期である。お薦めの題材は、宮澤賢治の「林の底」である。「私」がからかいながら、フクロウから話を引き出していくやりとりが面白い。その場面が絵になる。

フクロウの描かせ方

8つ切り～4つ切りの白画用紙に描かせる。この絵は、フクロウをクレヨンで描くことから始まる。色は、紫色か茶色、こげ茶色の中から1色選ばせる。

フクロウは、顔から描かせていく。

丸（げんこつの大きさくらい）→目（大きく、傾ける）→くちばし→猫のような耳

フクロウの顔を画用紙の上の方に描く。

頭が描けたら、体を描かせる。

長丸の形をした胴体（顔と胴体を1直線にしない）→羽→足

羽は、両方ともに広げていても、片方だけ広げていてもよい。

輪郭が描けたら、顔や胸の模様を描く。その後の色ぬりは、好きな色で、派手になるようにぬらせる。フクロウを地味な色にすると、後で描く木の派手さに負けてしまう。

クレヨンでぬった後は、右の写真のように綿棒でなでると、色が美しくなる。

フクロウが仕上がった後は、人物を描かせる。7月（125ページ）のように、顔、胴体、手、肩からつなぐ……の順で描いて、クレヨンでぬる。

木の描かせ方

クレヨンの色は、橙色、ピンク色、紫色、青色、緑色などがお薦めである。

木を描かせる場合には、幹と枝と小枝の関係を表現させてほしい。まず、太い幹だけ描かせる。次に中枝、最後に小枝を描かせると、うまくいきやすい。

右の絵ができたら、月の色で、木とフクロウと人の周りを縁取りする。最後に、夜空を絵の具でぬった時、縁取りの効果が出て、木とフクロウと人が浮き上がる。

夜空の色は、緑色に黒、藍色に黒、紫色に黒を混ぜた色がうまくいく。とにかく、暗い色でぬる。

（上木信弘）

体育　ライン引きなしの持久走

折り返し持久走の背景

山本貞美氏が、広島大学付属小学校勤務時代に実践した。山本貞美『生きた授業をつくる体育の教材づくり』（大修館書店）に詳しい。学校のグランドは狭いということから、どんな学校でも簡単にできるように、比較的短い距離を繰り返して往復する。１００メートルを30秒で走るペース、60秒で走るペースを徹底して身に付ける。そして、随時、心拍数を測定し、心拍数と運動の関係を知らせるものであった。

山本実践の追試の難しさ

ライン引きが困難である。スタート、ゴール、ペースゾーン、折り返しラインとある。担任を持った教師が、短い休み時間で行う事は、極めて困難である。

TOSSの修正実践

伴一孝氏をはじめ、全国のTOSS教師が実践を試みた。

①体育館のラインを活用する。「折り返し地点を、白と赤のラインの間」というふうにライン引きをはぶくことができる。

②折り返し地点に物を置く。赤白帽子、ミニコーン、とびなわなどである。これなら格段に準備も楽である。

新向山型の提案

前項を実践してみると折り返しラインが曖昧であるという問題点があった。

ペースタイムに合わせようとそのライン付近で、足踏をする子供が出てきたのだ。

そこで、桑原が修正提案した。

> ①折り返し地点を固定する。折り返し地点をステージにして、モノも置かない。
> ②スタートゴール地点を、ペアの子にする。そのペアの子の体を回ることもする。その時にお互いに手でタッチする。

つまり、10秒の折り返しで、１分間走るとする。そうなると10秒を６回折り返すことになる。教師は、10秒ごとに、１秒程度ホイッスルを鳴らす。その鳴っている時に、タッチができれば合格（１点）である。１分間なら６点満点。

実際の授業の様子

子ども達は、時間通りにタッチができたかどうかに一喜一憂していた。大事な点は、

> 一定の速さでのかけ足を体得させることである。

１回目の後に２回目に向けた話し合いを短く入れることで、折り返しの成功率が、５割増した。

主体的・対話的な活動が自然と生まれていた。子供達から「同じスピードで長く走れた」と感想が聞けた。

（桑原和彦）

11月

道徳　人権的な話題を取り扱う

11月の道徳のポイント

12月4日から12月10日は人権週間。世界人権宣言の趣旨と重要性を広く日本国民に訴えかけるとともに人権尊重思想の普及高揚を図るための週間である。教室でも、「思いやりの心」について、考えさせたい。

11月のオススメ資料

文部科学省『私たちの道徳』

項目「相手を思いやり親切に」資料「心と心のあく手」

資料に入る前に、必ず前段の「思いやりの心とは、どのような心でしょう」及び「人との関わりの基本にあるのは「思いやり」」のページを扱っておく。

この項目の構成は、とても面白い。

思いやりの心の定義、思いやりの心が現れる行動、思いやりの歴史、外国の思いやり、そして、資料とつながっている。

授業を終えたら、一通り思いやりというものの定義や歴史がわかるようになっている。

(1) 思いやりの心と行動

思いやりの心は、それぞれ3つ。それぞれに、思いやりの心を伝えるための行動が定義されている。

心……困っている人を助けたいと思う心
行動…手伝う、席を譲る
心……悲しんでいる人を気遣う心
行動…遊びに誘う、声をかける
心……喜んでいる人がいたら、うれしく思う心
行動…お祝いの手紙を書く、拍手をする

まず、行動から聞く。

> 困っている人を手伝ったことがある人、手をあげなさい。

「助けたいと思う心が育っています。思いやりの心です。同様にお年寄りに席をゆずったことがある人、泣いている人に声をかけたことがある人」と聞いていく。

> 思いやりの心は、行動に表れます。

(2) 歴史と外国の思いやり

ここは、触れるだけでよい。

(3) 資料「心と心のあく手」

思いやりが行動に表れることを子どもたちは知っている。

資料を読んだあとに問う。

> このお話のぼくは、2つの思いやりのある行動をしています。何と何ですか。

・声をかけること。
・心の中で応援しながらそっと見守ること。

さらに問う。

> 2回目おばあさんに、あったとき、声をかけないで本当によかったのですか。

ここは、討論になる。「おばあさん、頑張ってくださいね」等声をかけるべきだという子が出てくる。

対話指導のポイント

討論は、結論を出さなくても良い。いろいろな考えがあることがわかればよい。多様な考えがあることに気づき、認めることが、「思いやり」につながる。

（平松英史）

英語 “What do you want?”は、状況設定を明確に～Part 1～

「欲しい！」と表現する状況設定

“What do you want?” はよく使われるフレーズであるが、時と場合によっては失礼な言い方に聞こえてしまったり、けんかを売ってしまうような強い言い方になってしまったりすることもある。だからこそ明確な状況設定が必要になってくる。

この時期にお勧めなのが、クリスマスのシチュエーションである。12月は授業日数が少ないため、私は少し早めにこの授業を行うことにしている（誕生日のシチュエーションでも可能）。「欲しい！」と直接的に英語で表現するのにぴったりの状況である。状況設定は、担任とALTとで会話を見せるのも良い。

HRT: Christmas is coming!
　　What do you want (for Christmas)?
ALT: I want ～.　　※交代

アクティビティでは、ワークシートがあると、子供達の会話が、よりはずむ。

学級の実態に合わせて、子供達の欲しそうなプレゼントのイラストを散りばめる。また、「小学生クリスマスプレゼントランキング」等と検索すれば昨今の傾向がつかめる。イラストの中に欲しい物がない子供もいるため、ワークシートに自由記入欄を作っておき、そこに記入させると良い。

アクティビティでは、子供達と一緒に、担任とALTも会話をするので、大人の欲しい物（車、家、指輪など）を載せておくと面白い。

クリスマスにお勧めの歌

A: What do you want?
B: I want ～.

このダイアローグが何度も繰り返される、クリスマスにお勧めの歌がある。

What Do You Want For Christmas?
Santa's On His Way

What do you want for Christmas?
Christmas Christmas
What do you want for Christmas?
Santa's on his way
I want a [jump rope]
I want a [jump rope]
I want a [jump rope] to jump
クリスマスに　何がほしい？
クリスマスに　クリスマスに
クリスマスに　何がほしい？
サンタさんが　やって来るよ
わたしは、なわとびがほしい
わたしは、なわとびがほしい
わたしは、なわとびをとびたいの
『Super Simple Songs』Skyship Entertainment より

[　　]の中には、ball, yo-yo, bike, train, rocket, robot, Teddy bear が入る。ダイアローグが、何度も繰り返し歌われるので、いつの間にかスラスラと口ずさんでしまう。教室で、子供達に “What do you want for Christmas?” と歌で問いかけるのも楽しい。

（竹内淑香）

11月

総合　耳の不自由な人とのコミュニケーション
～手話を使って対話しよう～

手話を使って自己紹介をされる聾唖者の方。

通常、他者との対話は音声を介して行われる。しかし、手話は聞こえない言語、目で見る言語である。

話をされる方のことを知りたいと、子どもたちの手話を見つめる目は、真剣そのものとなる。

教材の準備

鳥取県をはじめ、全国13府県が「手話言語条例」を定めている（２０１７年９月現在）。

手話を学ぶことは、ユニバーサルデザイン教育、合理的配慮の視点からも、今後ますます重要となってくる。

手話を学ぶのに最適なのが、「手話ハンドブック」である。この教材は、鳥取県教育委員会のサイトから誰でもダウンロードすることができる。

「鳥取県教育委員会　特別支援教育科」
(http://www.pref.tottori.lg.jp/265406.htm)

また、手話ハンドブックの動画も公開してある。

「鳥取県教育委員会　特別支援教育科」
(http://www.pref.tottori.lg.jp/265408.htm)

これらの教材を使えば、全ての教室で手話を学ぶことが可能である。

手話を使った対話

手話ハンドブックは、豊富なビジュアルで手話が紹介してある。

そのため、これ1冊あれば、授業することができる。

①あいさつの練習

「おはようございます」「こんにちは」など、よく使う手話を練習する。

②名前の表し方を知る

自分の名前を手話と指文字で表す。

③友達同士で自己紹介をする

> 私の名前は○○です。
> 私が好きなのは○○です。
> よろしくお願いします。

簡単な自己紹介も、初めて使う手話では、話す子も聞く子も難しい。

次に、自由に自己紹介の内容を考えさせる。

自由に考えることで、話し手も聞き手も、相手に自分のことを伝えたい、相手が伝えたいことを知りたいという気持ちが強くなる。

よく知っている相手でも、手話を使うことで、子どもたちは、主体的に対話しようとする。

自分との対話が深まる手話教室

県によっては、聾学校や教育委員会などに連絡すると耳の不自由な方を「手話教室」の手話講師として派遣してくれる。

コミュニケーションの1つとして手話を学んだあと、実際に耳の不自由な方と手話を使って対話することができる。

この手話教室でも、必ずあるのが「自己紹介」。

初対面の耳の不自由な方に自分のことを知ってもらう。しかも手話を使って。習ったばかりの手話。たくさん話すことはできない。

子どもたちは、

> 一番伝えたい「自分」のこと

を考えはじめる。

こうして手話を使うことで、自分との対話も深まっていく。

（浦木秀徳）

国語　「プラタナスの木」対比を生かした主題を指導する

教材解釈のポイントと指導計画

本単元は「心に残ったことを感想文に書く」学習である。よって、学習のまとめで主題を検討することで、物語から何が伝わってきたのかを実感できると考えた。「アップとルーズで伝える」（本書、150ページ参照）で対比を扱っているため、対比を基に主題を考える指導計画を立てた。

第1・2時　音読・感想を書く。
第3時　登場人物・主役の検討。
第4時　最も重要な対比を検討する。
第5時　主題を検討する。
第6時　感想文を書く。

授業の流れのアウトライン

第4・5時の授業展開例を示す。

まず、「ごんぎつね」を用いて対比について復習をする。

例：ごんぎつねの対比
　いたずら　↔　つぐない
　ごん　↔　兵十

「プラタナスの木」の物語の前半と後半で対比しているものをできる限りたくさん書きます。

書けた子から板書する。

・プラタナスの木がある↔ない
・おじいさんがいる↔いない
・台風が来ない↔風が来た
・サッカーが白熱↔白熱していない
・日かげがある↔日かげがない
・公園に入れる↔立入禁止
・おじいさんと話す↔話していない
・ハイソックスの　ずり落として
　クニスケ　↔　走るクニスケ
・「あらま」と言う↔言っていない
・異変がない公園↔異変がある

この物語で最も重要な対比は何ですか。

まずは、全体で2つに絞る。実践では、「プラタナスの木がある↔ない」「おじいさんがいる↔いない」の2つに絞られた。

どちらがより重要か決め、その理由を書かせる。その後、討論をする。

この物語の主題をノートに書きます。

・人は支え合いながら生きている。
・失って初めて、大切なものに気付くものだ。
・目には見えなくても、大切な絆がある。

1人1人が読み取った主題をもとにして、感想文を書いていく。

学習困難状況への対応と予防の布石

主題を考える際にペア・グループで話し合うことも効果的である。グループで1つ主題を決め、代表に板書させる。その際に普段比較的発表の少ない児童に板書、発表をさせることで全員が学習に取り組む意識を育てることもできる。

感想文では、口頭作文をさせてから書かせると書きやすい。ペアで感想を伝え合ってから、「今、話した事を文章にしなさい」とする。また、「1行書けたら、立って読みます」など、書き始めで発表させると、周囲の子への参考になる。

（黒田陽介）

12月

社会　地域の魅力をICT機器で発信

スマホひとつで町おこし

岐阜県の観光スポットといえば、天下分け目の戦いで有名な「関ケ原」。

年間７万人の観光客が訪れる。

古戦場は、広い平原のところどころに「のぼり」が立ててあるだけ。たくさんの観光客が関ヶ原を訪れるものの、がっかりして帰る人も少なくなかった。

ところが、２０１０年以降になって若い観光客が急激に増えている。

見渡すかぎりの広い平原。

特に変わった様子はない。

なのに、若い観光客でにぎわっている。

よく見ると、携帯電話「アイフォン(iPhone)」のカメラで平原をのぞきこんでいる。

アイフォンの画面には、何やら吹き出しのようなものが、プカプカと宙に浮いている。人の目には見えないものが、アイフォンでのぞくと見えるようになっている。これは何か。

「セカイカメラ」である。

「セカイカメラ」は、アイフォンで使える無料のサービスだ。

アイフォンをつかって、仮想の空間に情報を貼り付けられるというものである。

貼り付けた情報は、宙に浮いた吹き出しのように見える。

これを「エアタグ」という。

エアタグに「文字」「写真」「音声」を表示することが可能だ。ユーザー登録さえすれば、誰でも自由に作れる。

地域の魅力を手軽に発信

関ヶ原町では、セカイカメラを使って約60カ所にエアタグを設置した。アイフォンのセカイカメラでのぞくと、歴史案内のエアタグが表示される仕組みだ。

例えば、あるはずのない「のぼり」が突然あらわれたり、戦国武将の「家紋の画像」と「解説」が読めたりする。合戦の様子を「音声」で聞くこともできる。何もない平原が、戦国時代の情報でいっぱいになっている。おとずれた観光客も、エアタグを自由に設置できる。感想を書き込んで楽しむのだ。

この仕組みを子供たちと一緒に使う。

子供たちが地域の観光スポットをおとずれ、そこにエアタグを作る。

子供たちがまちづくりへ参加する大きな仕組みになる。

対話が活発になる発信活動

次のような手順ですすめる。

①あらかじめ、学校の近くで、撮影スポットを選んでおく。
②教師が写真や動画を、先にとっておく。
③その場所の説明やナレーションを子供と考えて、シナリオをつくる。
④社会科や総合の時間などに、子供たちとフィールドワークに出かける。
⑤先生はアイフォンのセカイカメラを起動し、子供はその場でナレーションを読む。
⑥これを、撮影ポイントごとに次々と繰り返す。

活動の場がそのまま「対話の場」になる。（※セカイカメラのサービスは２０１４年に終了。類似アプリで実践可能）

（許鍾萬）

算数　「面積」複合図形の求積を説明させる

複合図形の面積の求め方を説明させることで、子供同士の対話的な学びが生まれる。

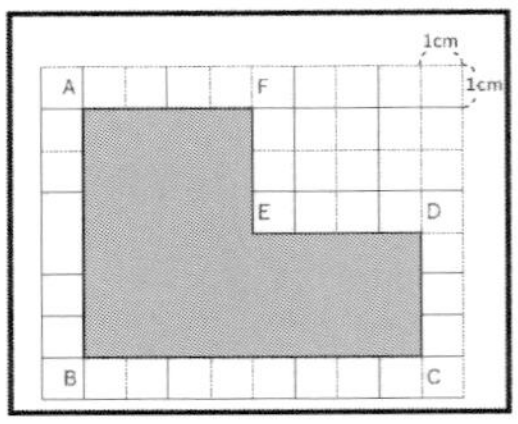

右のような形の面積を求めましょう。

①長さのわかるところに数字を書き込みなさい。
②たとえば、このようにすると面積を求めることができます。

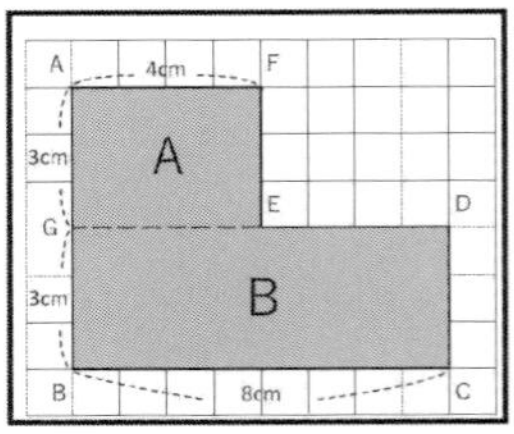

まず、A と B の２つに分けます。**次に**、A と B のそれぞれの面積を求めてたします。式は、３×４＋３×８＝36 です。**だから**、面積は 36 ㎠です。
※「まず」「次に」「だから」の説明……説明のま・つ・だくん

③他にもやり方はあります。どのようにしたら求められるか自分で考えてごらんなさい。式に表し、「説明のま・つ・だくん」を使って、求め方をノートに書きなさい（以下は、紙面の都合上、説明は省略）。

【本時の対話的活動】
複合図形の面積の求め方を「説明のま・つ・だくん」を使って、式に表し説明すること。

子供からは、主に以下のような解法が出てくると考えられる（出なければ教師が教えればよい）。

①
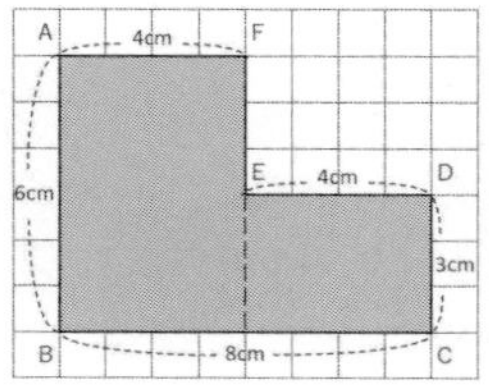

式６×４＋３×４＝36

②
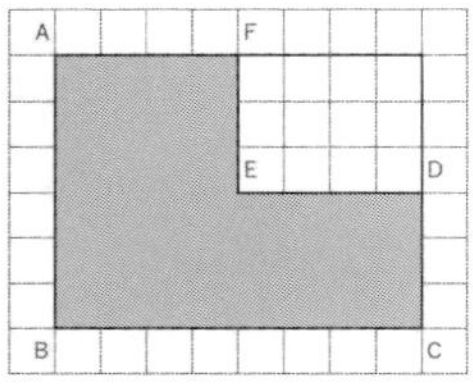

式６×８－３×４＝36

③
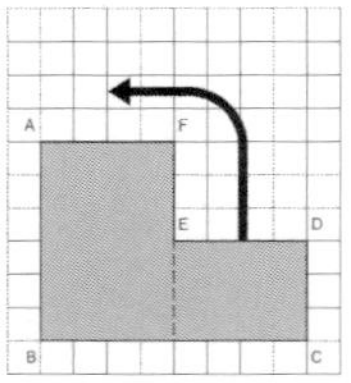

式９×４＝36

図形によって適した解法や特定の図形にしか適用できない解法もある。そこで、次の発問をする。

○○の方法は、どんな図形でも使えますか。使えない図形はありませんか。

たとえば、③の解法は使える図形が限られる。使えない図形があるかを考え、探すことで、深い学びとなる。

（友野元気）

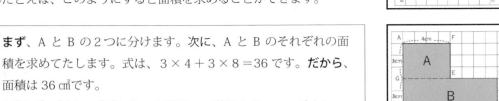

12月

理科　金属の温まり方

金属を熱したときの熱の伝わり方に着目し、温度の変化と関係づけて、金属の温まっていく様子を捉えるようにする。

予想の書き方を教え、意見交換する

最初は四角形の金属板にサーモテープを貼り付けたものを示し、どこから温まるか１～９の番号を書いて予想させる。以下のように、図と理由付きで書かせるようにする。ノートに書いたものを、黒板に書かせ全体で共有する。

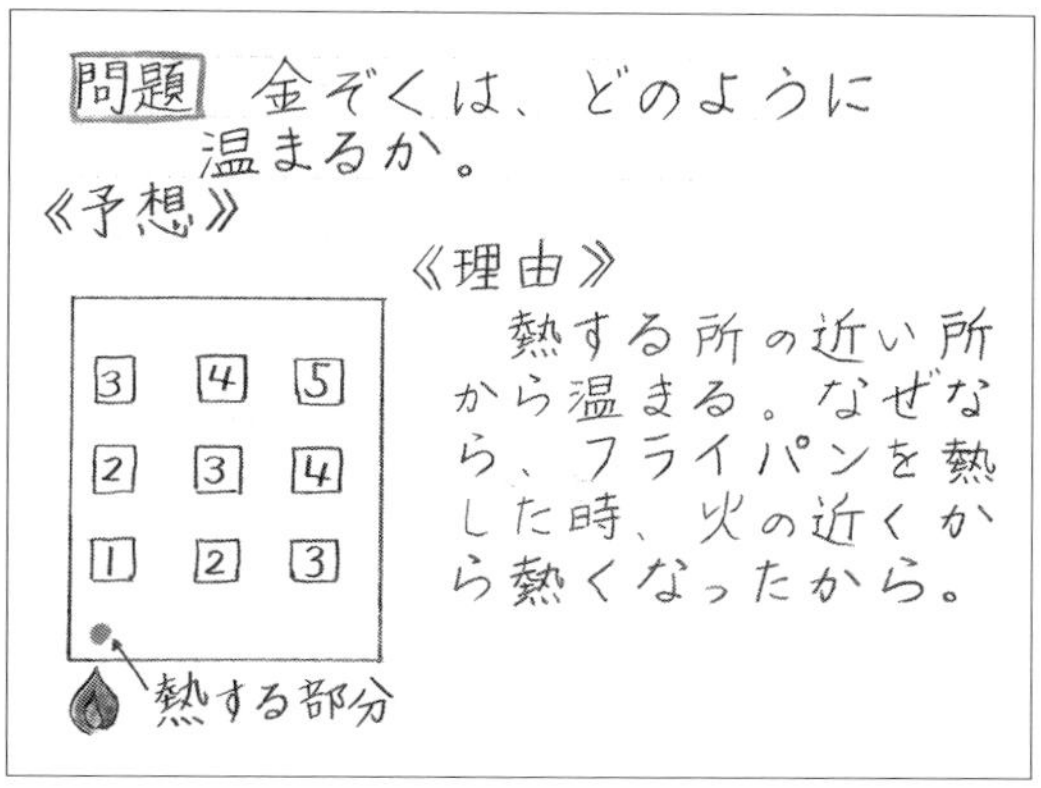

次に情報交換を行う。

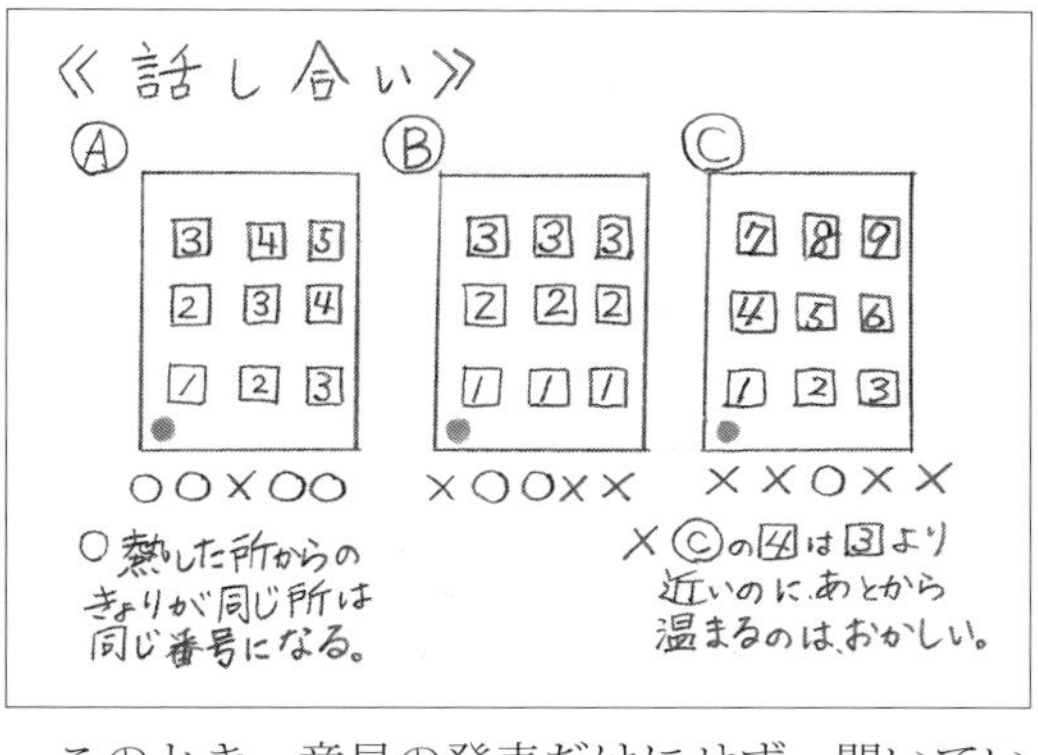

このとき、意見の発表だけにせず、聞いている児童は図のように意見をノートにメモさせるようにする。○は賛成、× は反対意見を表す。理由も簡単に書き込むようにする。

切り込みのある金属の板で実験する

次に下のような切り込みのある金属の板の場合はどのような順番で温まるかを予想させる。前回のように予想をノートに書かせ全体で共有し話し合ってから実験する。前回の結果から理由を考え予想した意見は、ほめて評価していく。

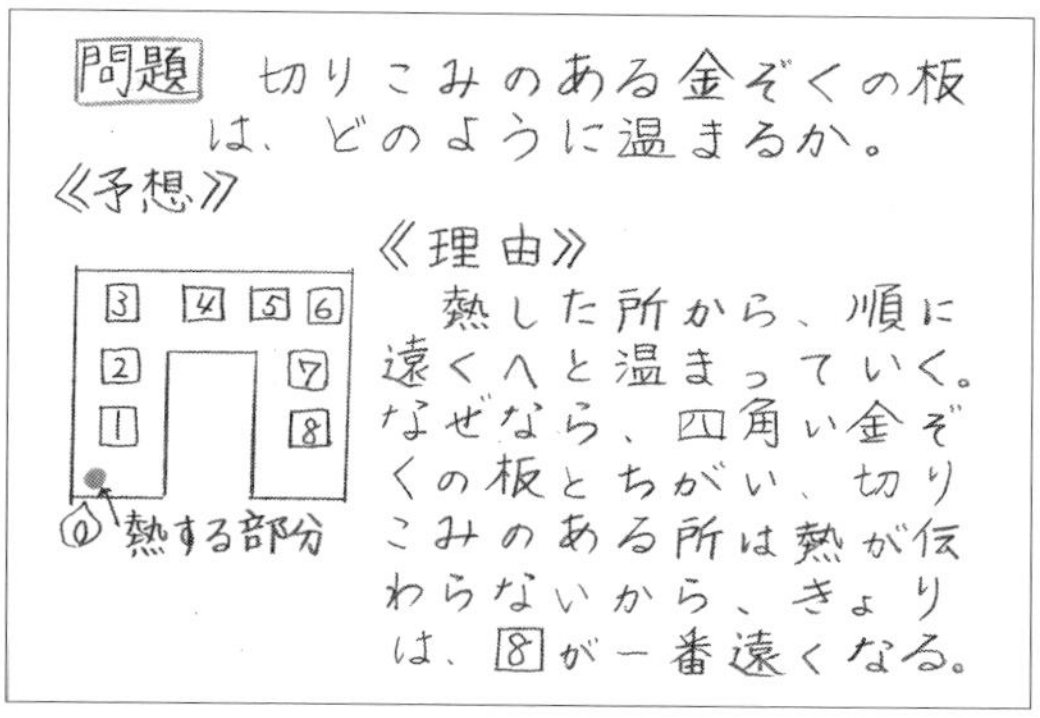

サーモテープではなく、サーモインクを使った金属板の実験も可能である。

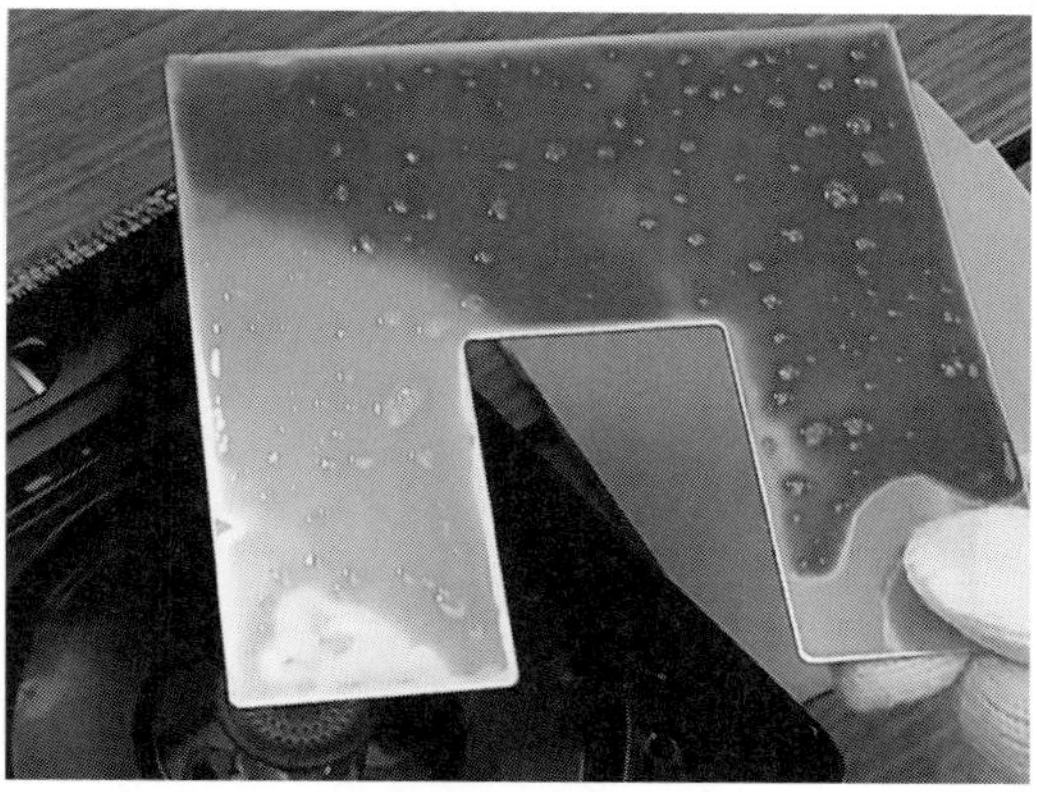

サーモインクに同じ割合で洗剤を混ぜ、金属の板に塗る。金属の温度変化が色の変化で分かるので、金属は、熱した部分から順に放射状に温まっていくことが目で見てよく分かる。

（関澤陽子）

（図版提供：小森栄治）

12月

音楽　いろいろな音の響きを感じ取る　合奏の仕方

主旋律に馴染む

指示「お手合わせ」

範奏 CD（オーケストラ版が楽しい）に合わせて、お手合わせをする。

とん

ぱん

２人で、多人数で輪になって、など変化をつけてお手合わせを楽しむ。

指示「歌えるようになります」

お手合わせをしたり、覚えて歌えるようにしたりしながら、主旋律に十分馴染むようにする。

主旋律を演奏しよう

指示「まねっこ（A メロ）」

短い旋律（１小節分）を、吹いてみせてまねさせる。１～４小節目まで、同様にして進める。

吹けるようになったところを、楽譜で確認する。合奏の楽譜は複雑だ。いくつものパートが一斉に掲載されている。主旋律はどこに載っているか、確認が必要だ。一つ一つの音符を指さしながら階名唱したり、拍打ちをしながらリズム唱したりする。ここを丁寧に指導したら、５～８小節目は、子どもに任せることができる。視奏に挑戦させる。

B メロ（9～ 16 小節）は、子どもの実態に合わせる。A メロと同様に、9～ 12 小節は吹いてみせてまねさせて吹けるようにしてから、13～16 小節を視奏させても良い。

＋リズム伴奏

お手合わせで遊んだことが役立つ時だ。「とんぱんとんぱん」としたお手合わせを、「どん（タンブリン）ぱん（カスタネット）」に変えてリズム伴奏をつける。これを基本のリズム伴奏とし、曲に合わせてリズム変奏をさせる。

【例】「どんたっか　どんたっか」「どっどたっかどっどたっか」など、スイングのリズムでおしゃれに変奏リズム伴奏を担当していないグループは、主旋律を演奏する。リズムと主旋律、両方習熟できる。

＋ベース

指示「合う音をさがしましょう」

主旋律に合うベース音を探させる。難しそうなら、１小節ごとに、「ド→ファ→ソ→ド」と合わせれば良いことを教えても良い。これを基本として、リズム変奏させる。自由に楽しめる。

【例】『ドドドド→ファファファファ→ソソソソ→ドドドウン』『ドッドドウン→ファッファファウン→ソッソソウン→ドドドウン』など

＋木琴・鉄琴

10 人程度のグループを編成する。木琴・鉄琴パートは、グループで協力してできるようにする。木琴は、ベースの要領で『合う音』を探させる。鉄琴は、楽譜を見せて階名唱・リズム唱をさせてから演奏させる。

グループ合奏へ

このあと、クラスを 10 人程のグループに分け、合奏させる。

旋律（４～５名）、鉄琴（１～２名）、木琴（２～３名）、バスマスター（１名）と基本人数を示し、詳細のパート分けは、グループに任せる。「主旋律と他のパートのバランス」は合奏ではとても重要で、その元がパート分けにあることを学ぶよい機会である。子どもに気付かせたい。

（中越正美）

12月

図画・工作　一版多色刷り版画、「太鼓を叩く」前半

一版多色刷り版画「太鼓を叩く自分」の完成作品である。

一版多色刷り版画とは、色をつけながら仕上げていく版画のことである。

一版多色刷りの魅力は、黒い紙に刷るので色彩の厚みが出て、美しい作品に仕上がることである。短い時間で仕上がるのも魅力である。

下絵の描かせ方

事前に、16切り画用紙の大きさのシナベニア板に薄墨をぬっておく。油性黒マジックで、版木に直接、下絵を描く。

気分を高めるために、お祭りの話をした後、本物の太鼓を出して叩かせた。その後で、直接描かせた。

①太鼓の皮だけを描かせる。

長丸の形で、太鼓の皮を描く。描く場所は上の絵のように、版木の上の方に描いても良いし、下の方に描いても良い。

②バチと手を描かせる。

バチを描く時には高さや方向を揃えないように描くと、動きのある絵になる。

①

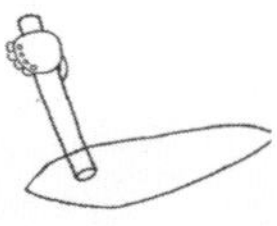
②

酒井式の手の描き方は、手の甲（手の平）、指の順で描かせる（105ページ参照）。この方法で描かせると、どの子も握っている手をスムーズに描くことができた。

③顔と胴体を描かせる。

動きを出すために、顔と胴体を1直線にしない。首も描かない。

③

④胴体と手とをつながせる。

遠回りに描くことで太鼓を叩く力強さが出てくる。

⑤法被《はっぴ》と太鼓を描かせる。

法被を描かせる時のポイントは、半袖にすること、襟をつけることである。

祭りらしい雰囲気が出るので、子どもたちは喜んで描いていた。

④

⑤

右の作品では、版木の右下の方が空いてしまっていた。このような場合には、その部分に、太鼓を描き加えさせた。

（上木信弘）

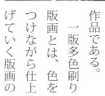

12月

体育　運動量を確保するハンドベース

ベースボール型ゲームはルールをできるだけやさしくすることが大切である。ゲームを行う前に個々の技能を身に付ける。ポイントは「変化のある繰り返し」。

1人1個のボールを用意する。

まずは誰もができる運動、「投げ上げたボールを手の平に当てる」からはじめる。これでボールを手の平に当てることを覚える。次に蓋をして両手で捕球する練習に変化させる。

2つ目は打ち方。左手でボールを持ち右手でボールを当てる（左利きは反対）。この時は遠くへ跳ばさない。何度も手の平で捉える事が目的である。

最後に、実際に遠くへ打つ練習。これは「システム」が必要である。向山式キック練習と同じシステム。スタート地点からボールを蹴って、階段式に配置したコーンとコーンの間を通過すればクリア、次に離れたコーンに移動していくというシステムである。ボール打ちの場合は跳んだ距離になる。そこまで届けば合格となる。もちろん打ったボールは自分で取りに行くので、運動量も確保できる。

システムがあることで、つけさせたい力が子ども達につく。

次に実際のゲームである。ルールを子ども達の実態にあわせ、どの子も活躍できるゲームへと変化させていくことが大切である。運動量確保の視点も重要だ。

チーム全員が打ったら、交代です。

スリーアウトではない所がポイントだ。

【攻撃】

①バッターが自分でボールを持ち打つ。

②ボールを打ったら、1塁、2塁、ホームベースの順で走る。ベースが1つ進むごとに1点追加する。2塁まで来たら2点。ホームベースなら3点とする。

③チーム全員が打ったら攻守を交代する。

【守備】

①ボールを捕った人の後ろに、守っている人全員が並んだらアウト（その時点での点数が相手に入る）。ノーバウンドでキャッチしても並ぶ。

この守備の方法を取ると、運動量が確保できる。子ども達は必死に走る。ゲームに慣れてくると、バッターによって、守備位置を変えたりするといった作戦（思考力）が生まれてくる。

攻撃と守備を2回ずつ行って試合終了。1回ずつ終えたら、作戦タイムを取ったり練習時間を設けるとさらに良い。主体的・対話的な展開が望める。その次の攻撃・守備から、深い学びへとつながる。

このルールは、野球をやったことがない女子でもすぐに理解できる。慣れてきたら、徐々に1つずつルールを付け加えていく。

ルールを変えることで、チームで作戦を立てたり友達と協力できたりするゲームをより展開することができるようになる。

（桑原和彦）

12月

道徳　年末年始「家族」に感謝しよう

12月の道徳のポイント

年末年始は、「家族」で過ごすことが多いだろう。

家族の大切さを教える。

ただし、家庭環境には、十分配慮する必要がある。

12月のオススメ資料

文部科学省『私たちの道徳』

項目「家族みんなで協力しあって」資料「ブラッドレーのせい求書」

他の副読本にも多く取り上げられている有名な資料だ。

いくつか、授業実践を考えてみた。

まず、前提条件として、登場人物を押さえておく。

（1）感想コース

読んで、感想を言わせる。

ただそれだけでも多くの子どもは、価値に気づける資料である。

（2）討論コース

本文を読んで、問う。

> ブラッドレーが、お母さんの請求書を見て涙でいっぱいになったのは、何に気づいたからですか。

・お母さんがぼくのために、無料でしてくれていること。

> 家族のためにするお手伝いや仕事でお金をもらうことは良いことか。

お手伝いの価値を問う。

【良い派】

・実際に時間をかけてやっているから。

・人に頼んだらもっとお金がかかる。

・働いたらお金をもらうのは当然。

【悪い派】

・家族なんだから当たり前。

・もともと、お金を稼いでいるのは、お父さんやお母さんだから。稼いでいない自分たちがもらうのはおかしい。

・ブラッドレーのように、自分がやってもらっていることも請求される。

様々な価値観があってよい。討論の際にそれが出てくる。

最後に感想を書かせる。

対話指導のポイント

討論の際、勝ち負けにこだわり、相手をやり込めることに固執する子がいる。

討論は、1つの結論に絞る討議と違い、いろいろな意見がでてくることが目的である。

> 討論は、相手を責めるのではなく、相手の意見を責めるのです。

これで、意見を言われた（責められた）子だけでなく言った子（責めた子）もホッとする。それでもなお固執する子がいる。

そこで討論後、次のように言う。

> 相手の意見に、一部納得できるのはどこですか。同じ意見の人同士話してみなさい。

これが、できてくると、討論中にも、「○○さんの意見には、反対ですが、■■の部分には、納得です」と、全体としては反対だが、一部納得できるところがあるという言い方ができるようになる。

（平松英史）

12月

英語 “What do you want?”は、状況設定を明確に～Part 2～

「〇〇作り」を状況設定にする

“What do you want?” は、「〇〇作り」もまた、楽しい。料理のシチュエーションだ。パフェ、ピザ、カレー、お弁当作りなど料理を作る過程で食材についてやり取りをするのだ。自分の「オリジナル〇〇」が完成するので楽しい。まずはオリジナルのレシピを考えさせる。ワークシートに材料（具）をピックアップさせたら会話がスタートだ。

【オリジナルカレー作り】

A: Do you want meat?
B: Yes, I do.
A: What do you want?
B: I want [pork].
A: Here you are.
B: Thank you.
A: You’re welcome.
※肉の種類について尋ねる

A: Do you want [potatoes]?
B: Yes, I do.
A: How many do you want?
B: I want 3.
A: Here you are.
B: Thank you.
A: You’re welcome.
※野菜の個数について尋ねる

A: Here you are.
B: Thank you.
A: You’re welcome.

このように、物をやり取りする会話では、やはりシールなどを実際に交換するアクティビティが楽しく、会話がはずむ。

肉や、いくつもの野菜を入れてカレーを作るとなると、何往復もの会話をすることになるので、ダイアローグに十分に慣れ親しませることができる。リズムがある会話なので、チャンツのように練習しても面白い。

雪だるまの歌

正進社『英語版　話す聞くスキル①』収録の歌『Ten Little Snowmen』はシンプルで、中学年にもお勧めだ。教師用スキルにはCDも付いている。

Ten Little Snowmen

One little
Two little
Three little snowmen
Four little
Five little
Six little snowmen
Seven little
Eight little
Nine little snowmen
Ten little snowmen play

子供達に、歌詞の意味を尋ねる。シンプルな英語なので、子供達は、だいたい理解ができる。

T: “Snowmen” とは何ですか？
C: 雪だるま！
T: “little” とは、どういう意味でしょう？
C: 小さい。ちっちゃな。
T: “Ten little snowmen play”
雪だるまは、何をしているのでしょう？
C: 遊んでいる!!!

このように、英語の意味を類推させることも、語学では大事なことである。

（竹内淑香）

12月

総合　高齢者と対話が生まれる認知症サポーター養成学習

TOSS教材を活用する

地域の高齢者との交流は、

> 認知症予防

をテーマとするとよい。

子どもたちがリーダーとなり、認知症予防ゲームなどを企画することができるからだ。

ここで活用したいのがTOSS教材である。

> ①アタマげんき　どこどこ
> ②ペーパーチャレラン
> ③五色百人一首
> ④ふれあい囲碁
> ⑤ソーシャルスキルかるた　など

どの教材も、脳科学に基づき設計された優れた教材であり、中でも「アタマげんき　どこどこ」は、ワーキングメモリを鍛える日本初の絵本である。

教材は、東京教育技術研究所から購入できる。

地域包括支援センターと繋がる

学習を進める上で、ぜひ連携したいのが、

> 地域包括支援センター

である。

地域包括支援センターは、市町村などの各自治体が設置しており、地域住民の介護相談、介護予防の取り組みなどを行っている。

中には、認知症についての出前授業をしてくれるセンターもある。

出前授業では、認知症の正しい理解と、実際にどのように認知症の人と接したらよいかを教えてもらえる。

授業の最後には、認知症サポーターとして認められ「オレンジリング」が配られる。

地域の高齢者との交流活動を行う場合、このように認知症について正しく知った上で行うのがよい。

自然と高齢者との対話が生まれる

交流会では、教え方5（ファイブ）を意識しながら、高齢者との対話を大切にする。

> ①教えてほめる
> ②笑顔で教える
> ③言葉は短く
> ④ものを用意する
> ⑤細かく区切って教える

子どもたちは、あらかじめ認知症について学んでいるため、健常である高齢者との対話でも、自分が一方的に話すのではなく、相手を理解しようとしっかり話を聞こうとする。

また、認知症予防ゲームなどを通して、日常会話も弾み、自然と高齢者との対話が生まれるのである。

（浦木秀徳）

1月

国語 「ウナギのなぞを追って」紹介文の型を指導する

教材解釈のポイントと指導計画

本単元のゴールは、「興味をもったところを紹介する文を書くこと」である。本文を段落ごとに要約し、その中から興味のある内容を紹介する文章を書く指導計画を立てた（※原実践は武田晃治氏。TOSSランドより）。

第1・2時　音読・感想（紹介文を書く時に活用する）。
第3～6時　各段落の要約。
第7・8時　紹介文を書く。

授業の流れのアウトライン

第1時では、初めて知ったこと、驚いたことなどの感想を書く。この感想をまとめの紹介文で活用する。

第3～6時では各段落の要約をする。13段落ある上に、まとめるのが難しい段落もあるため、班で相談させたり、段落を分担させたりして要約に取り組むとよい。また、段落によって文字数を変えた。大体、20字から30字程度とした。以下、児童が作った要約文を一部、例として紹介する。

①ウナギの一生を調査するためにやってきたマリアナの海。（26字）
②日本中のウナギが集まり、たまごを産むマリアナの海。（25字）
③八十年近くかけてつき止めたウナギのたまごを産む場所。（26字）
④たまごを産む場所を決めるのに役立っているかもしれない海山。（29字）
⑤新月に合わせてたまごを産むウナギ。（17字）
⑥フロントとよばれる塩分のこさがことなる海水のさかい目。（27字）
⑦ついにたどり着いたウナギがたまごを産む場所。（22字）

第7・8時では、教科書の紹介文の型を知り、それに合わせて紹介文を書いていく。

P84下段の例文を読み、構成を知る。
L1　～L5　……なんの話か
L6　～L12……要約
L13～L16……感想
この型に沿って、紹介文を書く。

【紹介文の型】

「ウナギのなぞを追って」は、［　　　　］の話です。
［要約］
［感想］

ポイントは型を用いて、これまでの学習で書いた文を当てはめて書いていくことである。書けた子から立って読ませると、周囲の参考となる。

なんの話か…教科書の例文を参考にする。
要約…授業で要約した文を活用して書く。
感想…最初に書いた感想を使って書く。

学習困難状況への対応と予防の布石

教師も紹介文の例を黒板に書くことで児童が書く際の参考となる。どうしても書けない児童には教師の例文を写させる。写すことも勉強になる。（黒田陽介）

1月

社会　地域を好きになる観光PRハガキ

「県の観光パンフレット」を人数分用意する。難しい場合は、パソコン室でホームページなどを調べながら授業する。

指示1　わたしたちの町の「自慢したいところ」や「名物」を思い浮かべてノートに書きなさい。

列指名して、次々と発表させる。

あらかじめ教師が作成しておいた「観光PRはがき」を見せる。

発問1　「観光PRはがき」を送ると、どんないいことがありますか。

いいことをたくさん発表させる。

説明　実際に作ってみましょう。県の観光パンフレットをくばります。見たことある人？　みんなで一緒に見てみましょう。

準備しておいた観光パンフレットを、次々とめくっていく。大きなタイトルやキャッチフレーズは、教師が読んでいく。写真を中心に、ゆっくりと見ていく。

指示2　写真を1枚だけ選びなさい。

友達と同じ写真でもいいことにする。自由に相談してもいいことにする。対話しながら「写真を選ぶ観点」を考えるようになる。パンフレットが人数分ない場合は、別ページから選ばせる。

指示3　選んだ写真を切り抜きなさい。大きすぎる場合は、トリミングします。

トリミングとは、サイズを調整して切り抜くことである。ハガキの上に写真をおいて、確認するとよい。

指示4　写真をハガキに貼りなさい。縦、横、斜めなど置き方は工夫しなさい。

指示5　キャッチフレーズを書きなさい。

はやく書けた子を指名して発表させる。

指示6　観光の説明文を短く書きなさい。

「遠くの友達や親戚に紹介するように書いてごらん」等の声かけも有効である。

指示7　季節の挨拶を書きなさい。

夏のお便り、年賀状など季節にあった言葉を黒板にいくつか書いておく。

指示8　色鉛筆やマジックをつかって、ハガキをオシャレにしなさい。

完成後、掲示（投函）する。（許鍾萬）

1月

算数　「小数」問題づくりは題材を与えて

問題づくりは、題材を与えることで、問題をつくりやすくなる。そして、つくった問題を解き合うことで、対話的な学びが生まれる。

> 小数のたし算、ひき算の問題をつくりましょう。

上のように問題を出されても、鉛筆が止まってしまう子供がほとんどである。原因は２つである。

①どのように問題を書いたらよいのかわからない。

②何を題材として問題を考えればよいのかイメージが湧かない。

①は教科書を使うことで解決できる。教科書には、例題を含め、小数のたし算、ひき算の問題例がたくさんある。教科書を参考にすることで、問題の型を知り、型に沿って書くことができる。

②は、適当な題材——イラストや写真など——を教師が探し、それを提示することで、子供にイメージが湧きやすくなる。たとえば、右のような題材を提示する。

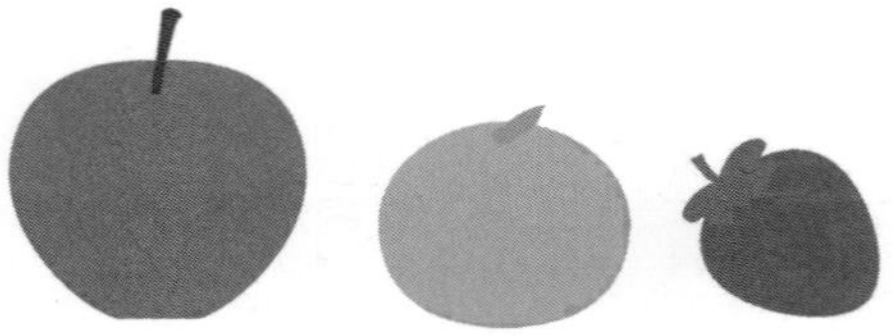

265.7g　154.3g　16.8g

> 【本時の対話的活動】
> ①教科書の問題を参考にしながら題材をもとに考え、問題と向き合い、自分で問題を考えること。
> ②つくった問題を子供同士で解き合うこと。

教科書を参考にさせ、題材を提示しても、問題づくりができない場合は１つ例示する。たとえば、「りんごとみかんはあわせて何 g ですか」などの問題が考えられる。このような例があることで、なかなか問題づくりができない子供でも、それを参考にしながら問題をつくることができる。果物と数字を変えるだけでも、問題をつくることができる。

また、キーワードとなる言葉を板書しておくとよい。たしざんとなるキーワードは、「全部で」「あわせて」「合計で」などである。ひきざんとなるキーワードは、「ちがいは」「どちらがどれだけ」などである。

つくった問題は大きい紙に書かせて黒板に貼り、クラス全体で伝え合う。そして、それぞれがつくった問題を解き合うことで、様々なパターンの問題に触れることができる。次に問題づくりをするときに、そのパターンを活用できるとよい。

問題づくりは、小数のたし算、ひき算だけではない。他の単元でもある。単元や子供の実態に合わせた題材を用意して取り組ませる。

（友野元気）

1月

理科　水の温まり方

水を熱したときの熱の伝わり方に着目し、温度の変化と関係づけて、水の温まっていく様子を捉えるようにする。

サーモインクを使った実験

はじめに、サーモインクの性質を話す。
「サーモインクは、約 40 度以上で、青からピンクに色が変わります」
次に、以下のように発問する。

> 水は、下から熱するとどのようにあたたまるのだろうか。

水で薄めたサーモインクの入った試験管の下部を熱する。図と理由をつけて予想させ、ノートに書いたものを、黒板に書かせ全体で共有する。

意見交換では、賛成は○、反対は × としてメモさせる。また、意見を出し合う中で、「B と D は同じ意見だ」と言ってまとめたり、予想を取り下げたりする分類も行う。

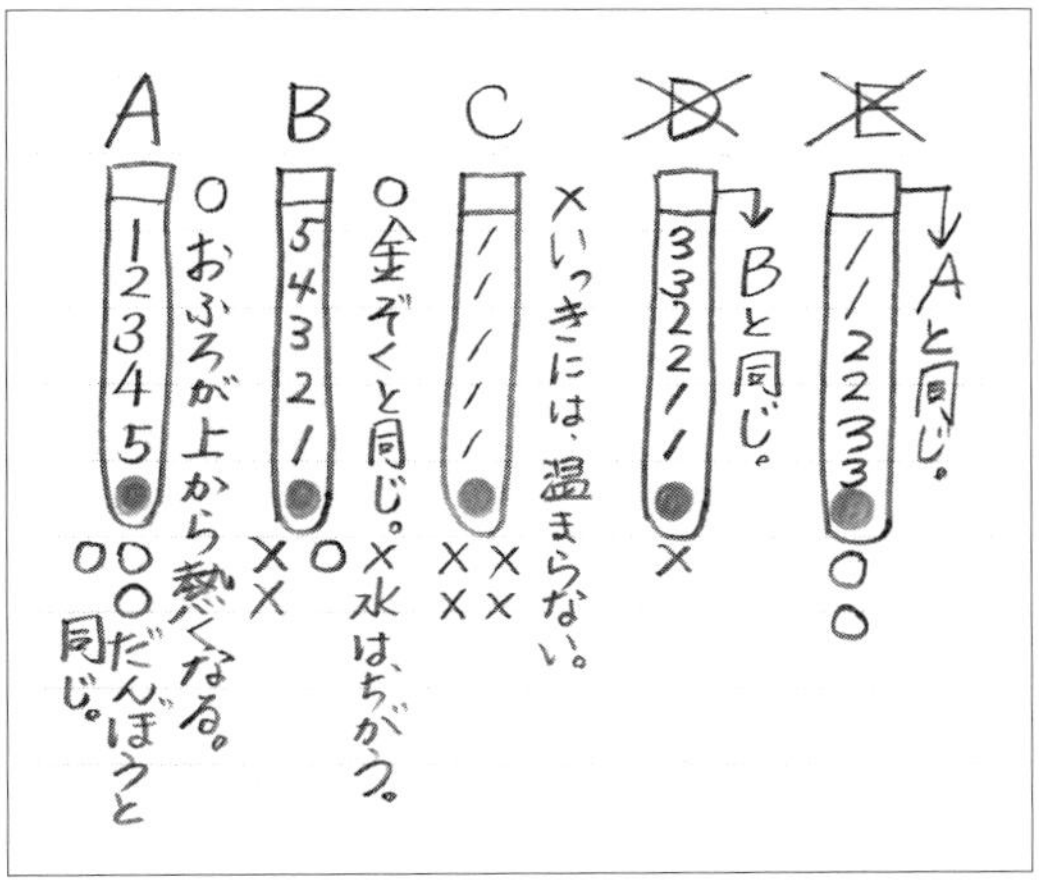

実験→仮説→実験を続ける

予想した後、水で薄めたサーモインクの入った試験管の下部を温めると、「水は温めると上に動き、上から温まること」が分かる。

次に、条件を変えて「もし、～ならば、～なるはずだ」という仮説を立て、さらに実験する。例えば「もし中部を温めれば、下部はなかなか温まらないはずだ」という仮説を立て中部を加熱する実験をする。実験→仮説→実験を繰り返すことでより深い学びとなる。

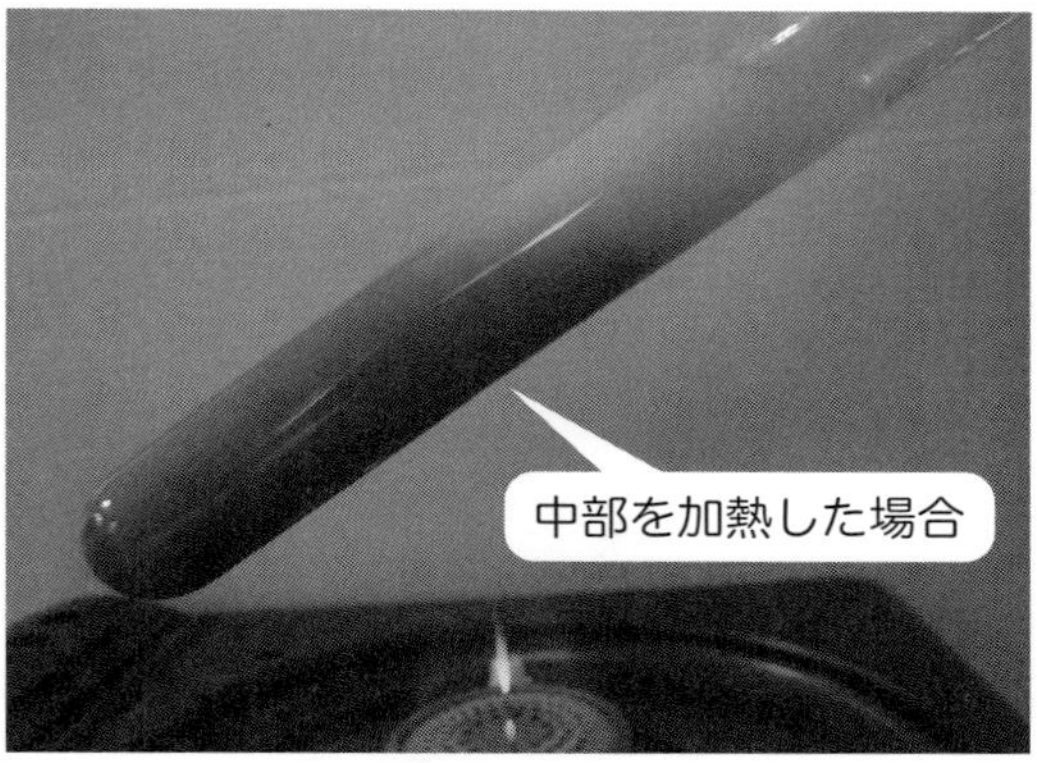

発展として、「温められて全体がピンクになったビーカーに氷を入れるとどうなるか」と発問し、話し合わせると活発に意見が出ておもしろい。

結果は、氷を入れると写真のように冷やされた水が下に降りていく様子が良く分かる。水は、温まると上へ、冷えると下へ動くと実感できる。

（関澤陽子）

1月

音楽　こきりこで伴奏作り

昔から伝わる伝承音楽は、日本人のルーツである。授業で取りあげれば子供達に自然に入っていくのがわかる。

「こきりこ」（第1時）

歌を覚える

T　新しい曲を歌います。聞こえた歌詞を答えます。（たけ、7寸5分、長い、まど、デデレコデン等）

教師が歌い（あるいはCDを聴かせ）、歌詞に集中して聴かせる。

答えを言わせた後、歌詞の意味を短く付け加えながら、再度歌う。

“こきりこ”に見立てた竹（長さ 23cm＝7寸5分）を2本用意すると、曲の意味がよく分かる。

T　歌います。（追い歌いする）

前半、中間、後半の3つに分け、追い歌い（教師が歌い、子どもが真似て後を追って歌う）する。

旋律が歌えるようになったら、教室を2分し、「旋律歌い」チームと「デデレコデン歌い」チームに分けて歌う。

①教室を左右に分け

②左右を入れ替え

③ペアで分担を決め、入れ替えて

分割方法に変化をつけると盛り上がる。

「こきりこ」（第2時）

「こきりこ叩き」を覚える。

①こ	②きり	③こ	④の
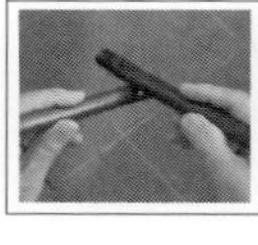			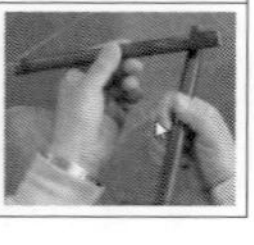

①割り箸を用意し、①～④の順で、やり方を覚える。

②教師から合格をもらった者は、ミニ先生としてできない子に教える。

③全員できるようになったら、ゆっくりの速度で叩く。可能なら歌いながら叩く。

④徐々に速度を上げて、こきりこ叩きする。沈没ゲーム等、遊び感覚でやっても楽しい。歌を歌いながらという負荷も加えていく。

⑤曲に合わせ、踊ったり身体を動かしたりしながら、こきりこ竹で音を鳴らす。

「こきりこ」でリズム伴奏（第3、4時）

「こきりこ」を視聴する。

T　使われていた楽器は何ですか。
　（締太鼓、笛、こきりこ竹、かねなど）

T　「こきりこ」に伴奏をつけます。
　まずAのリズムを叩いてみます。

左手（楽譜下段）右手（上段）で膝を叩かせる。楽譜を見せずまず実際に動きを教え慣れてきてから楽譜を示すと混乱しない。同様に、B～Dのリズムも紹介する。

T　A～Dのリズムを組み合わせて作ります。
　伴奏に使う楽器も、自分たちで決めます。

3～4人の班でリズム伴奏を創作する。

締太鼓が無ければ、小太鼓の響き線をはずして代用する。鐘やこきりこ竹は、Dのリズムが使える。

笛（リコーダー）や踊りも加えることができる。

（関根朋子）

1月

図画・工作　一版多色刷り版画、「太鼓を叩く」後半

彫りの仕方

一版多色刷り版画の彫りは、線彫りである。

彫り方のポイントは、次の３つである。

①片方の手は鉛筆を持つように持ち、もう片方の手は彫刻刀に添えるようにする。

②１彫りの長さは１㎝までで、カタツムリのように、チョチョと彫る。

③版木をまわして、彫る方向を同じ方向にする。

版木の裏を使って、①②③のコツが習得できるように、数分間練習させる。

さらに、彫りにはポイントがある。

ただ機械的に彫るのではなく、彫刻刀で描くように彫ることである。

描いた線の上に機械的に彫るのではなく、もう一度彫刻刀で描き直すつもりで彫るのである。「あれ、ここはゴツゴツしている感じだ」などと思って彫るのである。よって、線から多少ずれてもかまわない。

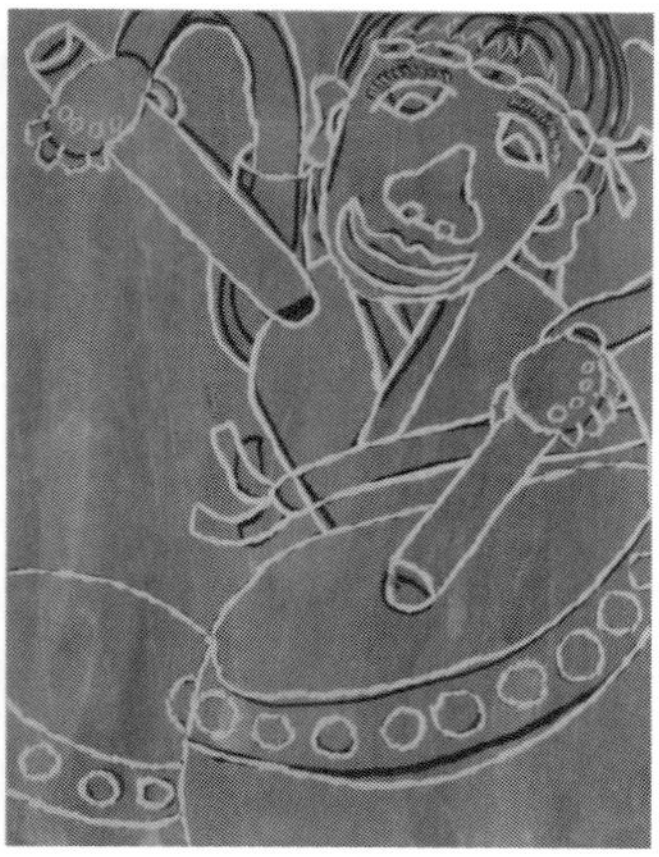

刷りの仕方

彫りが終わったら、版木に、同じ大きさの黒画用紙を貼り付けさせる。めくることができるようにするため、下の写真のように、一方だけをガムテープでとめさせる。

刷りは、版木に色を付け、その後で黒画用紙を重ね、バレンをかける。この作業を繰り返しながら、少しずつ刷っていく。

だんだん全体ができあがっていくので、子どもたちは「楽しい」と言う。

刷りでのポイントは、色づくりである。

①色の濃さをドロドロにすること。水を入れない。

②その色に白色を混ぜること。白色を混ぜないと、色がハッキリと出ない。

鑑賞会の後、２回目の刷り

版木を水洗いし、乾かせば、２回目の刷りができる。

仕上がったら、鑑賞会を開く。各自の絵の好きな所を発表させる。色づかいやタッチなどの工夫が見えてくる。２回目の刷りの時、子どもたちはさらに意欲的になる。

（上木信弘）

体育　教材と使い方のセットで二重跳び

「二重跳びができること」は、子ども達の自己肯定感を高める。用具を操作することから多様な動きをつくる運動につながる。4年生に、ぜひ挑戦させたい。

達成のためには、優れた教具と確かなユースウエア（使い方）が必要となる。

優れた教具

「スーパーとびなわ」（東京教育技術研究所）を紹介する。このとびなわは、「魔法のとびなわ」とも言われている。その特徴は3点。

①長くて握りやすい木製のグリップ
②中がつまった厚さ4ミリのロープ
③ハトメとワッシャーによるなめらかな回転

このような特徴は、市販されている他のとびなわには無い。

子どもは手首の動きだけで、楽にロープを回すことができる。これがとてもよい。

スーパーとびなわは、二重跳び達成のための重要な動きを引き出すことができる。

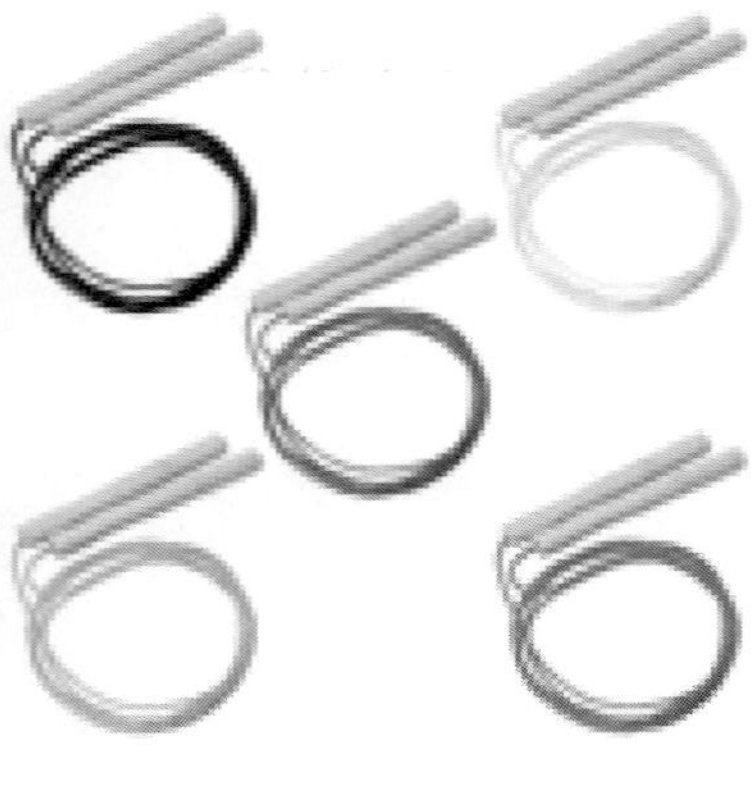

確かなユースウエア

「スーパーとびなわ」には、「向山式なわとび級表」がついてくる。これを体育の時間の学習カードとして活用する。この表が大変、優れている。「チャレンジシール」（別売）を組み合わせて活用した授業展開を紹介する。

「なわとび級表の見方を説明します。「前りょう足」に指を置きます。ペアの人と確認（指示したところに指を置いているか、確認しながら進める）。

前りょう足の下、一緒に読みます。「10、20、30」と書いてあります。例えば35回跳んだとします。そうすると、10、20、30と赤くぬれます」。拡大掲示した級表に教師が実際に色をぬって示す。「次、50回を目指すとします。もう一度初めから、10、20、30、40、50と続けて跳んで50までぬります。横に見ます。20級に指を置きます。ペアと確認。20級は前りょう足10回、前かけ足10、後ろりょう足2、後ろかけ足2、これを全てクリアして20級です。1つでも足りなかったら20級ではありません」

2人1組で跳べた箇所までカードに色をぬらせる。次の段階ができたら、ロープにビニールテープを貼る（TOSSなわとびチャレンジシールが便利）。あとはクラス名簿表を使って、自分が到達した級までマーカーなどでぬらせる。

これだけで何も言わずとも子ども達は不思議なくらい熱中する。テープをもらえる時の満足げで誇らしげでもある子どもたちの表情はいつみてもよい。

休み時間、放課後にやる時は、「審判が2人」いることを条件に許可する。やりすぎの歯止めになる。足首が痛かったら即止めさせる。

（桑原和彦）

1月

道徳　日本の伝統文化に触れよう

1月の道徳のポイント

正月は日本の伝統文化満載の時節だ。和装、和食、和室等、その意味や用語を知ることは、自国の文化理解につながる。

さらに、外国語活動、総合的な学習の時間等とリンクさせ、日本文化の紹介などにつなげることも可能だ。

1月のオススメ資料

文部科学省『私たちの道徳』

項目「伝統と文化を大切に」資料「日本の伝統と文化」、「日本の年中行事」

はおり、はかま、振袖から始まり、和食、畳、ふすま、障子と日本の伝統的な衣食住を網羅している。

簡単に意味を調べておく必要がある。できれば、写真も必要だ。子どもから、質問がでるからだ。

はおり……和服の着物の上に着る、短い上着。防寒、礼装などが目的。

はかま……和服の上につけ、腰から足までを覆う、ひだのある衣服。

振袖……袖の長い女性の着物。昔は、男女とも着ていた。

たたみ……日本で利用されている伝統的な床材。藁をしんにした畳床（たたみどこ）を畳表（たたみおもて）で覆い、和室に敷き詰める敷物。

ふすま……部屋と部屋を仕切る間仕切りの建具。木で骨格を造り、両面に紙や布を張ったもの。

障子……扉、窓に用いる建具の一つ。大きな木の枠に、縦横に多くの細い桟をつけ、紙をはったもの。

授業としては、様々な構成が考えられる。

（1）「風呂敷」特化コース。

風呂敷、または広めの布を用意して、様々な包み方を実践するコース。インターネットで調べれば、風呂敷の包み方のページが数多くある（検索ワードは、風呂敷の包み方）。

その中から、包み方がたくさん書いてあるものをプリントし、班で話し合わせながら風呂敷包みを体感させる。

「物」があるから、対話が生まれる。

（2）調べ学習コース

パソコン室に行って、調べ学習を行う。

①地域の年中行事

多くある場合は、教師が事前に調べておき、すぐに開けるようにお気に入りに登録しておく。

②外国の文化（衣食住）

副読本の中から調べるためのキーワードを確定する。キーワードに赤鉛筆で丸を付けさせる（伝統的　衣しょう　料理　住居）。

検索させる際は、検索窓に、「伝統的（調べたい国名）料理」などといれて検索させる。

対話指導のポイント

班で風呂敷の包み方をさせる際に、見ているだけの子を作らせない。

「班全員ができるようになったら、班全員で先生のところにきなさい」「班全員が別の結び方ができたら、先生のところにきなさい」等の確認作業をいれる。

パソコンが２人に１台、お隣同士使う場合も同様。

「お隣同士、２つずつ調べたら先生のところに見せにきなさい」

自然と対話が生まれる。

（平松英史）

英語 ステップを踏んだ練習が、「方向」の会話を楽しくする

方向の言い方を出来るように

A: Let's go to the music room.
Go straight. Turn right. Turn left.
Go up. Go down.
B:OK.
A: Here is the music room.
This is my favorite place.
B: Why?
A: Because I like music.

「お気に入りの場所を紹介しよう」の単元では、似ている言い方（方向や部屋）の単語が多く扱われるため、子供達にとって難しい。会話を楽しく行わせるには、ステップを踏んで練習、言えるようにさせることが大切だ。

例えば、方向を指し示す“Go straight”、“Turn right”、“Turn left”であるが、「右」や「左」は、日本語でも子供に定着させるのに時間がかかるものだ。英語なら、なおさらである。口頭練習はもちろんであるが、動作をつけて練習すると理解させやすい。

①手で方向を指し示す

②立たせて、教師の指示で実際に動かせる
※前進、体の向きを変えるなどさせて練習

③Simon Says

「サイモンセイズゲーム」も、楽しく方向を練習できるので、お勧めである。

「命令ゲーム」である。教師が命令を出し、子供は言われた通りの動作をする。命令は必ず“Simon says…”と付けた時だけ動作をする。もし、“Simon says …”と付けない命令で動いてしまった場合は失格である。

Simon says “Go straight”.
Simon says ” Stop”.
Turn left.　※動いてはいけない

上のような練習を毎時間行い、繰り返し「方向」に触れていく。どれもシンプルな練習なので、短時間で、リズム・テンポよく行うのが良い。

教科・人物の言い方を出来るように

この単元では、学校内の教室（部屋）の名前が新出単語として出てくる。これらの単語を扱う前に、まずは、「教科」や「人物」などの単語について英語で言えるようにしておく。

【教科・人物】	【教室・部屋】
music	→ music room
science	→ science room
math	→ math room
English	→ English room
arts and craft	→ arts and craft room
nurse	→ nurse's office
principal	→ principal's office
teacher	→ teacher's office
home economics	→(cooking room)※例外
P.E.	→(gym)※例外

教室の名前が連想できるので、子供達にとって覚えやすいものになる。（竹内淑香）

1月

総合　４年生の社会参画は「対話」がキーワード

故郷の魅力をまとめる

４年生、社会参画のキーワードは「対話」である。

子どもたちの社会参画の方法として、「故郷のＰＲ活動」がある。

例えば、都道府県の魅力を次のような形にまとめ、発信する。

> ①観光パンフレット
> ②観光ポスター
> ③観光動画　　　　　など

(例)　観光パンフレットの作り方

1特産品・グルメ・観光スポットなど紹介したいテーマを１つ決める。

2テーマについての資料を集める。

3パンフレットにまとめる。

８つ切り画用紙を２つに折ってパンフレットにする。外側を表紙と裏表紙にして、内側に紹介したいことをまとめる。大切なのは、各ページに必ずイラストや写真を入れ、ビジュアル的に作ることである。

観光ポスターは、パンフレットで紹介した観光スポットなどの中から１つ選んで作るとよい。

都道府県庁を訪問する

４年生の社会科では、身近な地域から自分が住んでいる都道府県へと学習が広がっていく。

しかし、子どもたちは、自分自身が都道府県民であるという意識は低い。

まずは、自分の住んでいる都道府県について知ることが必要だ。

特産品や観光スポットなどを図書館や行政発行の刊行物、インターネットで調べるのはもちろんだが、やはり最新の情報は「人」が持っている。「その道のプロに聞く」ことが一番だ。

可能であれば、都道府県庁の観光課を訪問するのがおすすめである。

故郷の魅力を発信する

パンフレットやポスターができたら、いよいよ発信する。

> ①パンフレットやポスターは、市役所や県庁などのパブリックスペースに設置・掲示してもらう。
> ②動画は、行政のＨＰなどで公開してもらう。

この２つを実現するためには、都道府県庁（市町村役場）にお願いに行かなければならない。

ここで再度、行政の担当者との対話が生まれる。

故郷の都道府県を全国に紹介したいという思いは、子どもたちも担当者も同じである。

自分たちが作ったパンフレットが、都道府県庁に置かれることで、子どもたちの「都道府県民」としての意識が高まるのである。

同時に、社会参画を体験した満足感も得ることができるのである。

（浦木秀徳）

2月

国語　「わたしの研究レポート」報告書の書き方を指導する

教材解釈のポイントと指導計画

本単元では、報告書の書き方を学ぶ。型を学び多作することで、書く力を高めていく。

単元後半では、書いた報告書を児童同士で相互評価させることで、対話による学習を進めていく。

第1時　音読・調べ方を知る。
第2時　視写ワークで型を学ぶ。
第3時　型を使って報告書を書く。
第4～6時　多作する。
第7時　報告書を読み合い相互評価する。
第8時以降　自分でテーマを決め報告書を作成する。

授業の流れのアウトライン

第1時は、教科書を読み、調べ方について学ぶ。

【調べ方】
・本で調べる。　・新聞で調べる。
・インターネットで調べる。
・人に聞く。　・現地に行く。

その中から今回は本（図鑑や百科事典を含む）で調べていくことを伝える。

第2時には村野聡氏作成の視写ワークで報告書の書き方を学ぶ。

使った本は『こどもおもしろ学習館』（主婦と生活社、一九九四年）である。この資料の優れている点は、身近な疑問について、「QAと説明文」で解説されていて、それを型に当てはめると、面白いくらい簡単に報告書が書けてしまうところである。中古で手に入るので、ぜひ手に入れてほしい。

その本より引用する。

Qカニはなぜあわをふくの？
A呼吸をするえらが、かわかないようにするためです。
カニはえらで呼吸していますが、えらがかわくと死んでしまいます。
（以降省略）

まず、右の資料を読み、村野聡氏作成の視写ワーク①で、報告書の型を体験する。同様の穴あきワークで型を使う練習をする。２枚のワークで報告書の書き方を身に付けることができる。

【視写ワーク①】

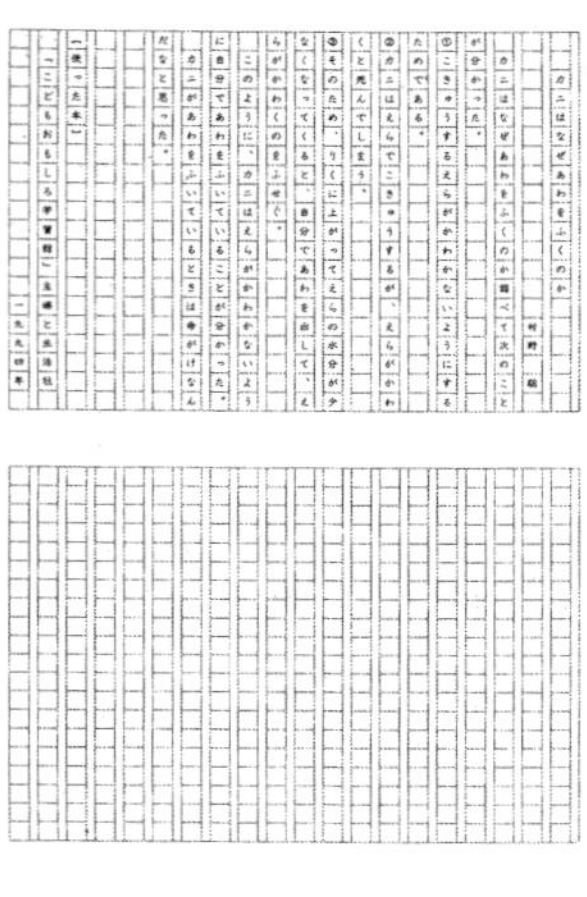

第4時からは、同じ本を使い、多作していく。書けた報告書から1つ選び、相互評価をする。

列、または班で報告書を回し、5分で読む。そして、5分で工夫した点、及び誤字・脱字・表現等について気付いたことを赤で書き込んでいく。戻ってきた報告書を読む児童は大変嬉しそうに読み返していた。

学習困難状況への対応と予防の布石

あらかじめ、調べる資料をいくつかに絞って提示することがポイントである。調べることが決まらずに、未完成のまま終わってしまう児童が出てしまうことを防ぐことができる。

（黒田陽介）

2月

社会 「資料」と対話する調べ学習

「地域の特色」を資料で調べる

兵庫県は南北に広い県である。

北の方にある「豊岡市」は雪国。

南の方にある淡路島の「洲本市」は温暖な気候。

それぞれ、どんなところなのかを調べ学習する。まずは「豊岡市」。

> 発問１　「豊岡ってどんなところ？」かを調べます。調べるには、どのような方法があるのでしょうか。

例えば、国語辞典を使って調べられる。

国語辞典で調べた場合は、次のことをノートに書くようにする。

①使った辞書の名前
②何ページに書いてあったか
③使った辞書の発行年月日
④調べた言葉と内容
⑤自分の考え

国語辞典のほかにも、資料を使って調べられる。同じように、どこに書いてあったのか、何を調べたのかを書いておく。

そうすると、後で自分のノートを見返した時に役立つ。

例えば、百科事典を使って調べられる。

平凡社の『世界大百科事典』などだ。

「索引」の使い方を教えると百科事典は使いやすくなる。

調べた情報は、国語辞典のときと同じ項目立て（フォーマット）でノートに書いておく。

インターネットで調べる

「豊岡ってどんなところ？」なのかをインターネットで調べる。

グーグル（Google）の検索サイトを表示させて次のように問う。

> 発問２　今から、「豊岡ってどんなところかなぁ」っていうことを調べるのですが、みんなならここに、どんな「言葉（キーワード）」を入れて調べますか。

まず思いつくキーワードは「豊岡」だ。

Google に「豊岡」と入力し検索する。

「１９６０万件」が検索結果として表示される。ノートに次の情報を書いておく。

①　使ったサイト　→　Google
②　検索キーワード→豊岡
③　検索結果　→　１９６０万件

次に「必要な情報」を選ぶ必要がある。全てを見ることはできない。したがって「選ぶための基準」をいくつか教える。

> ①上の方に表示されているもの。
> ②表示されている解説文（サマリー）が分かりやすいもの。
> ③官庁のページなど。（go.jp や lg.jp がつくページなど）

「豊岡」というキーワードで調べると、一番上に「豊岡市の公式ホームページ」が表示される。このページを使ってみる。ノートに次の項目を書き足しておく。

④選んだページ→豊岡市ホームページ

たくさん表示されている「絵や写真」のうち「ひとつだけ印刷してもいい」ことにする。印刷した絵や写真をノートに貼り「題名」をつけ「説明」を書き足す。

最後に「もっと調べたいこと（わからなかったこと）」を書き足してまとめる。

同じ手順で「洲本市」についても調べる。同じ手順を繰り返すことで調べ学習のスキルが習熟する。

（許鍾萬）

算数　「小数のかけ算、わり算」小数は面積図を教えて立式させよ

小数のかけ算、わり算では、面積図をかけるようにし、かけ算かわり算かを識別させる。

水が 10.8L あります。３人で等分すると、１人分は何 L になりますか。

教科書の問題には、立式するための数直線や図がかかれている。これらの図は、教科書によって様々である。かけ算かわり算かを識別し、立式するためのツールである。いずれを使っても立式できるが、一目見てわかりにくいという子供もいる。そこで、立式ツールとして面積図を指導する。

面積図

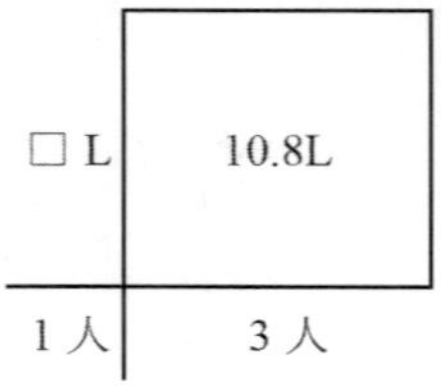

東京書籍の二重数直線

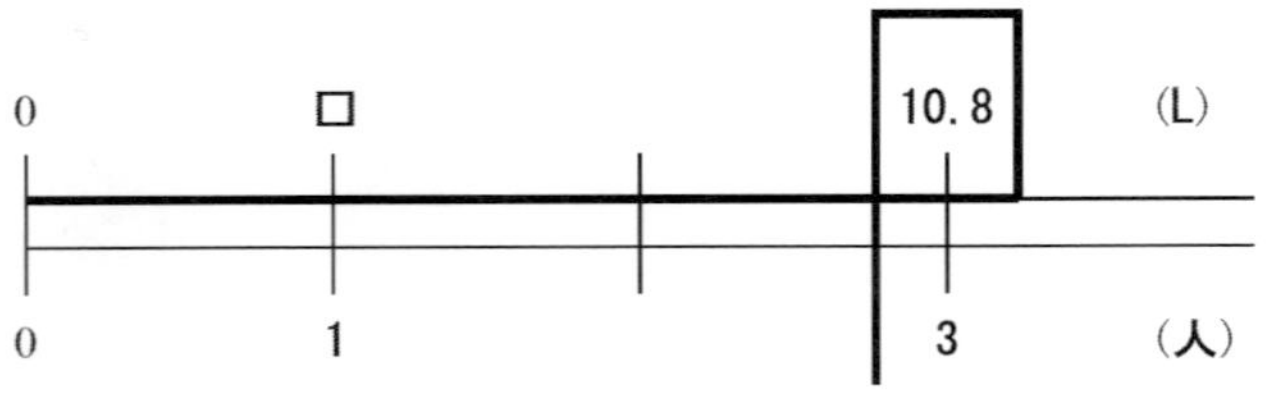

学校図書の図

×３

水(L)	□	10.8
人数(人)	1	3

×３

※太字・太線は、面積図と同じ部分である。

【本時の対話的活動】
面積図を自力でかけるようにし、問題文を読み取り、問題と向き合い、面積図をかくこと。

面積図は指示・発問にリズム・テンポよく答えさせ、順を追ってかかせていく。

①左下に「１」と書きなさい。

②１となるものは何ですか。その上に書きなさい。

③単位が同じものを横に並べて書きなさい。

面積図は、慣れるまで自力でかくのは難しいが、何度か練習すれば自力でかけるようになる。５年生の「割合」、６年生の「速さ」などの単元では、面積図を使うことで子供の理解を助ける。問題文を読み取り、問題と向き合いながら、徐々にかけるようにさせていく。

なお、面積図にも欠点がある。数直線と比べれば、量感を実感しづらい。面積図、数直線、またその他いずれのツールにしても、問題に合わせてツールを使い分けられるとよい。　（友野元気）

参考文献：河田孝文『子どもが“面積図”を使いこなす授業――算数の超強力回路をつくろう』明治図書

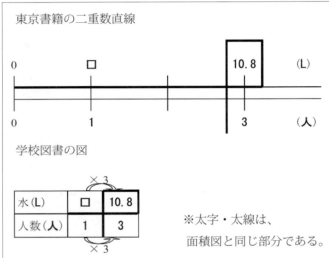

2月

理科　沸騰した水の泡の正体

水の状態に着目して、温度の変化と関係付けて、水の状態の変化を調べる。また沸騰した水の中から盛んに出てくる泡は空気ではなく水が変化したものだと気付くようにする。

沸騰の実験で泡に注目する

沸騰したときに出てきた大きな泡はなんでしょうか。

【予想される児童の考え】
①水蒸気
②空気
③水蒸気と空気

自分はどの意見なのか予想をさせる。

ここで写真のような実験器具を紹介。ろうとに透明なビニル袋を輪ゴムでつける。大きな泡が出てきたらろうとを逆さにして沈め、泡だけを集めることを説明する。

予想し話し合う

泡が集まってくるとこの袋がふくらんできます。袋がいっぱいになったら火を消します。消した後、袋の中の温度は下がります。もし空気だったらどうなりますか？また、水蒸気だったらどうなりますか？ノートに書きなさい。

【予想される児童の考え】
①水蒸気だったら温度が下がって水に戻ると思う。だから袋に水がたまる。
②空気だったら温度が下がってもふくらんだままで、袋の中に水は出てこない。

空気だったらどうなるのか、水蒸気だったらどうなるのかをグループや全体で説明し合う。

実験と変化のまとめ

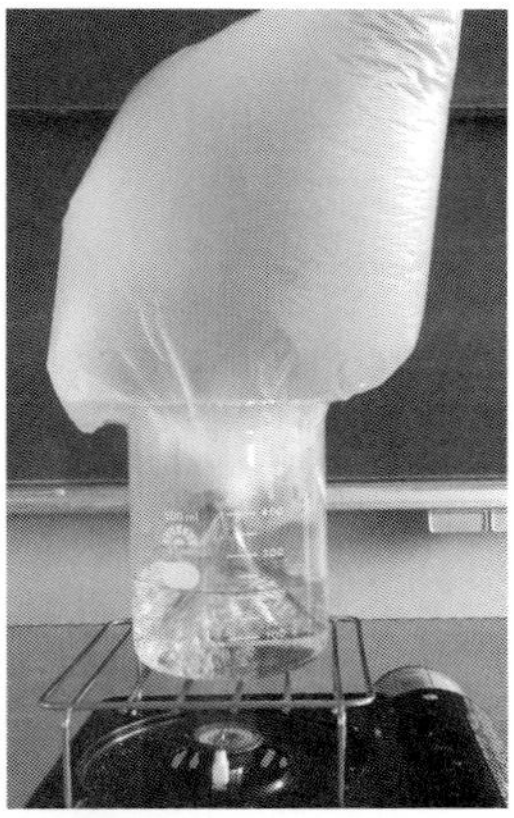

大きな泡だけがでる状態になってからろうとを沈め、袋が大きくふくらんだら火を止める。すると、袋はゆっくり縮んでいき、袋に水滴がつく。しばらくすると袋はもとのようにしぼんでしまうので、泡は水蒸気だったと考えられる。

この変化を文章にまとめる。その際以下のように「まず……次に……そして」の接続詞を使いながら順番にまとめさせる。まとめた文章を交流する。

まず、沸騰して水が水蒸気になり袋がふくらむ。次に火消すと温度が下がり水蒸気が水に戻る。そして、中の水蒸気が水にもどるので袋はしぼんで中に水滴がつく。

（蔭西孝）

2月

音楽　「さくら　さくら」で箏を演奏しよう

日本古謡や民謡といった日本の歌を歌う場合、言葉を伝え、語感を味わうことが最優先となる。ブレスやクレシェンドといった西洋の音楽技法の指導は後回しになる。

「さくら　さくら」（第1時）

範唱を聴かせる際、ねらいがあると、集中して聴くことができる。

曲名を確認した後、追い歌いをし、交互唱する。右歌詞1を1、2号車、2を3、4号車と、行をごとに歌い分けていく。男女で、左右で、前後で、2人組でと変化のある繰り返しで歌う。「姫と殿」による交互唱（『子どもノリノリ歌唱授業』飯田清美著）も楽しい。

> さくら　さくら
> 1さくら　さくら
> 2野山も里も
> 3見わたすかぎり
> 4かすみか雲か
> 5朝日ににおう
> 6さくら　さくら
> 7花ざかり

「さくら　さくら」（第2時）

問　「♪さくら〜さくら〜」と「♪さくら、さくら」この曲を歌うときはどちらの歌い方が良いでしょう。

教師が歌って聴かせる。前者は息継ぎなしで通して歌い、後者は「さくら」「さくら」と呼びかけるように歌う。答えは、後者である。

「さくら」「さくら」とよびかけているのです。日本では昔から、旋律の美しさよりも、言葉をはっきり伝え、言葉がもつ語感を味わうことが重視されてきました。

言葉がはっきり聞こえるように、「さくら」と語尾まではっきり発音する。野山、里、かすみ、雲、朝日、花ざかりなども同様にはっきり歌う。

箏曲「さくら　さくら」を鑑賞する

箏曲「さくらさくら」CDの冒頭を聴かせる。

問　曲名は何ですか。（さくらさくら）

問　演奏している楽器を何と言いますか。

楽器の音色は、意外にわからないようだ。繰り返し聴かせ、箏の音色をインプットする。

問　ことはどうやって音を出していましたか。
1息を入れて　2弦をはじいて　3叩いて

次に、「さくらさくら」の演奏映像見せる。爪を右手にはめて演奏すること、左手で弦を押さえて響きを調整していること、柱（じ）と呼ばれるこまを立てて音高を調整していることなど、映像を通して理解する。

箏曲「さくら　さくら」を演奏する

歌います。
778－　778－　7898　7876
5456　5543（「さくらさくら」の節で）

追い歌いの後、繰り返し歌う。空でスラスラ歌えるようになったら、箏を弾く準備をする。

グループに1台箏を準備し、全員爪をはめる。箏は平調子に調弦しておく。弦の近くにビニールで、1、2、3……と弦の番号を振っておく。

①グループで順番を決める。

②1番は箏の前に座り、「778」の弦を何度もはじく。

③2番、3番……と順に「778」のみを練習する。

④同様に「7898」を練習する。

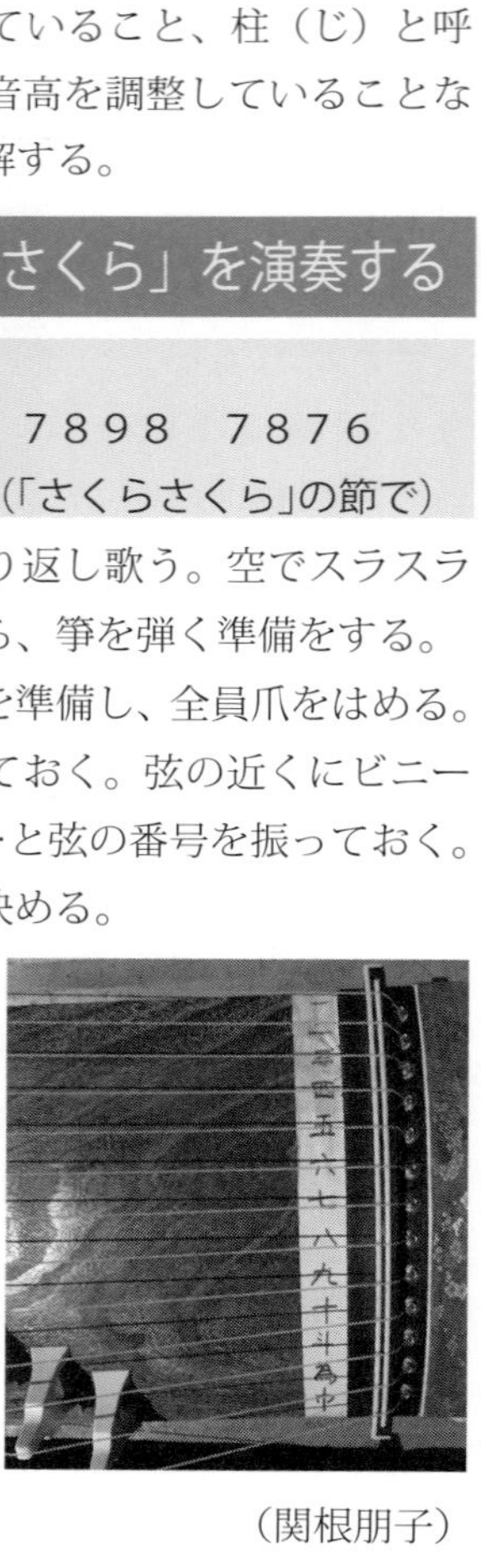

（関根朋子）

2月

図画・工作　「ランプシェード」が生む心あたまる時間

ランプシェード作りは、学期末の慌ただしい時期におすすめである。

簡単な材料で子ども達を熱中させることができ、ランプを灯し鑑賞する中で、友だちどうしのあたかい交流が生まれてくる。

1枚の紙から生まれる無限の想像力

お面をつくる

【準備物】

・画用紙（白色と各色）・８つ切り半分・はさみ・セロテープ・マルチライト（100円均一店で購入）

模様は線対称でつくる

まずお面の形で線対称のつくり方を練習する。

①白画用紙を縦半分に折る。山折りした側から、はさみを入れて目を切り取る。

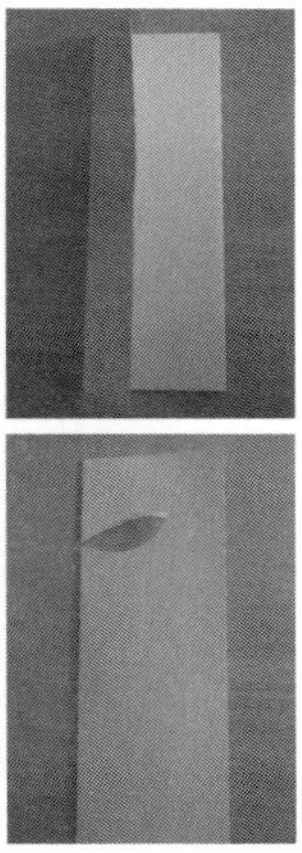

②同じようにして、鼻と口を切り取る。はさみの刃は「行ったら戻る」を意識させると線対称が理解しやすい。

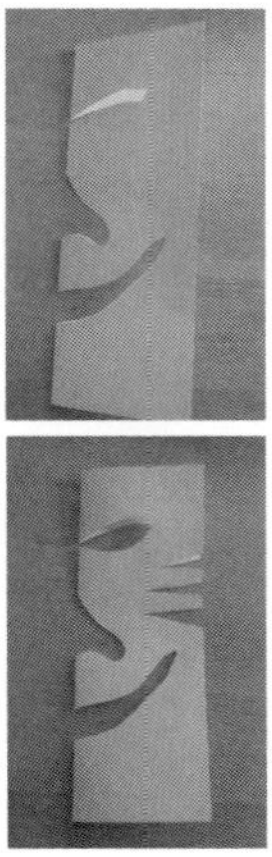

③模様を切っていくと、様々な表情になる。

下から５㎝、右側の端３か所は切らずに残しておく。色画用紙と貼り合わせる部分である。

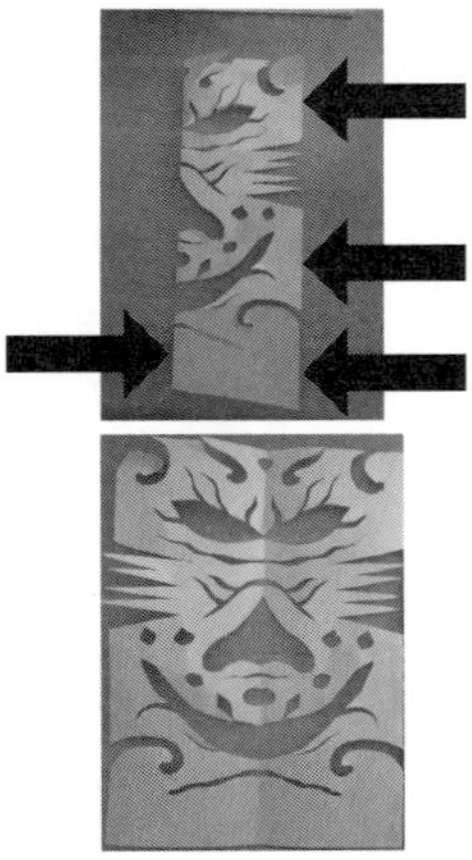

④縦半分に折った色画用紙を並べてセロテープを６か所つける。右側からたたむように折ると外側からテープが見えず、きれいに仕上がる。

２作品目は、お面にこだわらず線対称で思い思いの形に切っていく。

鑑賞会でお互いの作品を見合う

ライトを中に入れると「わぁ」と歓声があがる。「すごいね」とお互いの作品を褒め合う子どもたち。みんなの笑顔で終わる。

（神野裕美）

2月

体育　全身で踊るニャティティソーラン

　中学年のリズムダンスは、「軽快なリズムに乗って全身で踊ること」とされている。熱中して全身で踊るダンスとして、「ニャティティソーラン２０２０」を取り上げる。

　ダンスというと「一糸乱れず」が一般的な考えだろう。反対に、

「万糸乱れて」

であることが、このニャティティソーランの魅力の大きな1点である。この考えがあるから、子ども達は安心して全身で踊ることができる。１人１人の、のびのびとした動きを認め、ほめていくことで完成させていく。

　これは、曲を聴かせると子どもたち自身が実感する。「先生、ニャティティ好き！」「自然に体動き出す！」「なんか、楽しそう！」「リズムが気持ちいい。のりやすい！」という子ども達の声が聞かれる。

　基本的な動きを教えつつ、自由度があるダンスがニャティティソーランである。例えば、「ケンケンくるりん」の動き。このくるりんを、子ども達は、思い思いに手を回していた。ニャティティのリズムに乗って心地良くシュンと回っている。その様子は、見ている側も楽しく嬉しい。

　このダンスは、ＤＶＤとＣＤが市販されている。このＤＶＤを大型テレビやスクリーンで見せる。見よう見まねで、子ども達は覚えだす。基本、教師はその様子をほめていけば、習得していく。「すばらしいね」「リズムに乗っているね」「指先まで伸びているね」「大きな動きですね」など、驚きながらほめ続ける。

　このニャティティソーラン２０２０では、動物や戦士、花の動きのイメージで子供に指導した。以下紹介する。

①かまえからの8で立ち上がり
　これを、ライオンが「ガオー」と吠えているようなイメージで、素早くしゃがみこみから立たせるようにした。

②ジャケット
　両手でジャケットを脱ぐ動きである。低学年にはイメージがしにくかったので、花が開くようなイメージと伝えた。「お花～」「お花～」と言いなめらかで優雅な感じに手を表現していた。

③バード・ハット
　バードは、鳥の羽の動きを、両腕でバサバサとする。ハットは、帽子をかぶるしぐさをイメージしているが、そのまま鳥が敵を射止めようと静かに狙っているという状況を伝え「鋭い構え」をイメージさせた。

④ティンギッサ
　テキストでは、しゃがみ込む動きなのだが、これを「ゴリラ」と「ゾウ」の動きに変更した。

　本番の運動会では、子ども達は基本を踏まえながらも、思い思いのリズムに乗って表現していた。アンコール間違いなしのダンスである。

（桑原和彦）

2月

道徳　締めくくりに向けて仲を深める

2月の道徳のポイント

締めくくりに向けて、学級の仲を深める。人間関係の浅かった学年当初と比べて、今の時期ならばできることが増えている。

2月のオススメ資料

文部科学省『私たちの道徳』

項目「友達とたがいに理解し合って」資料「友達がいてよかった」、「友達の良い所を見付けよう」、「友情って何だろう」、「ささえ合い　助け合い　「合い」の力で　心と心をつなげよう」

項目「周りの人たちと、もっと仲良くするために」資料「おたがいのことを理解するにはどうすればよいのかな」

学級の実態に応じて指導できる。

（1）エンカウンター的に行う

「友達の良い所を見付けよう」

例を音読させる。例には、「友達の名前」、「良い所」が書いてある。

どんなことを書いてよいか不安な子、「良い所」から反れたことを書きそうな子にとって、例がないと空白や不規則発言が飛び出すことになる。

最初は、先生の良い所を発表させる。そのまま、隣の子、そして、自由に移動して書かせていく。

とにかく、数の多い子をほめていく。

足りなくなったら、付箋等を渡して付け加えさせてもよい。

（2）読み聞かせる

「「合い」の力で心と心をつなげよう」

ロンドンオリンピック、水泳男子400メートルメドレーリレーの話。

読み聞かせるだけでよい。

ピンと来ていない子には、次の補足をする。

「助け合い」は、お互いに助けるということです。もし、人から助けてもらった時には、次は、「助けてあげる」ことが大切です。

「支え合い」もそうです。自分だけが支えられるのではなく、みんなで「支える」のです。

みんなで支えたからこそ、代表の4人が銀メダルを取れたのです。

（3）役割演技をする

「おたがいのことを理解するにはどうすればよいのかな」

意見がまとまらないときにどうするかという役割演技をし、聞くとき、話すときに大切なことに気づかせるという資料だ。

集団の親和性が高まると、役割演技が楽しい。演技をしている際は、多少やんちゃなことを言っていても、話（題意）に合っていれば、認める。楽しくやればよい。

対話指導のポイント

良い所見つけは、最初は、「先生」の良い所を見つけさせる。いきなり子ども同士させるとふざける子が出てくる。先生の良い所を数人に言わせ、褒める。

役割演技は、最初のセリフは、資料通り読ませ、次のセリフから自分たちで役割演技させる。いきなり、自由に演技させるとこれもふざける子が出てくる。

また、役割演技は、「終わり」も決めておく。3秒間が空いたら終わり、1分たったら終わり、最後は、サッカー派の人が勝って終わることなど決めておくと安定する。

（平松英史）

英語　実際に英語を使う経験を～異文化交流授業～

一瞬の経験が子供を変化させる

〇外国からの人たちが来て、英語を使って話せて、楽しかったです。
〇英語が話せると色々な人と話せて楽しい！
〇外国の人と交流したときに、一緒に話すのが少し緊張したけどすごく楽しかった。
〇どんどん外国の人と話せるから英語の授業が大好きです。また外国の人が来てほしいです。（異文化交流授業：子供の感想）

英語を学んでいるからこそ、実際に外国の方と触れ合う機会をつくると良い。「異文化交流授業」を企画する。「外国の人と話せた」、「英語が通じた」、「英語がわかった」という経験は、たとえ一瞬であっても子供達を大きく変化させる。

異文化交流授業の計画

外国人ゲストティーチャーは、地域の「国際交流協会」や大学を当たると良い。「英語での交流」を行うことをお願いしておく。

当日の交流の流れは以下だ。

中休み	ゲストティーチャー到着
３時間目	開会＆お国紹介（各教室） ※子供はグループに分かれローテーション
４時間目	ゲスト紹介＆交流会（体育館） ※ゲーム、ダンス、スポーツなど
給食	ランチタイム＆交流（各教室）
そうじ	クリーンタイム（各教室）
昼休み	交流＆閉会（各教室）

子供達には、「自己紹介カード」や「日本（地域）紹介カード」を各々に作成させる。物があると、交流しやすく、会話がはずむからだ。この自分だけのオリジナルカードを使って、練習をさせる。

【ダイアローグ例】
Do you like Japanese food?
What Japanese food do you like?
Me, too!

Do you know Hachioji Ramen?
This is Hachioji Ramen.
It’s good!!!

I like Okonomiyaki.
Do you know Okonomiyaki?
It’s like pancake.
It’s delicious.

外国人ゲストを想定して練習をするので、子供達は意欲的にどんどん覚える。東京都であれば、テキスト『Welcome to Tokyo』（東京都教育員会）が配布されているので活用すると良い。日本を紹介するトピックが多数掲載されており、子供達にとってタイムリーかつ興味深い学習となる。

（竹内淑香）

2月

総合　家族や自分との対話を深める二分の一成人式

「ぼくは夜泣きがひどかったけど、お母さんとお父さんは、ほとんど寝ずにお世話をしてくれたね。ありがとう」

次々に家族へ感謝の気持ちを伝える子どもたち。教室は、感動の雰囲気に包まれる。

感動を呼ぶ二分の一成人式

二分の一成人式の式次第は、「①校長祝辞　②呼びかけ　③合唱　④感謝の手紙（各教室へ移動）　⑤担任の話」とし、呼びかけは、卒業式のように1人1人が行うようにする。

（　）今日は、ぼくたちの二分の一成人式。
全員　二分の一成人式。
（　）私たちは、今年で10歳になります。
（　）成人式をむかえる20歳のちょうど半分です。
（　）校長先生。お祝いの言葉、ありがとうございます。
全員　ありがとうございます。
（　）お話しいただいた1つ1つの言葉を
（　）これからの生活に役立てていきます。
全員　役立てていきます。
（　）10年前、10ヶ月もの間、私に会えるのを楽しみに待っていてくれた。
（　）お父さん、お母さん。
（　）おじいさん、おばあさん。
（　）お兄さん、お姉さん。
（　）ぼくの大切な家族。
全員　大切な家族。
～以下略

二分の一成人式までの流れ

二分の一成人式は、儀式である。儀式であるので会場は、体育館がよい。式のイメージは、卒業式。

式を行ったあとは、各教室に帰り、保護者へ感謝の手紙を渡す。以下、二分の一成人式までの流れを示す。

①家族へインタビューする
②パソコンを使って自分史を書く
③家族へ感謝の手紙を書く
④二分の一成人式の練習をする

家族や自分との対話が生まれる

二分の一成人式の準備をする中で、子どもたちは、家族や自分自身と対話するようになる。

例えば、インタビューの活動では、自分が家族からどんなに大切にされてきたかを家族との対話の中で実感する。

「3歳のとき、夜中に急に熱が出て、病院に連れて行った。何日も熱が下がらず、とっても心配した。こんなに元気に成長してくれて、ありがとう」

家族から直接聞くエピソードは、子どもたちの宝物となるはずだ。

また、自分史を書く活動では、生まれてから10歳までの家族との思い出を自分自身との対話の中でまとめていく。

さらに家族への感謝の気持ちを伝える手紙を書くことによって、自分との対話を深めていく。

（浦木秀徳）

3月

国語　「初雪のふる日」対話で考えを深める討論を指導する

教材解釈のポイントと指導計画

本教材はファンタジーの作品であり、女の子が現実世界から幻想世界に迷い込み、再び現実世界に戻ってくるというサンドイッチ型の構造になっている。

現実世界と幻想世界の狭間を問うことで、物語を深く読み取ることができる。

第1・2時　音読。
第3時　登場人物の検討。
第4・5時　女の子が幻想世界に入ったのはどこかを検討する。
第6時　起承転結の学習。
第7時　物語を起承転結に分ける。転はどこか。

授業の流れのアウトライン

第4・5時の授業展開例を示す。

この物語は不思議なことがたくさん起きます。女の子が現実世界から幻想世界に迷い込み、また、現実世界に戻ります。

女の子が現実世界に戻ってきたのは、どこですか。

多くの児童が次の文を答える。

P117L10「気がついたとき、〜」

では、女の子が幻想世界に迷い込んだのは、どこですか。

これは、意見が分かれる。まずは、幻想世界に入ったと思う場所を指で押さえさせ、発表させる。

P105L2　その道には、〜。
P105L7　それから、〜飛びこんでみました。
P105L8　すると、はずんできたのです。
P105L11　石けりをしながら、〜。
P106L8　バスの停留所の〜、雪がふり始めました。
P106L13　空はどんよりと〜。

ここは違うのではないかというものを選ばせ、全体で意見を2つに絞らせる。

実践では、次の2つに絞られた。

P105L8　すると、女の子の体は軽くなって、ゴムまりみたいにはずんできたのです。
P106L8　バスの停留所の辺りまで来たとき、ほろほろと雪がふり始めました。

どちらかを選ばせ、そう考えた理由をノートに書かせる。そして、書いたことをもとに、どちらがよりふさわしいのかを討論していく。

児童は教科書の言葉をよく読み、それを根拠にして発言しようとする姿勢が見られた。

最終的には、「『女の子の体は軽くなって』というのは現実では有り得ないことで、この時には幻想世界に少し入り込んでいる」という意見が優勢となった。

学習困難状況への対応と予防の布石

考えがまとまらない児童を呼び、教師と一緒に話し合うことで、意見を書けるように支援することも大切である。

（黒田陽介）

3月

社会　世界とつながる光海底ケーブル

日本の近海にある「日本海溝」。一番深いところで、７０００～８０００ｍある。富士山の２つ分がすっぽり沈んでしまう深さだ。

> 発問１　日本海溝８０００メートルの深さのところに人間が作ったあるものが通っています。なんだと思いますか。

予想してノートに書かせる。

数名、指名して発表させる。

正解は「海底ケーブル」だ。

日本とアメリカをつないでいる。アメリカに国際電話をかけたり、インターネットでアメリカのホームページを見たりするときに海底ケーブルを通って信号が伝わる仕組みになっている。

> 発問２　この海底ケーブルの太さは、どれくらいだと思いますか。手でその大きさをあらわしてご覧なさい。

隣の人と比べさせる。

正解は「１円玉」と同じ大きさ。

直径２㎝。この中に髪の毛よりも細い「光ファイバー」が通っている。光ファイバーの中を信号が流れていく。

> 発問３　このケーブル1本を使って電話をするとしたら、同時に何人の人がアメリカに電話ができると思いますか。

正解は「６０００万人」。

１０年前は７５６０回線だったが、今では６０００万回線以上が同時に通話できる。（※２００３年調べ）

日本初の光ファイバー海底ケーブルを引いた時の責任者「細谷辰夫」さん。

細谷さんたちは日本からハワイまでの４０００㎞の海底ケーブルを引いた。

飛行機で7時間かかる距離だ。

それを「たったの2年」で完成させた。

海の中はでこぼこである。ルートを決めるのにも、６ヶ月間の海底調査を必要とした。ルートを決めたら船でケーブルを海底に沈めていく。時速１０㎞、人が走るくらいの速さで引いていく。

海底ケーブルを引く技術は日本が世界トップレベルを誇る。

細谷さんたちが作ってくれた「光海底ケーブル」が島国日本と世界の橋渡しをしてくれている。

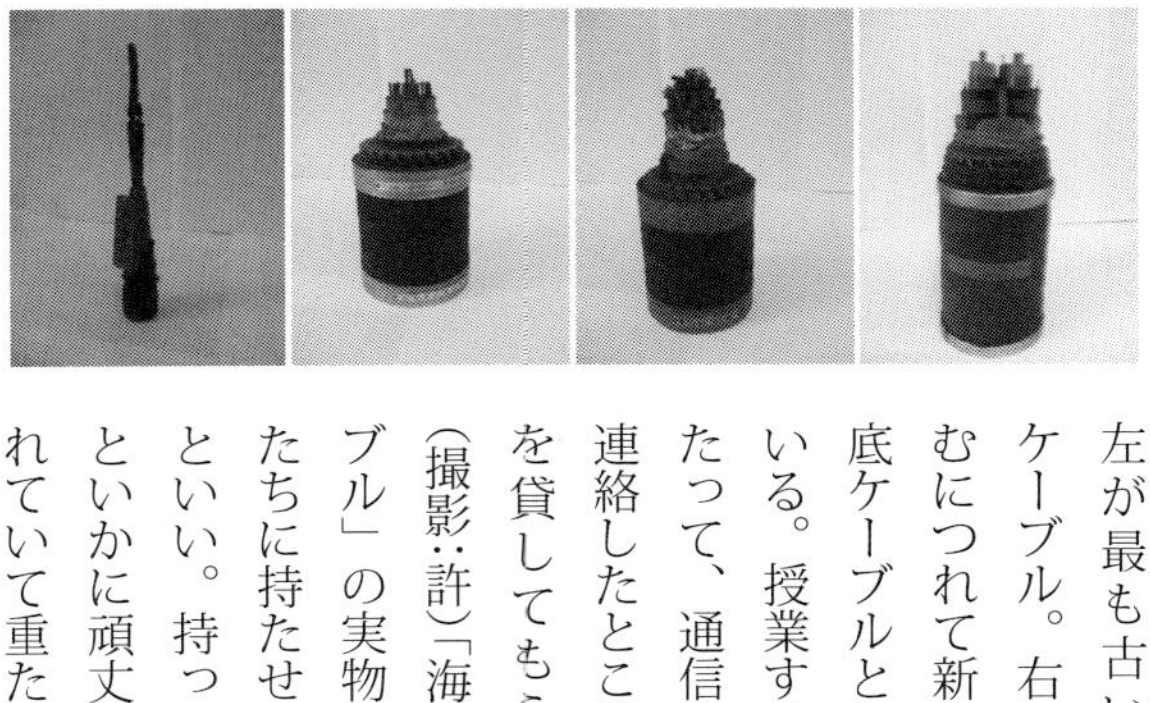

上の写真は海底ケーブルの実物。一番左が最も古い海底ケーブル。右へすすむにつれて新しい海底ケーブルとなっている。授業するにあたって、通信会社に連絡したところ実物を貸してもらえた（撮影：許）「海底ケーブル」の実物は子供たちに持たせてみるといい。持ってみるといかに頑丈に作られていて重たいモノなのかを実感できる。
インターネット自体は、目に見えない。しかし、インターネットを活用しているモノや周辺機器などであれば教室に持ち込める。
モノを見せたり触れさせたりしながら授業すると、子供たちにも具体的なイメージがわき対話が活性化する。

（許鍾萬）

3月

算数 「直方体と立方体」立方体の展開図を考えさせる

立方体の展開図を考え、伝え合うことで対話的な学びが生まれる。

直方体、立方体の面の数、辺の数、頂点の数を調べ、下の表にまとめて、にているところを探しましょう。

見取り図でもよいが実際に操作できる箱があるとよい。教科書の見取り図を見ながら見えない部分を認識するには、実際に箱を操作することが必須だ。また数えるときにわからなくなってしまいそうなら番号を付けながら数えるとよい。直方体や立方体の特徴を押さえた上で展開図について学習する。実際に小さな箱などを転がしながらかいたり箱を切り開いたりすると、苦手な子供も理解しやすい。直方体の展開図は数が限られている。一方、立方体は面の大きさ、形が同じであることから、直方体よりも展開図の種類が多くなる。そこで、次の発問をする。

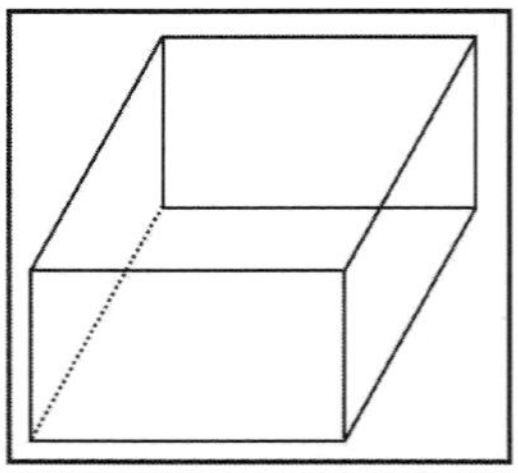

	面	辺	頂点
直方体	6	8	12
立方体	6	8	12

立方体の展開図をすべて見つけなさい。

方眼紙を配り、実際に切って作らせるとよい。まずは、自分で見つけさせる。

【本時の対話的活動】
各自で考えた立方体の展開図をグループやクラス全体で伝え合うこと。

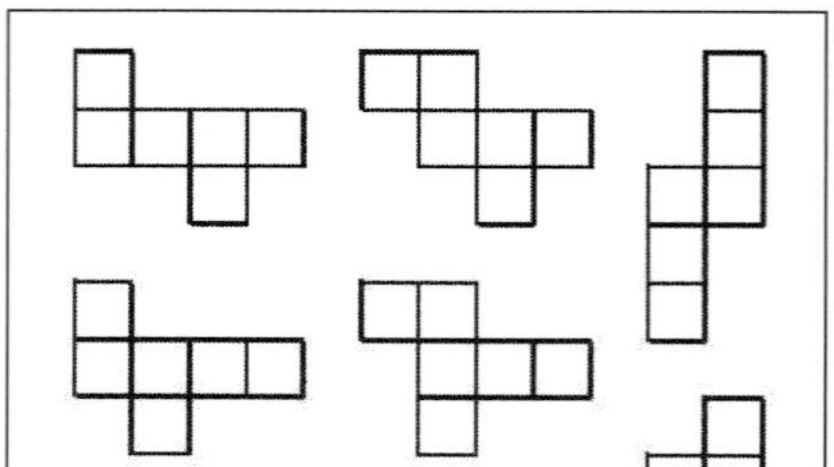

見つけた展開図はグループで伝え合う。グループの次は、クラス全体で伝え合う。自分が作ってない展開図を知ることができる。クラス全体でも、立方体の展開図すべては出てこないことが多い。「すべて見つけたら 100 点満点」と言うと盛り上がる。本やインターネットを使って調べてくる子供も出てくる。調べてきた子供を大いにほめる。

なお、立方体の展開図は 11 種類である。立方体の展開図には、ある程度の法則性がある。調べてきたものをもとに、その法則性を調べ、考えることで深い学びへとつながる。（友野元気）

参考文献：向山洋一　企画・総監修『「算数」授業の新法則４年生編』学芸みらい社

3月

理科　自然のなかの水のすがた

自然界の水の様子について、水の状態変化と関係付けて調べる活動を通して、空気中の水蒸気は結露して再び水になって現れることを捉えるようにする。

予想を話し合わせる

氷水を入れたコップをグループに１つずつ用意して、コップの表面についた水滴はどこから来たのかを話し合わせて、発表させる。

【予想される児童の考え】
①空気中の水蒸気がついたと思う。コップから水が出るのはおかしいと思う。
②コップの中の水がついたと思う。コップの中にしか水はないから、そこから出たと思う。
③雨が降るみたいに、空気中の水蒸気は水に戻るから空気中の水蒸気がついたと思う。

確かめる方法を考えさせる

空気中の水蒸気か、コップの中の水かを確かめるために、どんな実験をすればよいかグループで考えさせる（コップの中の水が水滴になったという意見が出ないときは、教師が提示する）。

【予想される児童の考え】
①お茶やジュースなど水以外のものをコップに入れて、コップの表面の様子を確かめる。
②氷だけを入れて確かめる。
③空っぽのコップを冷やして確かめる。
④ガラス以外の入れ物（金属のコップなど）で確かめる。

実験で確かめて結果をまとめる

それぞれのグループで考えた方法で実験させ、結果と分かったことや考えたことを発表させる。

【予想される児童の考え】
①ジュースに氷を入れておいたら、コップの周りには真水の水滴がついたから、コップの中身が表面に付いたのではないと考える。
②空っぽのコップを冷蔵庫で冷やして取り出したら表面に水滴がついたので、空気中の水蒸気が水に戻ってついたと考える。
③金属のコップにも水滴がついたので、中の水が表面に出ることはないと考える。

トレーシングペーパーで説明させる

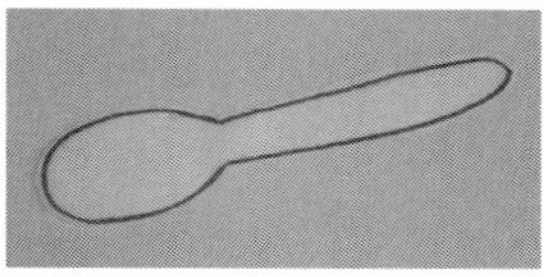

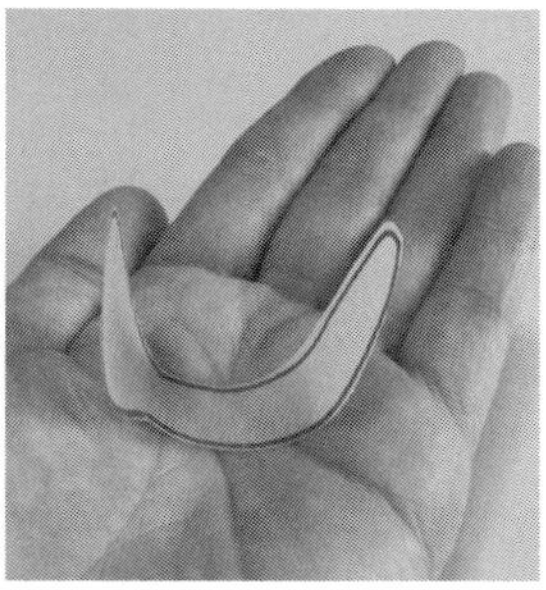

トレーシングペーパーで作ったスプーンを手の上に載せると反り返り、机の上に置くと元に戻る。

トレーシングペーパーは、湿気の多いところで反り返る性質があることを教え、なぜ手の上で反り返るのか説明を考えさせる。このとき、水蒸気を○（粒子）で表して、図で説明させてもよい。

「手から出た汗が水蒸気になるので、手の上では水蒸気が多くなる。そのため、トレーシングペーパーが反り返る。机の上に置くと水蒸気を出すものがないので元に戻る」

（上木朋子）

音楽　「曲の気分」そう感じる根拠を答える

「鑑賞」では、感じた理由を、根拠をあげて答えられるようにしていきたい。共通事項や、音楽活動を通し身に付けてきた情報を反映させる。

鑑賞曲『山の魔王の宮殿』にて（第1時）

指　音楽を聴きます。舞台(場所)はどこですか。
　（冒頭20秒を聴く）
　（誰も居ない部屋、お化け屋敷）
問　この曲はどんな感じですか。（こわい感じ、不気味、何かが起こりそう）
指　「山の魔王の宮殿にて」という曲です。

冒頭部分、音楽に合わせて教師が歩いてみせる。辺りの様子をきょろきょろと見渡しながら、抜き足差し足で歩く。

８拍毎に強調押されるアクセント部分では大きく振り返りながら歩く。

指　歩きます。

冒頭から曲を流し全員を歩かせる。

次は女子だけ、男子だけと分けて歩かせる。グループに分ける理由は、互いに見合うことで歩いている様子を客観的に捉えることができるからだ。

指　主旋律を歌います。（主旋律を歌う）
指　主旋律が出てきたら立ちます。
問　主旋律はどのように変化したか答えます。
　（だんだん大きくなる）

鑑賞曲「山の魔王の宮殿」にて（第2時）

問　この曲には、聴いている人を「こわい」と感じさせる仕掛けがいくつもありました。

　それは何だと思いますか。

　今まで、先生が紹介したことでもいいです。

　自分の言葉で答えます。（音楽を聴く）

聴いた後、子供達に答えさせる。

> 例　メロディが不気味　→　旋律
> 　だんだん大きくなる、初め小さくて後で大きくなった　→　強弱
> 　テンポが速くなった　→　速度
> 　音が高くなった　→　音高
> 　伴奏や打楽器の変化　→　その他

出てきた答えを分類する。

教師が進めてもよいが、可能なら子どもに分類させる。

「手がかり」を教え、感じたことの根拠を音楽の言葉で説明できるようにしていく。

鑑賞曲「剣の舞」

身体を動かしながら曲を聴けば、それまで聴こえなかった音が聴こえてくる。


指　音楽を聴きます。曲の感じを答えます。

　冒頭の30秒を聴かせる。

　（激しい）（賑やか）（うるさい）（勇ましい）

問　場所はどこですか。（戦場）（ゲームの中）

指　「剣の舞」という踊りの音楽です。

　男達が剣をもって踊っています。

　皆も剣をもって！

　音楽に合わせて、剣を振り下ろしますよ。

　♪タ～～！　♪タ～～！というトロンボーンのグリッサンドの部分で動作化する。

　（飯田清美氏の追試）

問　他にも、目立っている楽器があります。何ですか。（木琴、トロンボーン、小太鼓、ティンパニ）

指　エア楽器をもって演奏します。自分の好きな楽器を１つ選びます。（演奏を聴く）

（関根朋子）

3月

図画・工作　最高傑作を仕上げて、５年生へ、「桜の木の下で遊ぶ」

3月、5年生への進級を祝う絵として、桜の絵を描かせる。今まで習得した技術を生かして、最高傑作を仕上げさせたい。

桜の木の描かせ方

緑色、青色、藍色の色画用紙（44cm×32cm）を準備し、子どもたちに選ばせる。

まず、木から描く。色はこげ茶系。大筆に絵の具をタップリ含ませ、画用紙からはみ出るように描かせる。下に新聞紙を敷くと、描きやすい。

次に桜の花。白色のクレヨンで描く。丸を描いたら、花びらを5枚描く。これで開いた花が1個できる。開いた花を10個、半開きの花を2個、つぼみを1個の割合で描く。花と花とを重ねる部分をつくる、花びらの大きさを変えるように描く。これらを「1つの集まり」として描く。

描いたら、花びらの部分を白色のポスターカラーでぬり、中心部分は、朱色に黄色と白色を混ぜた色でしっかりぬる。

次に、右の写真のように、うすだいだい色のクレヨンで、同様に花を描く。「1つの集まり」が仕上がったら、彩色する。

さらに、桃色のクレヨンで、同様に進める。あとは、白色、桃色、うすだいだい色のクレヨンを自分で選ばせ、合計60個前後描かせる。クレヨンの色が微妙に違うので、桜のかたまっている雰囲気が、より詩情的に表現できる効果がある。

桜の木の後は、人物を描く。下の右から2番目の写真のように、コピー用紙に油性マジックで人物を描かせ、クレヨンで彩色する（人物の描き方は125ページを参照）。

ポイントは、「誰が何をしているか」決めさせてから描かせること。すると、雰囲気が出る。

人物ができたら、どう並べるか、じっくり考えさせた後、糊づけ。

下のような傑作が続出する。絵を掲示して、進級を祝いたい。

（上木信弘）

体育　思考を伴うリレーで深い学び

回旋リレー

根本正雄氏の実践。シンプルなルールで盛り上がる。一定の折り返しする距離の中に、回旋物としてカラーコーンを2つ置く。どこに置くかは各チームの作戦となる。主体的・対話的な場面があちこちで見られる。2回戦を行えば深い学びに発展する。

このリレーの肝は、回旋物（カラーコーン）の位置である。次の発問をする。

> どこに回旋物を置いたら速く走れますか。

子どもに考えさせ、判断させ、活動させていくことで、「思考力・判断力・表現力」が身につく。一方的に教え込むのではなく、子供の自主的・創造的な活動を取り入れることによって、「体育の学力」が育っていく。教師の指導で、ハンデを埋める工夫もできる。1位のチームの回旋物を増やせばよい。

> 1位は3班！　おめでとう。3班には、カラーコーンを1個プレゼントします。

このような教師の演出で場が和む。負けた班も次のレースは勝てるかも、と意欲を持続できる。

宝運びリレー

使用するボールを変化させると同じリレーも盛り上がる。お手玉、ドッチボール、バスケットボール、ラクビーボール、サッカーボールなど、どれも面白い。

4チーム。フラフープ5。ボール7。

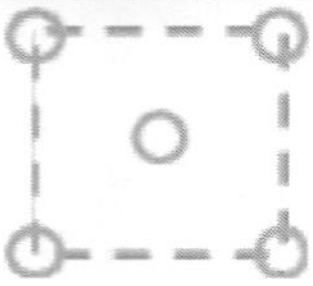

①中央のフラフープにボール7つを置く。
②4チームに分かれ、角のフラフープの前に立つ。
③スタートの合図で、各チーム1人目の人が走りだす。ボールを1つ、自軍のフラフープの中に運んでくる（ボールは1つのみ。2つ以上は×）。
④運ぶボールは、中央でなくても他のチームに置いてあるボールを運んでもよい。
⑤早く3つのボールを集めたチームが勝ち。集めたら掛け声、例えば「トライ」と大きな声を出す。

> 作戦タイムでのアクティブラーニング

作戦無しに、その場その場の思い付きでボールを取りに行くと、3個集めることは簡単ではない。1人目は、中央を取る。2人目は、右隣のチームのボールを狙う。こうした具体的な作戦が迷いを無くしスムーズな動きにつながる。その作戦を論争するのだ。

このリレーは、中央のボールが無くなってからの動きが重要となる。作戦通りにいかずに、狙った所にボールが無い場合がある。その時に、味方の指示と自己判断がぶつかり合う。

「右だ！」「いや左だ！」「やっぱり右だった」のように興奮状態で会話も活性化する。より深い学びへと発展する。

（桑原和彦）

3月

道徳　つらいこともあるが精一杯生きよう

3月の道徳のポイント

不幸にして自ら命を絶ってしまう子、絶とうとする子がいる。これからの人生、つらいことがたくさんある。

つらい人生の中で、もうだめだと思ったとき、思い出せるキーワードがあったらと思う。

子ども達に命の大切さを教える。

3月のオススメ資料

文部科学省『私たちの道徳』

項目「命あるものを大切に」資料「たった一つの命　つながる命」、「命あるかぎり生きる」

2つの詩で、授業を組み立てる。

「生きているって…」を読み聞かせる。

> 筆者は、生きているとどんないいことがあると言っていますか。

詩から見つけさせる。

・すべてがうれしい。
・大好きな家族に会える。
・友達に会える。
・みんなに会える。

詩を例として、自分が生きていていいことを考えさせる。

> みんなは、生きているとどんないいことがあると思いますか。

・ゲームができる。
・友達と遊べる。

「命あるかぎり生きる」

11歳にして、亡くなった宮越由貴奈さんの詩。題名は、「命」。

最初に欄外を読む。そのあとに、詩を読み聞かせる。

問う。

> 由貴奈さんは、命を無駄にする人についてどう思っていますか。

・悲しいと思っている。

> 由貴奈さんは、重い病気です。毎日毎日病気と闘っています。生きたくても生きられないのです。

さらに、問う。

> 由貴奈さんは、どのように生きようと言っていますか。

・精一杯生きよう。

> 「精一杯、生きる」。死ぬことを覚悟した由貴奈さんの言葉です。命について感想を書きなさい。

最後の指示は、「命について学んだことを書きなさい」でもよい。

対話指導のポイント

「命」というシビアな話題。子どもの不規則な発言を減らしたい。

「私たちの道徳」では、「宮越由貴奈さんの詩を読んで、「命」について考えたことを書いてみましょう」とある。

漠然としすぎて、書けない子が出てくる。「命」とずれたことを書く子も出てくる。

補足するために、別の詩を提示し、命についての情報を与え、引用しやすい状態にしておく。情報が高まると不規則発言は減る。

（平松英史）

3月

英語　絵本教材も、三構成法で授業する

中学年で推奨される「読み聞かせ」

子供達は、絵本が大好きである。絵本で繰り返される言葉や表現を楽しみながら、英語に慣れ親しんでいく。

文部科学省も中学年における絵本の活用を推奨しており、絵本教材も作成されている。

４年生向けの絵本教材は「Good Morning」だ。

主人公が、朝起きてから、夜寝るまでの１日の様子を紹介。あいさつや感情の表現に慣れ親しむ。

デジタル教材になっているため、ナレーションで読み聞かせることも可能である。リズムに乗せてストーリーを読む「チャンツ」も入っている。

三構成法だから分かりやすい

絵本教材においても、三構成法の組立で行うと、子供達にとって理解しやすいものになる。

①単語練習
絵本に出てくる単語や表現を練習しておく。これらの言葉を手掛かりにさせることで、子供達は内容が理解しやすくなる。
※一度に多くを扱わず、少しずつ段階を踏んで練習させる。
②状況設定
絵本を読み聞かせることで、どのような状況（場面）で、単語や表現が使われるのかを見せる。
③アクティビティ
かるたを行ったり、会話をしたりして、単語や表現に慣れ親しませる。

絵本に出てくる動詞が複雑なので、単語の提示は、段階的に行うことがポイントだ。私は、カテゴリーに分けて扱うことにしている。

あいさつ
Good morning.
Good night.

食事に関する表現
have breakfast/ lunch/ dinner

体に関する表現
wash my face
brush my teeth
comb my hair

感情表現
It's yummy.
It's fun.

go to 表現
go to school
go to bed

my を含む表現
leave my house
put away my futon
do my homework
check my school bag

その他
take a bath
go home
take out the garbage

いくつかを組み合わせて、新出単語・表現として練習させる。
例）
１時間目
・あいさつ
・体に関する表現
２時間目
・食事に関する表現
・感情表現、go to 表現　など

スモールステップで提示していくからこそ、子供達は混乱することなく、理解をしていく。絵本教材の特性を生かし、「聞いてわかる」という経験を、子供達にさせていく。

（竹内淑香）

3月

総合

対話を通して高学年への意欲を高める「6年生を送る会」

対話が自覚を育てる

5月の項で紹介したように、準備は子どもたちに任せる。

まず、何のために「6年生を送る会」を計画するのか話し合わせる。

> 今年1年間、どんな行事がありましたか。

子どもたちからは、全校遠足、運動会、学習発表会などが出てくるだろう。

> その行事を成功させるために一番がんばった人は誰ですか

「人」と問うことで、子どもたちは、具体的な場面を思い出しながら考える。

「遠足のとき、6年生の○○さんが、交通安全に気を付けて歩いてくれた」

「運動会の応援練習では、リーダーの○○さんが、エールの仕方をみんなに教えてくれた」

など、6年生にお世話になったエピソードがたくさんでてくる。

> 6年生を送る会は、何のためにするのですか。

子どもたちからは、「今まで学校を引っ張ってきた6年生へ感謝の気持ちを表すため」という答えが返ってくるはずだ。

次に、集会を開くために必要な仕事（係）を考えさせる。

ポイントは、できるだけ仕事を細分化し、係を増やすこと。

> ①司会進行（2名）
> ②はじめのあいさつ（2名）
> ③おわりのあいさつ（2名）
> ④各学年担当（各学年2名）
> 　＊出し物や準備物などの連絡など
> ⑤プログラム作成（5名）
> ⑥体育館デコレーション（8名）
> ⑦BGM担当（3名）
> ⑧スポットライト・照明（4名）

子どもたちは、1つの集会を開くためには、たくさんの係が必要であり、友だちとの協力なくして集会を開催することはできないことを再確認する。

このように対話を通して高学年の役割に気づき、協力することの大切さを再確認することで、どの子にも実行委員としての[illegible]。

対話が意欲を高める

二　対話が意欲を高める

各学年には、劇や歌などの出し物を用意してもらう。

その他にも、学年ごとに、次のような準備もお願いする。

> 1年生・6年生の似顔絵
> 2年生・6年生へお礼の手紙
> 3年生・くす玉づくり
> 5年生・6年生へのメッセージ

これらのお願いや進行具合の把握は、各学年担当や体育館デコレーション担当が行う。集会をより良くしていこうと他学年と対話することで、全校を動かしているという実感と「早く高学年になりたい」という気持ちが高まってくる。

実行委員として準備してきた「6年生を送る会」が終わったとき、一番成長しているのは4年生だ。

（浦木秀徳）

すぐコピーして使えるプリント集　国語四年

漢字《かんじ》クイズ「口」に二画

名前

口

答《こた》え方《かた》の例《れい》

十 ⇩ 田（答え）

三 ⇩ 目（答え）

「口」という漢字《かんじ》に二画《にかく》つけたすと、別《べつ》の漢字《かんじ》に変身《へんしん》するよ！
できるだけたくさんさがし出《だ》して、左《ひだり》のマスに一《ひと》つずつ書《か》いていこう！

すぐコピーして使えるプリント集　国語四年

漢字《かんじ》クイズ「口」に二画

名前

口

答《こた》え方《かた》の例《れい》

十 ⇩ 田（答え）

三 ⇩ 目（答え）

「口」という漢字《かんじ》に二画《にかく》つけたすと、別《べつ》の漢字《かんじ》に変身《へんしん》するよ！
できるだけたくさんさがし出《だ》して、左《ひだり》のマスに一《ひと》つずつ書《か》いていこう！

答え

白　由　兄　司　古
旧　甲　可　占　囚
史　四　号　石　旦
申　右　加　台　召

その他→只　叶　叱　叩（たた）く　叮（テイ）　叭（ハツ）　叺（かま）す　等

熟語で遊ぼう

氏名

一　左の漢字を使ってできるだけたくさんの熟語をつくろう。

大脈堂案実力通牧毒協治民熱夫
成村飯教人果芽好言用戦差食年
語陸伝番挙消説光共栄水意例苦
良内山新時場選順英赤達愛害全

二　次の熟語しりとりに挑戦しよう。（じんる「い」なので次は「あ行」から）

人類

４年生難問

問題が５問あります。１問だけ選んで解きましょう。

1 １００ページの本があります。この本の中で７の数字はページの数字の中に何回使われているでしょう。

答え（　　　　　）回

2 アイスのぼう５本でアイス１本と交換してくれるお店があります。このお店でアイスを３４本買うと、何本のアイスを食べることができますか。

答え（　　　　　）本

3 下の点を結んで正方形を作ります。全部で何こできますか。

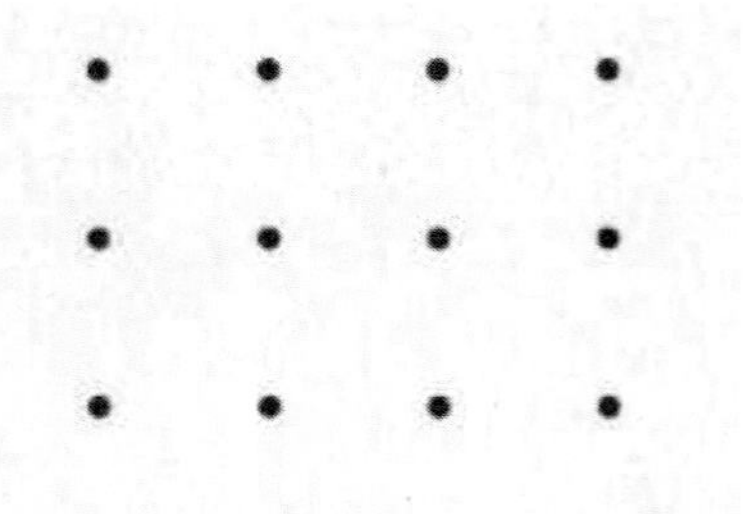

答え（　　　　　）こ

（　）月（　）日　　名前（　　　　　　　）

4　東京からパリまで、飛行機で１３時間かかります。東京を１月１日午後２時に出発すると、パリには何月何日の何時にとう着しますか。
時差は８時間で、東京の方が進んでいます。

答え（　　）月（　　）日の（　　　　　）時

5　記号に当てはまる数字を答えましょう。同じ記号は同じ数字です。

　□○
×○□
―――
　４◇
◇９
―――
△○◇

答え　□＝（　　）　○＝（　　）　△＝（　　）　◇＝（　　）

解答

1　２０回（７,１７,…９７で１０回、７１,７２,…７９で１０回。）

2　４２本

3　２０個（右の２個の正方形も加える。）

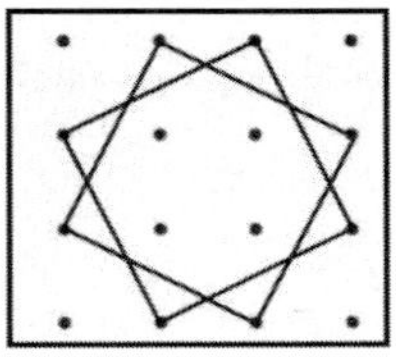

4　1月１日の午後７時
（１月１日午後２時の１３時間後は１月２日午前３時、８時間戻るので１月１日午後７時になる。）

5　□＝２、○＝３、△＝７、◇＝６

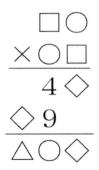

学級会

月　日（　）名前（　　　）

議題

提案理由

柱1

自分の意見

柱2

自分の意見

決まったこと

月　　日（　）名前（　　　　　　　　　　）

学習内容

気になったことをメモしよう（友達の意見など）

これからぼくは（わたし）・・・

一週間のチェック（できた○、もう少し△、できなかった✖）

日付	チェック
／	
／	
／	
／	
／	

活用方法

「学習内容」には、今日の話題（そうじについて等）を書きます。

「気になったことメモしよう」には、友達の意見や板書を写します。

「これからぼくは・・・」には、これから自分がどうするのかを書かせます。

都道府県引っこしアドバイザー

名前

1　あなたの住んでいる都道府県について、副読本や地図帳で調べて書きましょう。

都道府県名	あなたの市町村名	都道府県庁所在地

あなたの都道府県の面積	
あなたの都道府県の人口	

都道府県の花	都道府県の木	都道府県の鳥

あなたの都道府県の地図（あなたの市と県庁所在地も書こう）

都道府県章（マーク）

※地域毎に分けて地図を書きましょう

2　あなたの住んでいる都道府県に、外国から来たマークさんが引っ越してくることになりました。あなたはどの地区に引っこしすることをおすすめしますか。

おすすめの地域	
（理由）	

3　おすすめする地域の自然や建物ベスト３（例：大阪城、富士山）を書きましょう。

ベスト１	ベスト２	ベスト３

4　おすすめする地域の食べ物の名物ベスト３（例：串カツ、丹波の黒豆）を書きましょう。

ベスト１	ベスト２	ベスト３

5　その他、あなたが選んだ地域でおすすめしたい有名なものを書きましょう。

6　あなたが選んだ地域のキャッチフレーズを下に書いて、引っこしおすすめパンフレットを作りましょう。

4年　理科　　　　月　　　日（　　）

とじこめた空気

問題　文字をなぞって、学習することを確かめましょう。

とじこめた空気は、おしちぢめられるのだろうか。

予想　筒の中のマシュマロやコットンボールの形がどのように変化するのか予想しましょう。

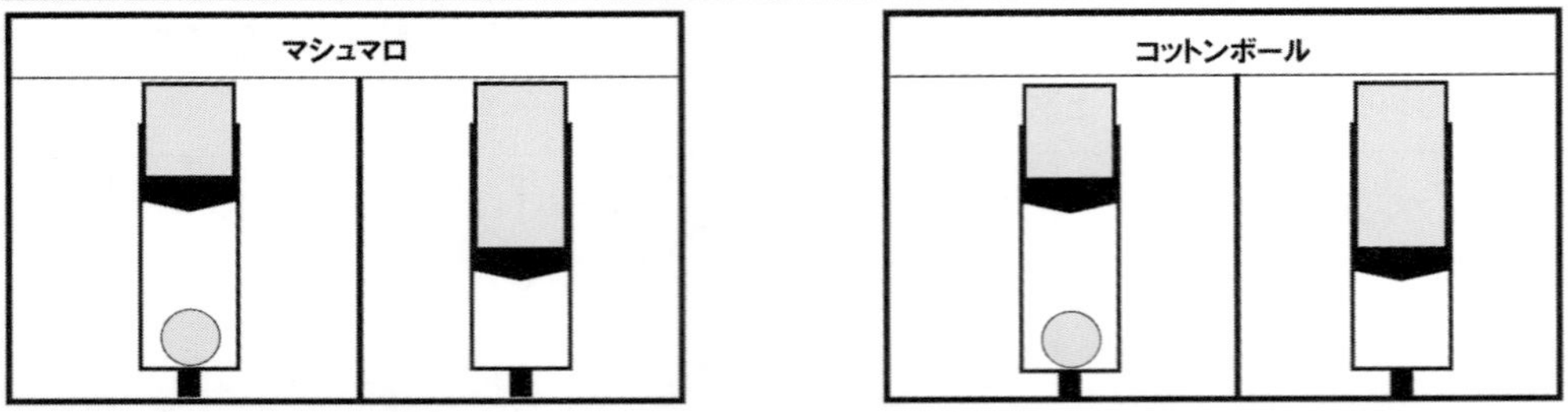

実験　ピストンをゆっくりとおし、マシュマロやコットンボールの形の変化を調べよう。

用意する物　□注しゃ器　□ビニールテープ　□マシュマロ　□コットンボール

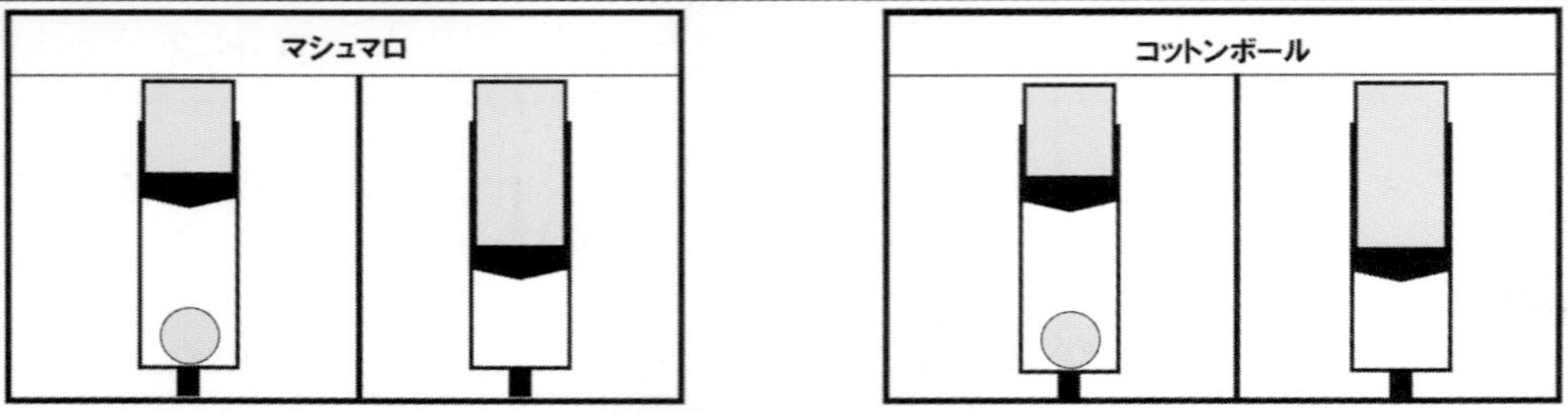

① マシュマロは球体のまま□□□なる。

② コットンボールは形が□□□□□。

まとめ　□に当てはまる言葉を書きましょう。

①とじこめた空気は、おされると体積が□□□なる。

ただし、いくらおされても、体積が□□□□ことはない。

③とじこめた空気は、体積が□□□なると、おし返す力が大きくなる。

4年　理科　　　　月　　　日（　　）

水のあたたまり方

問題　文字をなぞって、学習することを確かめましょう。

あたためられた水は、どのように動くのだろうか。

予想　あたためられた水の動き方を予想して、考えを文や矢印でかきましょう。

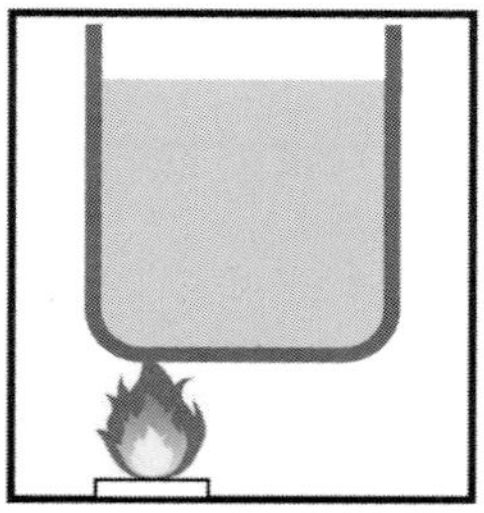

実験　し温インクとタバスコを入れた水を熱し、あたためられた水の動きを調べよう。

用意する物　□ビーカー　□加熱器具　□タバスコ　□し温インク

㋐　タバスコで調べる。㋑し温インクで調べる。

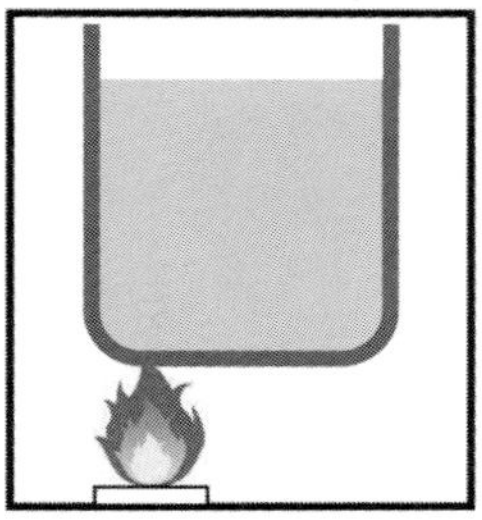

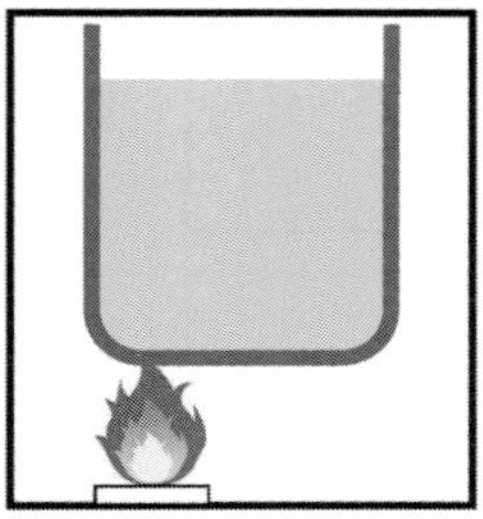

まとめ　□に当てはまる言葉を書きましょう。

①あたためられた水は、□に動く。

②水は、□□ながら全体があたたまっていく。

発展　冷やされた水の動き方を調べよ

全体が十分に温まった水に、氷を１こ入れて、し温インクを入れた水の色がどのように変わるか、調べよう。

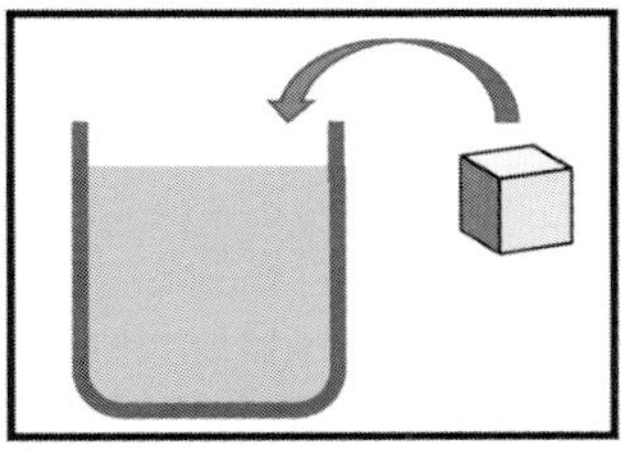

特別支援教育研修：教師が知っておくべき脳内物質ドーパミンと対応

教師が話をしているとき、じっとできずにすぐに体が動いてしまう子がいます。そのような落ち着きのない子どもに、「良い姿勢をしなさい」といくら厳しく指導しても、すぐに元に戻ってしまいます。最後には、ついつい腹が立って叱ってしまうこともあります。なぜ、すぐに体が動いてしまうのでしょうか。原因と対応を考えましょう。

①なぜ、じっとできずにすぐに体が動いてしまうのでしょうか。原因を考えて下に書きましょう。

②じっとできずに動いている原因は、脳の活動に関係していると言われています。
脳の活動を補うためには、どのような対応が有効でしょうか。
下の字をなぞりましょう。

① 運動を取り入れる

② 変化を付ける

③ 高得点を与える

④ 見通しを示す

⑤ 目的を伝える

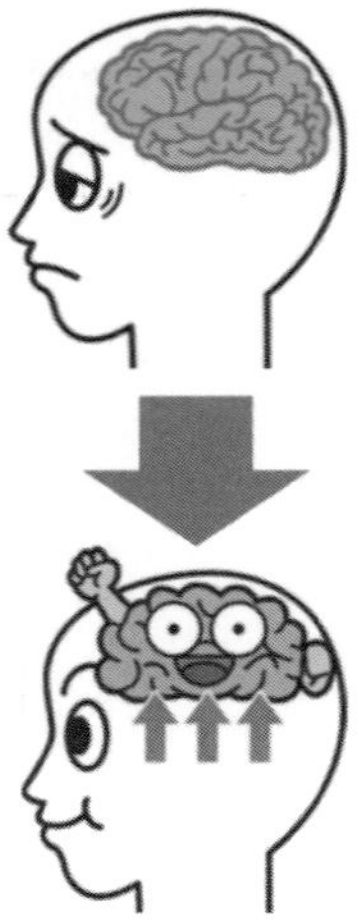

③具体的に授業の中でどのような対応ができるでしょうか。②を元に考えて書きましょう。

特別支援教育研修：教師が知っておくべき脳内物質ドーパミンと対応

　教師が話しているとき、じっとできずにすぐに体が動いてしまう原因が、脳科学の進展により明らかになってきました。

ポイント：脳の神経伝達物質「ドーパミン」が不足しているため、じっとできずに、すぐに体が動いてしまう

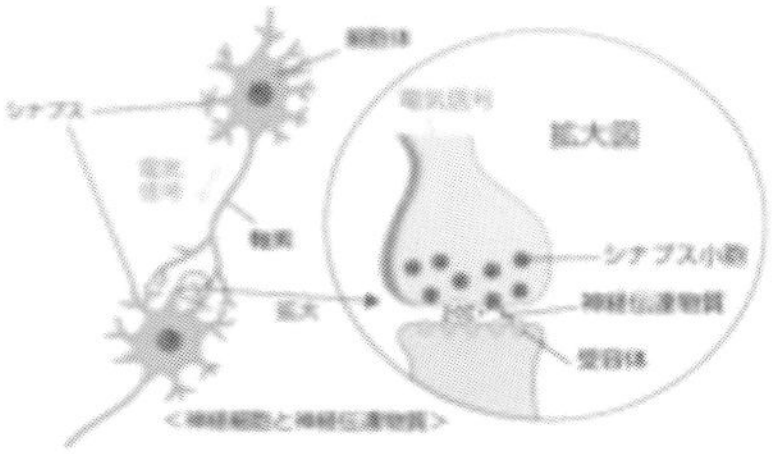

　脳の神経ネットワークは、右図のようになっています。神経細胞と神経細胞の間には、シナプスと呼ばれる隙間があり、そのままでは電気信号を伝えることができません。その隙間を埋める物質が、神経伝達物質です。
　電気信号が伝わると、神経伝達物質が出て、電気信号を次の神経細胞へと伝えるのです。
　じっとできずに、すぐに体が動いてしまう子どもは、この神経伝達物質の一つである「ドーパミン」がうまく分泌されていないと言われています。
　「ドーパミン」は、喜びや快楽を司る神経伝達物質です。夢中になったり感動しているときなどに、快楽物質であるドーパミンが分泌されます。学習や運動機能、性機能、向上心などに関係し、達成感による快楽を得ることで、さらなる意欲をもたらします。すぐに体が動いてしまう子どもは、このドーパミンが不足してしまうために、脳が分泌させようとして、すぐに体が動いてしまうのです。

ポイント：「ドーパミン」の不足を補う関わり方を心がけよう

　「ドーパミン」の不足を補うために、次のような関わり方が有効であると言われています。

①運動を取り入れる　②変化を付ける　③高得点を与える　④見通しを示す　⑤目的を伝える

　具体的な対応を見ていきましょう。

①運動を取り入れる

　授業の中に次のような運動を取り入れることで、ドーパミンの不足を補うことができます。

・手を挙げる　・ノートを見せに来る　・立って音読する

②変化を付ける

　１０～１５分で授業に変化や活動を取り入れます。授業に変化を付けることで脳内のドーパミンの不足を防ぎ、集中を持続させることができます。

③高得点を与える

　「違います」というのではなく、「おしい！９０点」などと言うように、高得点を与えることで、意欲をかき立てて満足させます。わざと点数を減らして、負荷をかけてあげるのも有効です。最後は１００点になるようにして、満足度を満たしてあげましょう。

④見通しを示す

　「３つ言います」のように、見通しを示して話すようにしましょう。「あと１問できたらかしこい」など具体的な数字を使って、見通しが持てるようにします。

⑤目的を伝える

　「漢字を３個覚えます」と目標を示すことで、行動を方向づけます。「お手伝いをしてください」と明確な目的を与えたりすると良いでしょう。

1学期　子どもたちのよさを見つけてほめる

子どもたちのよさを見つけて褒める。
1行読んだらクラスの誰のことかわかるような書き方をする。

これらが通知表の所見の書き方である。

このような所見を書くには、所見を書き出す前に記録しておくことが大切である。

悩まないヒント1　一覧表を作る

4月の始業式の前に、所見を書くための一覧表を作っておく。

ノートでも良いし、プリントでも良い。

一覧にすることで、書けていない（よさを見つけていない）子どもを見るようになる。

近年は、所見の電子化が進んでいる。

校務用のパソコンに一覧表を作る方法もある。

悩まないヒント2　文で記録する

給食の時間に友達がお汁をこぼしてしまったのを見て、さっとティッシュペーパーで拭く手伝いをした子がいたとする。

お汁の処理を終え、その子を褒めるなど一段落したら、まずは記録する。

「給食」「お汁」「拭く」とキーワードだけだと、所見として書きにくい。

「給食の時間に友達がお汁をこぼしてしまったのを見て、さっとティッシュペーパーで拭く手伝いをした。」と文で記録すると、そのまま所見に書くことができる。

その場で文で書くことができない場合には、キーワードだけをメモしておく。そして、その日の放課後に、そのメモをもとに文で記録する。

いつでもメモできるように、メモ帳を身に付けておくとよい。

文例集

【理科　ノート作り】

理科「動物のからだのつくりと運動」で、骨と筋肉について調べました。「筋肉は骨をカバーしている」と自分の言葉で表現しました。また、ヒトとウマの骨格を比較してノートにまとめました。ノートの取り方を工夫していることが分かります。この成果は他の教科のノートにも生かされています。これからも自分の考えを書き残したり、分かり易いノート作りをしたりすることを続けていくように励ましていきたいと思います。

【学習への集中　理科　係活動】

「勉強も生活も調子がよくなってきた」。○○さんの7月になっての感想です。学期の後半から忘れ物が減り学習への集中力が高まりました。理科の1学期の総復習として「あたたかくなると」をノート見開き2ページにまとめました。イラスト、文章、感想のレイアウトが大変見易く、友達の手本になりました。環境会社社長として生き物のルール作りに中心になって取り組みました。

【作文　委員会　当番活動】

○○さんの作文を読むのを楽しみにしていました。ページいっぱいの文量も立派でしたが、○○さんの意見に「よく考えているなあ」と感心することが多くありました。体育委員会では毎週の清潔検査を上級生と協力してやり遂げました。また当番活動においても進んで電気を点けたり消したりしました。自分の仕事にきちんと取り組んでいます。

【学習理解　委員会】
周囲の様子に惑わされずに落ち着いて学習に取り組み、各学習事項を確実に理解しようと努力してきました。そのため、学習理解がより進み、学習の成果をあげることができました。リレー集会では体育委員会の一員として代表で指揮台に上がり準備体操の指揮をしました。全校児童の前で指揮したことは大きな自信につながったと思います。

【学習態度　友達関係　理科】
何事にもまず自分の力で取り組む態度が、学習の成果を引き上げています。友達の失敗を責めず、いつも仲良く励ましあって、学習や作業を進めることができました。理科「あたたかくなると」で、梅の花を観察しました。花を拡大して描いていたことに感心しました。指名なし発表や挙手など、活動に積極性が出て来ました。自分の考えがさらに深まり、友達も勉強になっています。

【算数　家庭学習　国語】
算数「倍の計算」で、考えを説明する問題がありました。学習したことを用いて計算の流れが分かるように説明を書き、学級でただ1人、1回目のノートチェックで満点を取りました。算数の考え方がよく身に付いていることに感心しました。また、家庭学習で事実と意見を分けた作文を書きました。国語で学習する前だったので、友達が驚いていました。自分の仕事にきちんと取り組んでおり、立派でした。

【生活態度　学習態度】
「○○くん、すごい！」と友達のいいところを一番に認め、褒め称えます。その言葉に、学級の雰囲気がとてもよくなるのが分かります。各学習に熱心に取り組み、学習の要点を確実に理解して自分のものにしてきました。学習態度もよく、クラスのみんなの手本となっています。自分の仕事が終わると「何か手伝うことはありませんか」と聞きに来ます。確実に実行するので安心して任せることができました。

【理科　算数】
理科「電気のはたらき」で光電池を用いた実験を行いました。鏡を増やすとモーターの動きがどうなるかを観察し、光とモーターの動きの関係に気付きました。算数「垂直と平行」で誰も気づかない中、学級で一番に垂直になっている直線の組を見つけました。友達に大きな拍手をもらい、校長先生や職員室の先生方にも褒めていただきました。算数の苦手意識もなくなってきています。

【学習態度　会社活動】
各学習に意欲的に取り組み、学習の成果を上げています。学習態度面でも、取り組みへの根気強さや落ち着きのある姿、進んで発言する姿など、友達の手本となっています。新聞会社社長として定期的に学級新聞を発行しました。メンバーの長所を生かしたユーモアあふれる新聞を友達の多くが楽しみにしていました。

【体育　学習の仕方】
体育「ハーフバスケットボール」では、フリーの仲間にバウンドパスを出しチャンスを作っていました。また自らもドリブルでゴール下に切り込みシュートしていました。このような動きの良さが友達の手本になりました。テストを返すと、間違いを正しく赤で直し、忘れずに提出します。意欲あふれる姿が立派です。そのときもう少しじっくり考え、間違いの原因を探すようにすると自分の力になります。

【学習態度】
授業中「メモしていいですか」と聞いて来ました。「勿論です」と答えると、ノートに気付いたことやポイントをメモしていました。自分から進んでメモしたのは○○さんが初めてでした。大いに褒めることで、友達の手本になりました。

（森元智博）

2学期　課題は努力の方向を示す

悩まないヒント1　行事等の感想文を書かせる

2学期には、運動会や学習発表会、遠足など、多くの行事がある。

これらの行事の後に、子どもたちに感想文を書かせる。

感想文をもとに、そこの子の成長や友達との協力など、褒めることができることを記録しておく。

「運動会では、～という感想を書きました」と具体的な姿を書くことができる。

悩まないヒント2　課題は努力の方向を示す

課題だけを書いたのでは、指導の放棄になってしまう。

努力の方向を示すことで、家庭へ協力を得ることができる。

例えば、忘れ物が多い子どもであれば、以下にようにする。

「連絡帳にメモしていますので、家庭で確認する習慣をつけることが大切です。慣れるまで一緒に確認していただければ幸いです」

文例集

【学習への取り組み　友達関係】

学習に粘り強く取り組んでいました。その成果が少しずつ表れています。どうすればより良く友達と関わることができるかを一生懸命考えていました。友達と楽しく遊んだり、勇気を出して助言したりすることに、その考えが表れていました。これからも友達を大切にする心を忘れないでほしいです。

【作文】

詩「自然」が作文展に出品されました。自然の大きさと生き物の小ささを対比させた詩に、友達が感心していました。その表彰で、全校児童の代表として、校長先生から賞状を受け取りました。立派でした。字の丁寧さが増しています。

【作文　学習の仕方】

一輪車に乗ることができるようになりました。日記に綴られた目標やその日の成果を読んでいましたので、私も嬉しかったです。学習の仕方がよく身に付いています。メモをとる。間違いに × を付ける。ノートをゆったり使う。どれも大切なことです。テストのケアレスミスも少なくなりました。

【会社・当番活動　国語】

お手伝い会社社長として、プリントの配布など、進んで先生や係の手伝いをしてくれました。給食では、大食管を担当しました。毎回同じ量ずつ取り分けることができ、感心しました。環境を守る工夫のパンフレット作りでは、写真、イラストを効果的に用い、色ペンを使って見易く仕上げることができました。

【国語　字の乱れ】

国語「環境を守る工夫」のパンフレット作りでは、土木事務所に電話でインタビューをしました。言葉遣いもしっかりとした受け答えができていました。授業中の私語も少なくなりました。字の乱れからケアレスミスにつながることがありました。丁寧さは学習にとって不可欠です。指導を続けていきます。

【算数】

割り算の筆算では、分からない問題について質問したり、ノートに写したりして、粘り強く学習に取り組みました。間違いには×をつけるという、ともすると面倒な作業を地道に繰り返していました。テストで高得点をとったときの嬉しそうな顔が忘れられません。算数への自信につながりました。

【パソコン　学習への取り組み】

パソコンのキーボード打ちの練習に意欲的に取り組みました。「ゆびまるくん」という検定コンテンツで、8級を取得することができました。学習内容の理解が進んでいます。計算や漢字などに地道に取り組む姿勢を身に付けることができれば、成績に反映されます。指導を続けていきます。

【学習の仕方　百人一首】

学習の仕方がよく身に付いています。漢字50問テストで事前に学習し、テスト1回で合格しました。算数では、定規を使って線を引き、ゆったりとノートを使うことで、ケアレスミスがほとんどありませんでした。百人一首では、学期を通して1級リーグを守り抜きました。3学期の活躍が楽しみです。

【会社活動】

ダンス会社の仕事を通して成長した学期でした。社長としてメンバーと一緒に振り付けを考え、給食の時間に発表しました。練習の成果がよく表れており、友達から大きな拍手をもらいました。

【ノート　丁寧語】

ノートに自分の考えや答えを書いて、先生に見せる活動に意欲的に取り組みました。何度も見せに来たときや、1回で合格したときの「よっしゃ！」という声が印象的です。丁寧語を遣うことができるようになりました。学習・生活共に、充実した学期になりました。

【算数　図工】

算数の自分の考えを発表する学習で活躍しました。何十の割り算では、図を用いてノートに考えを書きました。直角の定義の復習では、1人だけ正解しました。校内図工展で金賞を受賞しました。薄い色で重ね塗りをし、点塗りを丁寧にしたことが良かったです。

【学習への集中　友達との接し方】

集中して問題を解く姿が印象的です。計算や漢字の練習に真剣な眼差しで取り組み、学力を上げました。時と場に応じて自分の感情をコントロールし、いつも穏やかに落ち着いて友達や周りの人と接することができます。学習・生活共に、充実した学期となりました。

【ノート　グループ学習　掃除】

大きく濃く丁寧な字で、ゆったりと書かれたノートを見ると、毎時間集中して学習に取り組んでいることがよく分かります。グループ学習でも自分のすべきことを確実にこなしていました。掃除ではしっかりと三角巾を被り、隅々まで拭いたり掃いたりしていました。学習・生活共に充実した学期となりました。

【当番　国語　休み時間】

丁寧で迅速な仕事振りで、プロジェクターの準備を完全に任せることができました。国語「心の目を開いて」では、自分の夢を素直に表した詩を書き、友達から拍手をもらっていました。休み時間には元気にボールを追う姿が見られました。

【給食　発言】

「今日も全部食べたよ」と給食の時間に嬉しそうに教えてくれました。とても大切なことです。挙手の回数が多くはなかったのですが、全員発表や列発表、指名で発言することができました。〇〇さんはすばらしい考えをもっていますので、積極的に発言してその考えを学級に広めてほしいと思います。

（森元智博）

3学期 指導要録の観点で書く

悩まないヒント1　学期末に自己評価をさせる

子どもの自己評価から所見を書くことができる。

「○学期にがんばったこと・努力したことを、できるだけくわしく書きましょう」という自己評価をさせるのである。

国語・算数・社会・理科・音楽・図工・体育・総合・1人1役当番・給食当番・掃除当番・係活動・休み時間など、観点も示しておく。

担任として見つけることができなかったことを知ることができる。

悩まないヒント2　要録の観点で書く

指導要録の総合所見には、次のような観点がある。

①学習に関する所見
②特別活動に関する所見
③特徴・特技、ボランティア活動など社会奉仕体験活動、表彰を受けた行為や活動、学力検査の結果
④成長の状況にかかわる総合的な所見

また、総合的な学習の時間の観点は、各学校が決めることになっている。

指導要録の所見には、通知表の所見を転記することが多い。

そこで、通知表の所見を指導要録の観点で書いておくのである。

特別活動には、学級活動、児童会活動、クラブ活動、学校行事がある。

4年生であれば、学級活動の当番や係の取り組みを中心に書くことができる。

文例集

【学習態度　考えを伝える】

与えられた課題に、真面目に取り組み、粘り強い学習ができていました。学習でも友達関係でも自分の考えをきちんともっています。それを伝えることの大切さに気付くことができました。5年生でも、自分の考えをもつことを大切にしてほしいです。さらなる活躍を期待しています。

【掃除の仕方　会社活動】

黒板消しできれいに消す。黒板消しの粉を取る。溝を雑巾で拭くという作業を確実にこなし、黒板の掃除を誰よりもきれいに仕上げました。マンガ会社の活動では、楽しいキャラクターを次々に生み出して、人気ライターになりました。5年生でもいろんなことに挑戦してほしいと思います。

【国語　体育】

ごんぎつねのまとめの作文では、勉強したことを、ノートを基に思い出して、詳しく書いていました。サッカーでは、常にボールを追いかけていました。何事にも全力で意欲的に取り組んできました。5年生でも委員会活動など学校全体に関わる活動でさらに力を発揮してくれるものと期待しています。

【ノート作り　学習の姿勢】

教科、日記、自主学習と、ノート作りがすばらしいです。各学習の要点をもらさず、自分で納得のいくまで理解しようと努力する姿に感心しました。努力した結果、学習の成果をあげることができました。この姿勢を続けていってほしいです。面倒見のよい○○さんです。5年生でのさらなる活躍を期待しています。

【当番　丁寧なこと】

ラジカセ、テレビの付け消しを毎日確実に

行いました。決まったこと、言われたことをきちんと守って仕事に取り組むので、安心して任せることができました。字が乱れることも少なくなり、計算問題の確実性が上がりました。これからも、丁寧なこと、続けることを大切にし、成果を上げてほしいと思います。

【学級会の司会　学習の仕方】

学級会の司会を立派にやり遂げました。その後の代表委員会では、学級の代表としてはきはきと意見を述べることができました。○○さんは話すこと・聞くことが得意です。声に出して問題を読む、大切なところを声に出しながら書き写すことで、学習の理解が深まります。

【好奇心　給食　私語】

好奇心が旺盛で、新しい発見に目を輝かせて学んでいます。給食では、自分が食べられる量をできるだけ残さず食べていました。授業中、おしゃべりをしてしまうことがありました。5年生では、私語をせず集中して取り組み、さらに成果を上げてほしいと願っています。

【学習への取り組み　体育　当番の仕事】

各教科の学習に真面目に取り組み、十分な学力を身に付けました。マット運動では、先生のアドバイスを生かし、技から技へのつながりを工夫して流れるような連続技ができるようになりました。当番の仕事も忘れずに取り組んでいました。学習面・生活面共に充実した1年間になりました。

【会社活動　けじめ】

ペープサート会社の社長として、1年生に人形劇を見せに行きました。メンバーと協力して準備・演劇をしました。大喜びの1年生を見て、大きな成就感を味わっていました。集中する時と楽しむ時の切り替えができるようになり、充実した生活を送ることができました。

【理科　体育】

理科の成績が大変良かったです。実験を意欲的に行ったり、結果をノートにきちんとまとめたりした成果です。マット運動では、滑らかな動き、姿勢の美しさが友達の手本になりました。5年生ではさらに学校全体に関わる活動にも力を発揮してほしいと思います。

【日記】

家での出来事を詳しく長く書かれた日記を読むのを、毎日楽しみにしていました。日記帳にはたくさんの思い出が詰まったことでしょう。「真面目なこと・丁寧なこと・続けること」は、とても大切なことです。これらがきちんと身に付いています。

【学習の粘り強さ　日記　けじめ】

書き初め、漢字、版画、マット運動、なわとびなどの学習に粘り強く取り組み、すばらしい成績を残しました。ユーモアあふれる日記は、私にとって楽しみの1つでした。やる時にはしっかりやり、楽しむときには楽しむ。そんなメリハリのある姿が印象的でした。

【漢字　体育】

漢字の学習に熱心に取り組み、漢字スキルのテストが全て１００点というすばらしい成績でした。サッカーでは、味方の動きをよく見て、的確なパスを出していました。5年生でもこの調子で過ごしてほしいと思います。

【友達との関わり　学習の仕方】

友達との関わりの中で、少しずつ迷惑になる行動を抑えることができるようになりました。笑顔で楽しそうに友達と接している姿が印象的でした。学習面では、算数、理科の理解がよくできています。春休みにさらに復習をしてほしいと思います。

（森元智博）

1人で悩まずチームを組んで対応しよう

> 「昨日、うちの子が泣いて帰ってきた。話を聞くと、友だちに嫌なことをされた様子。今回が初めてではない。いじめられているのではないか」と登校時間に保護者から電話が来ました。

いじめは、学校全体で解決していくべきことです。各学校の「いじめ対応マニュアル」を活用し、組織的に対応していきます。

対応は、大まかに4つに分けられます。

> 1．報告
> 2．事実確認
> 3．対応
> 4．事後観察

1．連絡をもらったら、すぐに学年主任、児童指導担当の先生に報告をします。

2．被害児童・加害児童からそれぞれ事実確認をします。加害児童が複数いる場合は、1人ずつ話を聞きます。口裏を合わせないようにするためです。どちらも休み時間を使って聞き取りをします。他の児童の目に触れないよう配慮し、教室ではない部屋で行います。後で報告できるように、必ずメモをとります。

放課後、聞き取った内容を照らし合わせて、事実を確認します。そして、管理職に報告します。

被害児童の保護者に、聞き取った内容を伝えます。

> ①学校の対応の報告
> ②事実の報告
> ③今後の対応方針
> ④今後の対応方針の承諾を得る

加害児童の保護者にも連絡をします。聞き取った内容を保護者に伝えます。

4．加害児童がしてしまったことを確認し、それが「いじめ」であると伝えます。「いじめはいけないこと」と、ほとんどの児童が知っています。しかし、知ってはいるものの、自分の言動が「いじめ」であり、相手が嫌な思いをしているとは気づいていないものです。感情的になって叱る必要はありません。やってはいけないことをしたのだと教えることが大切です。

5．学校での指導の報告をします。その後、1週間、1か月、3か月後等に報告をします。時間をかけて見守っていることを伝えることで、保護者は安心します。

「いじめ」が発見されてからの対応はここまでですが、事後対応さえできればよいのではありません。「いじめ」について考える授業をする、「いじめ」につながる日々の小さな言動を見逃さない態度でいるなど、未然に防ぐための手立ても重要です。

> 靴がなくなっていると児童から訴えがありました。

まずは、靴がなくなった児童に、いつまで靴があったのかを聞きます。そして、後でみんなで探すことを約束します。学年の先生に報告をします。

クラスの児童全員に状況伝え、靴を探します。みんなで探すところが大事なのです。なぜなら、近くに隠した児童がいる場合がほとんどだからです。時間を掛けて一生懸命探すのです。なくなった事の重大さを知るのです。でも、出てこなかったら、あと何分と言って時間を決めて探すのです。

靴が見つかっても、見つからなくても、犯人探しはしません。しかし、学年の児童を集めて、話をすることは必要です。

①最初にみんなのことが好きと言う。
「みんなと出会って5か月、一緒に過ごしてとても楽しいよ。いい子たちだなあって思った。1人1人違っているからいい。やさしい子、おもしろい子、運動が得意な子、絵が得意な子……いろいろな子がいてすばらしい。すてきな4年生になると信じています」
②見過ごせない重要なこと1つ。
「でもね、見過ごせない重要なことが1つある。もしかしたら間違いかもしれないから、みんなに確認するね」
③具体例を描写する。
④3人に聞く。
「○さん、どう思う？」
「△さん、こんなこと許せる？」
「◇さん、どう思う？」
⑤全員に手を挙げさせる。
「こんなこと許せないと思う人？」
「●先生も許せない。▲先生も許せない。◆先生も許せない。校長先生も、副校長先生も怒っている。先生たち全員が話し合って、許せないって決めたよ」
⑥「そういう子がいるんです。この中に。そんなことする子がいる。でも、その子は何か勘違いをしているかもしれない。ひどいことしたって反省しているかもしれない

⑦「でも、もしもこのままだと、先生たち全員を敵に回すことになる。親だって同じに許せない。社会的にも許されることではないよ」（向山氏）

靴隠しをするような子どもは、他人を妬み、他人を困らせる行為によって欲求を満たしています。「みんなと遊ぶと楽しい」というエネルギーの発散方法をいくつも教師が持っていることが大切です。

①天下

子どもたちは、ドッジボールが大好きです。しかし、普通のルールでは、ボールに触れるチャンスが少ない、当てられたらなかなか内野に戻ることができないなど、全員が満足するのは難しいです。

天下は、6~7個のボールを使い、どこから狙われるかわからない。スリル満点。体育館が熱狂の渦に包みこまれます。普段おとなしい子がやんちゃな子を当てる逆転現象も次々と生まれます。

ルール

・自分以外はみんな敵。
・当てられたらその場に座る。
・自分を当てた相手が他の人に当てられたら復活。
・生き残った人が勝ち。

②ジャイアントウォール

仲間を意識した遊びならこれがおすすめです。体育館のステージを使って行います。先に登った子が友だちの手を引っ張ったり、体が大きい子が登りやすいように踏み台になったりと、マットを次々と重ねて高くなるほど、協力の場面が生まれます。

ルール

・2チームに分かれる。
・体育館のステージに1枚ずつマットを敷く。
・1人ずつマットに登っていく。
・より高く登れたチームの勝ち。

③百人一首・俳句かるた

体を思いっきり動かすのと同じくらい、頭を使う遊びも人気です。国語の授業の初めは百人一首と決めてしまえば、毎日続けることができます。札を覚えてしまえば、勝つことができるとわかると、それが暗唱につながっていきます。たった一つでも「暗唱できた」という成功体験が、次へのやる気につながっていきます。

ルール

・1対1で勝負する。
・20枚の札を机に並べる。
・札を多く取った方が勝ち。
・20枚の札を机に並べる。
・札を多く取った方が勝ち。

専科の授業で忘れ物をする児童が多いです。放課後に専科の先生から「○組は忘れ物が多くて授業にならない」と言われてしまいまし

た。

忘れ物も、学びの機会だと捉えましょう。

忘れ物をした時に、どうしたらよいかを4月のうちに教えます。

・○○を忘れました（報告）
・ごめんなさい（謝罪）
・次からは忘れないようにします（今後の方針）
・今日は貸してください（今日の対応）

教えるだけでなく、言う練習もします。

その上で、忘れ物を減らす工夫を考えます。

①数日前から予定帳に書かせる。

専科の授業は、その先生に任せっきりではいけません。専科の授業があった日には、クラスの子どもたちに、今日は何を勉強したのか、次は何をするのか、持ってくるものはあるのかを聞きましょう。そして、持ってくるものがあれば、翌日から時間割を予定帳に書く際に伝えます。「早めに準備をしておくと安心だね」と言っておくと、1日、2日と日が経つにつれ、持ってくる子が増えていきます。

また、準備するのに、家庭の協力が必要であれば、学級・学年だよりを通して連絡をします。専科の授業の2日前には、「○○を持ってきている人？」と手を挙げさせて確認をし、声を掛けます。まだ用意していない児童に、「そろそろ用意しないといけないな」と思わせるためでもあります。

②前もって準備して児童に貸す。

それでも忘れる児童が数名います。大人だって忘れ物をすることがあります。忘れないで持ってくるのが当たり前ではありません。忘れないで持ってくるのが立派。だから、忘れ物をしなかった子を大いに褒めたいですね。

担任が準備できるものであれば貸します。

③他の児童から借りる。

担任が準備できなかった場合は、専科の授業の前に、持ち物の確認をします。そして、忘れた子に貸したり、あげたりできる人がいないか聞きます。たいていは、必要な量よりも多く持ってきている子が数名いるものです。「貸してもいいよ！」と手を挙げてくれた子には、担任からもお礼を言いましょう。「どうもありがとう。○さんのおかげで助かったよ」

「サッカーをして遊んでいた男子児童がオーバーヘッドをして落下。腕を押さえて痛がり、うずくまって動けないでいる」と、昼休みに一緒に遊んでいた児童が報告に来ました。

すぐに、けがをした児童の様子を見に行きます。そして、けがをした箇所を確認し、落ち着かせましょう。

養護教諭に診てもらい、応急処置でよいのか、診察が必要なのか判断をしてもらいます。養護教諭が不在の時は、近くにいる先生に声を掛けます。けがの程度によって対応が異なります。ここでは、骨折の疑いがある場合と仮定します。

【救急車を呼ぶ場合】

管理職が緊急だと判断したので、救急車を呼びました。

教務主任が、救急車を保健室へ誘導できるように門を開けて待ちます。

養護教諭が、救急車に同乗するために支度をします。救急車が向かう病院が決まり次第、保護者に直接伝えられるように、児童調査表の写しと、病院から戻ってくる時のためのタクシー券を持って行きます。

◆担任がすること

・けがをした児童のランドセルと靴の用意を頼む。
・5校時の自習内容を伝える。

授業に間に合わないことを想定して対応します。突発の自習には、読書がおすすめです。漢字練習や計算スキルなどでは、終わった後の指示まで必要なため、この場合には向いていません。やることが明確で、自分の席で静かに読書することは、トラブルも起きません。児童がいつでも読めるように学級文庫を置いておくのは非常に良いです。

・保護者への連絡をする。

日中は家を留守にしている家庭が多く、電話がつながらないことがほとんどです。緊急時の連絡先として、児童調査表には携帯電話の番号が記載されていても、一度目の電話で出てもらえることは少ないです。母親の携帯電話、母親の勤務先、父親の携帯電話……といくつか掛けてもつながらないことがあります。

そのような時には、管理職または養護教諭にどこに電話を掛けたのかを伝えておきます。折り返し電話が来た時に担任が出られなくても、対応してもらうことができます。また、保護者同士の連絡の混乱を避けることもできます。

救急車が向かう病院が決まっていない場合は、学校に来てもらうように伝えます。決まり次第、養護教諭から電話をすることを伝えておきます。

救急車が到着したら、児童のけがの状態を説明します。児童の名前、保護者の連絡先、アレルギー等の留意することを尋ねられますが、児童調査表の写しを渡すのがよいです。養護教諭が同乗し、受け入れ先の病院が決まり次第出発します。救急車が出発すれば、教室に戻り授業をします。

診察が終わったら、学校に連絡してもらうよう伝えます。

児童と保護者が帰宅した頃に、お伺いの電話を入れると、より丁寧です。

> 毎日同じ洋服を着て、穴が開いている靴をはいている男子児童がいます。「もう死んでやるー」と書いた紙を置いて、家出をしたこともあります。保護者の協力は得られません。教室では、どのように対応しますか。

支援会議で報告し、職員全員で周知します。学校では、できるだけ目を掛けることが大切です。

家出をした場合には、管理職に報告し、児童の捜索にあたります。男子児童が行きそうな心当たりのある場所を探しに出かけます。家の近くに住んでいる児童に尋ねることもありますが、詳しい事情は説明しません。後で見つかった時に、1軒1軒、連絡をするのが大変だからです。

児童が見つからない場合は、警察へ連絡します。無事に児童が見つかれば、話を聴いてあげます。保護者にその役をお願いすることは難しいのですから、ここは担任の出番です。児童の寂しさが癒されるよう、休み時間に1人でいるところを見かけては声を掛けました。

彼は、絵を描くことが得意でした。ノートに絵を描いている時は、それをきっかけに話し掛けました。

顔を背けられても、返事がなくても、一方的に楽しそうに話し続けました。給食時間に、おかわりをする時には、「おまけだよ。みんなには内緒」と言って、特別に多めによそうこともしました。

自分は先生に特別扱いされていると思ってもらえるように接しました。

学習用具もそろわないので、ほとんどのものを貸しました。彼とよい関係がつくれるまで、忘れ物をした時の4項目さえも言わせませんでした。ほとんど毎日、忘れ物があったためです。

毎朝、削った鉛筆と赤鉛筆、消しゴムをそっと机に置くと、彼はうつむきました。学習には意欲的ではありませんでしたが、全くやらないこともありませんでした。けれど、指名なし発表は大嫌いで、発表することをかたくなに拒否し続けました。それでもいいかと無理にはさせませんでした。

半年経った頃、指名なし発表で残り数名になった時、急に席を立ちました。教室中が静まりかえり、聞こえるか聞こえないかぐらいの声で発表をしました。クラスの子どもたちから拍手が起こりました。

これを境に、次第に、顔を上げて話をするようになり、話す声にも張りが出て、笑顔が見られるようになりました。

「やさしくしてくれてありがとう」

3月、彼からもらったメッセージです。

学校には、予期せぬトラブルが起こります。しかし、どんなトラブルも1人で抱え込まないこと、そして「どの子も大切にされなければならない」の気持ちがあれば乗り越えられます。

（千葉奈津実）

〈算数〉「難問・1問選択システム」をフローチャート化

もう1つの向山型算数。それが「難問」である。

「解けそうで解けない難問5問から1問だけを選んで解くシステム」は、知的で、教室中の子どもが熱中する。では、難問とはどんな問題だろうか。難問とは、小学5・6年生にとって、中学入試レベルの問題を意味する。例えば、次のような問題である。

> ①十二角形の対角線は何本ですか。
> ②1から999までの数で、1は何回使われていますか。
> ③5月1日が金曜日なら、9月16日は何曜日ですか。
> ④つるとかめが、全部で20匹います。足の数は、全部で54本です。つるは何匹、かめは何匹いますか。
> ⑤150メートルの道路に、10メートルおきに桜を植えます。桜は何本必要ですか。

このような5つの問題を黒板に書いたり、プリントに印刷したりして配布する。そして、次のように指示をする。

「どの問題でもいいですから、1問だけ解いて持って来なさい。できたら持って来なさい」

そして、次々と持ってくる子たちを評定していく。この際、○か×（100点か0点）を付けるだけで、答えの説明はしない。説明をしないことで、余計に子どもたちは熱中していく。

「すごい、よく考えた！　0点」

「答えにちょっと近づいたよ。でも、違うなぁ」

などのようにちょっぴりユーモアを入れながら、対応すると、教室中が興奮状態へと変わっていく。

熱中していくもう1つの要因が

> 1問解いても、2問解いても100点。しかし、2問目を間違えると0点になる。

ということだ。これにより、クラスのほとんどの子が0点をもらうチャンスがある。そのため、みんなが間違えていく中で、間違えることへの耐性ができる。さらに、逆転現象が起きることも多い。

また、正解した子には、黒板に書いてある問題の所に、名前を書かせていく。これにより、子どもたちは、誰もできていない問題や多くの子が正解している簡単な問題に挑戦したりする。その結果、子どもたちの取り組みはさらに活性化していく。


（山崎克洋）

説明せず評定することで、教室が熱中していく、
逆転現象を生み出す、難問の授業。

難問１問選択システム成功のポイント②

①説明しない

説明しないことで、どうして違うのか子どもたちが自然と考えるようになる。

②評定する

０点か 100 点という、シンプルな評定が逆転現象を生み出す。

向山洋一氏の超有名実践「算数の難問・1問選択システム」の授業のフローチャートである。主に算数の問題の中で、ちょっぴり難しい問題を5問提示し、1問だけを解かせていく授業である。ポイントは、子どもたちが解いてきた問題を教師が見る際、細かい説明はせず、○か×（100点か0点）を付けるだけにすることである。説明しないことで、より子どもたちが解きたい、考えたい授業になっていく。

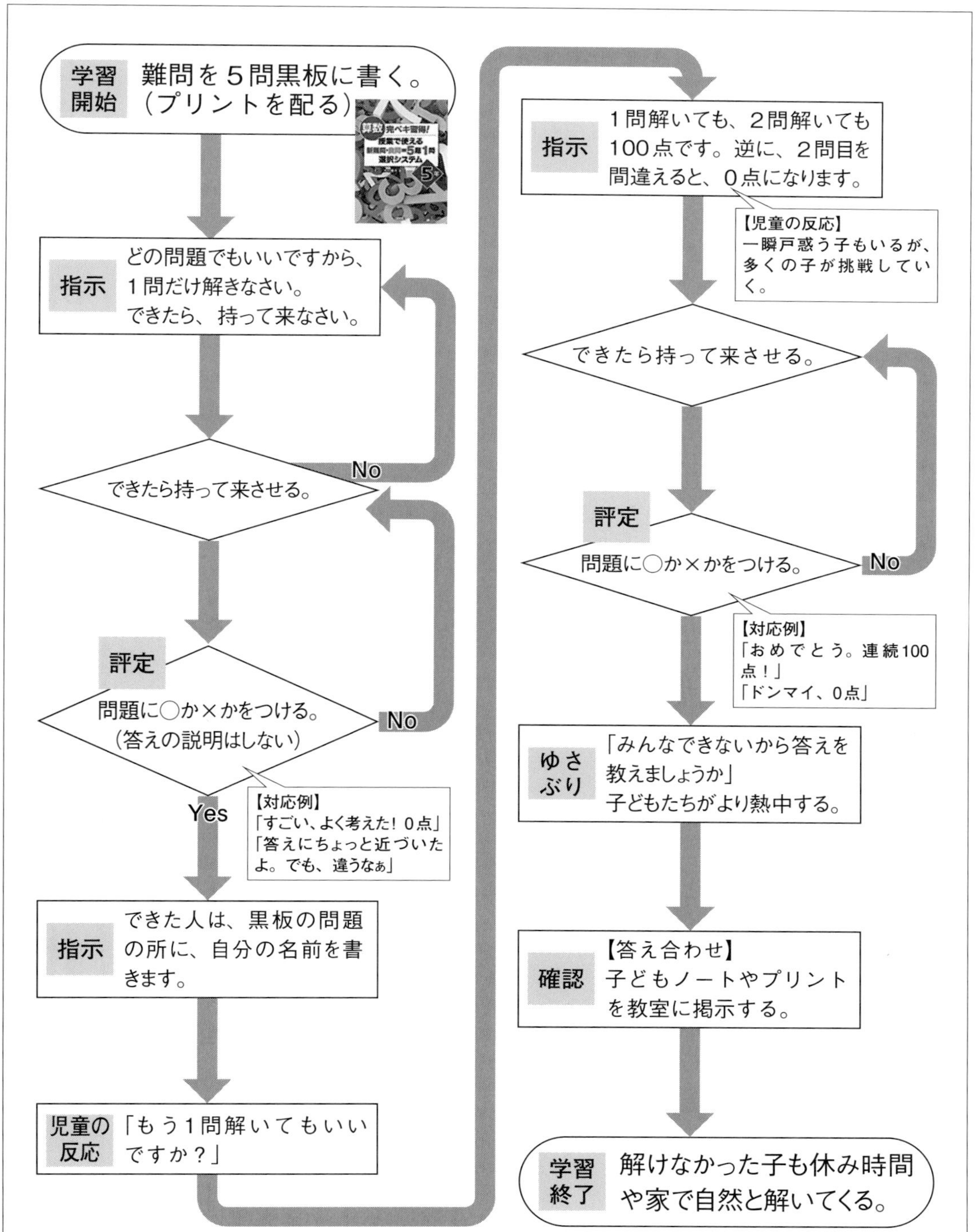

〈社会〉「写真の読み取り」をフローチャート化

写真の読み取りは、２段階で展開される。

大きく問う

まずは大きく問う。発問はこれだ。

> この写真を見て、わかったこと、気付いたこと、思ったことを、できるだけたくさん箇条書きにしなさい。

いきなり本時のねらいに直結する発問をするよりも、この方が子どもたちの内部情報を蓄積させることができる。子どもたちも考えやすい。

「わかったことを書きなさい」というのは難しい。これだけでは、成績上位の子しかできない。「気付いたこと」は、「わかったこと」よりも少し難易度が下がる。「思ったこと」は、誰でも書ける。「思う」ということは、人間ならば誰でも可能だからだ。

だから、この発問はこの通りに言うことが大事である。すべての語句に意味があるからだ。

出た意見をまとめる

たくさんの意見が子どもたちのノートに書かれる。これを発表させる。板書させてもよい。

そのたくさんの意見に絞り込みをかける。

まずは、発表された意見の中で対立するものがあったら取り上げる。

例えば、「この車の運転手は大けがをしたと思う」という意見と、「運転手は重傷ではない」という意見があったとする。

その２つを取り上げ、「どちらに賛成ですか」と問う。隣同士で相談させたり、時間に余裕があればノートに理由を書かせたりする。活発な授業ができるだろう。

そのような意見がない場合は、教師の側から絞り込みをかける。交通事故の写真では、次の発問がよい。

> ガシャーンから通報して、最初に来たのは何色の服の人ですか。

これは間違いなく子どもたちの意見が分裂する。教科書等を基にしたり、自分の経験から考えたりして、様々な意見が出される。活発な討論が展開されるだろう。

（河野健一）

向山洋一氏の社会科授業の基本パターンの１つである
写真の読み取りの授業

写真の読み取りは、社会科の授業法として、できるようになっておきたい。子どもたちが気軽に取り組むことができ、討論にもつなげることもできる。

討論では安易に答えを言わないでことで、子どもたちはさらに課題を見つけたり、社会科見学への興味をふくらませたりする。子どもたちの学習に対する動機づけにつなげることができるのだ。

写真の読み取りは、向山型社会の基本である。写真から様々な情報を読み取る力をつけることができる。その読み取りの力が調べ学習を行う時の基本になる。繰り返し行いたい学習といえる。この交通事故の写真の読み取りは、4年生の学習の導入に最適である。写真の読み取りを行い、たくさんの意見を出させる。その中に対立する意見や面白い意見があれば、教師が取り上げる。または、どの人が最初に来たのかを問う。子どもたちは必死に考える。それが、この学習への動機につながる。

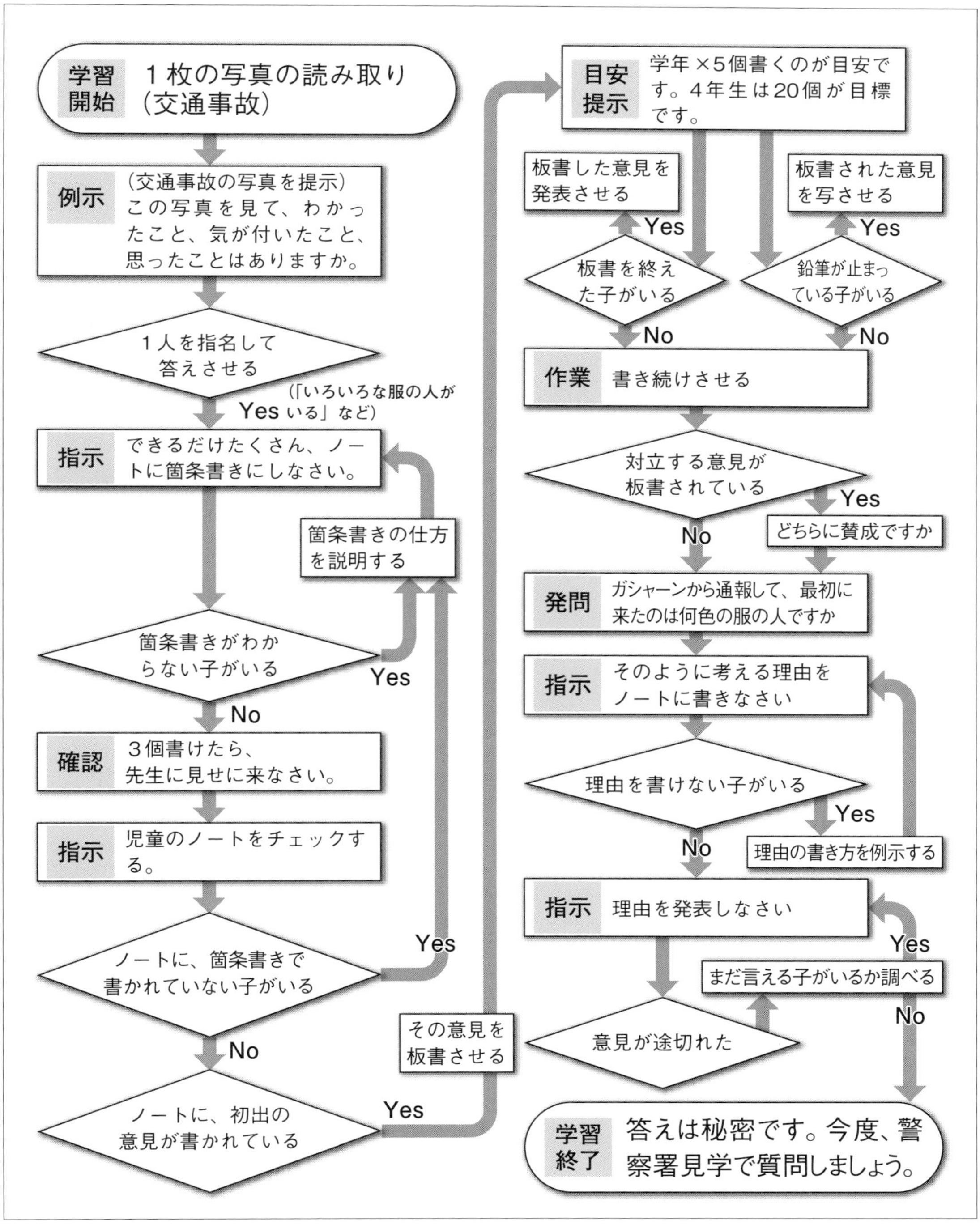

企画統括／監修／執筆者一覧

〈企画統括〉
向山洋一　日本教育技術学会会長／TOSS代表

〈監修〉
谷和樹　玉川大学教職大学院教授

〈各章・統括者一覧〉
井手本美紀　東京都公立小学校
小野隆行　岡山県公立小学校
橋本信介　神奈川県公立小学校
石坂陽　石川県公立小学校
雨宮久　山梨県公立小学校
平山靖　千葉県公立小学校
千葉雄二　東京都公立小学校
太田政男　島根県公立小学校
小嶋悠紀　長野県公立小学校
渡辺喜男　神奈川県公立小学校
河田孝文　山口県公立小学校
村野聡　東京都公立小学校
川原雅樹　兵庫県公立小学校
木村重夫　埼玉県公立小学校
小森栄治　日本理科教育支援センター
関根朋子　東京都公立小学校
上木信弘　福井県公立小学校
桑原和彦　茨城県公立小学校
井戸砂織　愛知県公立小学校
甲本卓司　岡山県公立小学校
松崎力　栃木県公立小学校
鈴木恭子　神奈川県公立小学校
谷和樹　玉川大学教職大学院教授

◎執筆者一覧

〈刊行の言葉〉
谷和樹　玉川大学教職大学院教授

〈本書の使い方〉
村野聡　東京都公立小学校
千葉雄二　東京都公立小学校
久野歩　東京都公立小学校

〈グラビア〉
井手本美紀　東京都公立小学校
片山陽介　岡山県公立小学校
橋本信介　神奈川県公立小学校
瀬川敬介　石川県公立小学校

〈第1章〉
加藤三紘　山梨県公立小学校

〈第2章〉
柴崎昌紀　千葉県公立小学校

〈第3章〉
鈴木昌太郎　東京都公立小学校

〈第4章〉
太田政男　島根県公立小学校
中嶋剛彦　島根県公立小学校

〈第5章〉
原良平　長野県公立小学校
小嶋悠紀　長野県公立小学校

〈第6章〉
大門貴之　神奈川県公立小学校

〈第7章〉
平松英史　福岡県公立小学校

〈第8章〉
黒田陽介　東京都公立小学校
田中浩幸　兵庫県公立小学校
友野元気　東京都公立小学校
塩沢博之　栃木県公立小学校
関根朋子　東京都公立小学校
上木信弘　福井県公立小学校
桑原和彦　茨城県公立小学校
平松英史　福岡県公立小学校
竹内淑香　東京都公立小学校
堀田和秀　兵庫県公立小学校
許鐘萬　兵庫県公立小学校
田中健太　群馬県公立小学校
小原嘉夫　兵庫県公立小学校
上木朋子　福井県公立小学校
関澤陽子　群馬県公立小学校
中越正美　大阪府公立小学校
藤西孝　大阪府公立小学校
浦木秀徳　鳥取県公立小学校

〈第9章〉
加藤三紘　山梨県公立小学校（p.200～201）
細井俊久　埼玉県公立小学校（p.202～203）
大井隆夫　福岡県公立小学校（p.204～205）
川原雅樹　兵庫県公立小学校（p.206～207）
鈴木昌太郎　東京都公立小学校（p.208～209）
片山陽介　岡山県公立小学校（p.210～211）

〈第10章〉
森元智博　宮城県公立小学校

〈第11章〉
千葉奈津実　神奈川県公立小学校

〈附章〉
山崎克洋　神奈川県公立小学校
河野健一　千葉県公立小学校

[企画統括者紹介]　向山洋一（むこうやま・よういち）

東京都生まれ。1968年東京学芸大学卒業後、東京都大田区立小学校の教師となり、2000年3月に退職。全国の優れた教育技術を集め教師の共有財産にする「教育技術法則化運動」TOSS（トス：Teacher's Organization of Skill Sharingの略）を始め、現在もその代表を務め、日本の教育界に多大な影響を与えている。日本教育技術学会会長。著書に『新版　授業の腕を上げる法則』をはじめとする「教育新書シリーズ」（全18巻）、同別巻『向山の教師修業十年』、全19巻完結セット『向山洋一のLEGACY BOX（DVD付き）』、『子どもが論理的に考える！――"楽しい国語"授業の法則』、『そこが知りたい！　"若い教師の悩み"　向山が答えるQA集１・２』、『まんがで知る授業の法則』（共著）など多数。総監修の書籍に「新法則化」シリーズ（全28巻）がある（以上、すべて学芸みらい社）。

[監修者紹介]　谷和樹（たに・かずき）

玉川大学教職大学院教授。北海道札幌市生まれ。神戸大学教育学部初等教育学科卒業。兵庫県の加東市立東条西小、滝野東小、滝野南小、米田小にて22年間勤務。その間、兵庫教育大学修士課程学校教育研究科にて教科領域教育を専攻し、修了。教育技術法則化運動に参加。TOSSの関西中央事務局を経て、現職。国語、社会科をはじめ各科目全般における生徒指導の手本として、教師の授業力育成に力を注いでいる。『子どもを社会科好きにする授業』『みるみる子どもが変化する「プロ教師が使いこなす指導技術」』（ともに学芸みらい社）など、著書多数。

若手なのにプロ教師！　新学習指導要領をプラスオン
小学4年生　新・授業づくり&学級経営
365日サポートBOOK

GAKUGEI MIRAISHA

2018年4月15日　初版発行

企画統括　向山洋一《むこうやまよういち》
監修　谷和樹《たにかずき》
編集・執筆　「小学4年生　新・授業づくり&学級経営」編集委員会
発行者　小島直人

発行所　学芸みらい社
〒162-0833　東京都新宿区箪笥町31　箪笥町SKビル
電話番号：03-5227-1266
http://www.gakugeimirai.jp/
E-mail：info@gakugeimirai.jp

印刷所・製本所　藤原印刷株式会社
装丁　小沼孝至
本文組版　村松明夫／目次組版　小宮山裕
本文イラスト　げんゆうてん
企画　樋口雅子／校正　（株）一校舎

乱丁・落丁本は弊社宛にお送りください。送料弊社負担でお取替えいたします。

ISBN978-4-908637-64-3 C3037

学芸みらい社　既刊のご案内　〈教科・学校・学級シリーズ〉

※価格はすべて本体価格（税別）です。

書　名	著者・編者・監修者ほか	価　格
学級づくり／学力づくり		
中学校を「荒れ」から立て直す！	長谷川博之	2,000円
生徒に『私はできる！』と思わせる超・積極的指導法	長谷川博之	2,000円
中学の学級開き――黄金のスタートを切る3日間の準備ネタ	長谷川博之	2,000円
“黄金の1週間”でつくる学級システム化小辞典	甲本卓司	2,000円
若手教師のための主任マニュアル	渡辺喜男・TOSS横浜	2,000円
小学校発ふるさと再生プロジェクト――子ども観光大使の育て方	松崎力	1,800円
アクティブな授業をつくる新しい知的生産技術	太田政男・向山洋一・谷和樹	2,000円
フレッシュ先生のための「はじめて事典」	向山洋一・木村重夫	2,000円
まんがで知る授業の法則	向山洋一・前田康裕	1,800円
めっちゃ楽しい校内研修――模擬授業で手に入る“黄金の指導力”	谷 和樹・岩切洋一・やばた教育研究会	2,000円
みるみる子どもが変化する『プロ教師が使いこなす指導技術』	谷和樹	2,000円
教員採用試験パーフェクトガイド「合格への道」	岸上隆文・三浦一心	1,800円
教員採用試験パーフェクトガイド 面接編 DVD付	岸上隆文・三浦一心	2,200円
そこが知りたい！“若い教師の悩み”向山が答えるQA集1 ――授業づくり“よくある失敗”175例～勉強好きにする改善ヒント～	星野裕二・向山洋一	2,000円
そこが知りたい！“若い教師の悩み”向山が答えるQA集2 ――学級づくり“よくある失敗”113例～勉強好きにする改善ヒント～	星野裕二・向山洋一	2,100円
特別支援教育		
ドクターと教室をつなぐ医教連携の効果　第1巻――医師と教師が発達障害の子どもたちを変化させた	宮尾益知・向山洋一・谷和樹	2,000円
ドクターと教室をつなぐ医教連携の効果　第2巻――医師と教師が発達障害の子どもたちを変化させた	宮尾益知・向山洋一・谷和樹	2,000円
ドクターと教室をつなぐ医教連携の効果　第3巻 ――発達障害の子どもたちを支える医教連携の「チーム学校」「症例別」実践指導	宮尾益知・向山洋一・谷和樹	2,000円
トラブルをドラマに変えてゆく教師の仕事術――発達障がいの子がいるから素晴らしいクラスができる！	小野隆行	2,000円
トラブルをドラマに変えてゆく教師の仕事術――特別支援教育が変わるもう一歩の詰め	小野隆行	2,000円
トラブルをドラマに変えてゆく教師の仕事術――喧嘩・荒れ とっておきの学級トラブル対処法	小野隆行	2,000円
トラブルをドラマに変えてゆく教師の仕事術――新指導要領に対応した特別支援教育で学校が変わる!	小野隆行	2,000円
特別支援の必要な子に役立つかんたん教材づくり㉙	武井恒	2,300円
国語		
国語有名物語教材の教材研究と研究授業の組み立て方	向山洋一・平松孝治郎	2,000円
国語有名物語教材の教材研究と研究授業の組み立て方〔低・中学年/詩文編〕	向山洋一・平松孝治郎	2,000円
国語テストの“答え方”指導――基本パターン学習で成績UP	遠藤真理子・向山洋一	2,000円
どもが論理的に考える！――“楽しい国語”授業の法則	向山洋一	2,000円
先生も生徒も驚く日本の「伝統・文化」再発見	松藤司	2,000円
先生も生徒も驚く日本の「伝統・文化」再発見2 行事と祭りに託した日本人の願い	松藤司	2,000円
生と子どもたちの学校俳句歳時記	星野高士・仁平勝・石田郷子	2,500円
子どもが一瞬で書き出す！　“4コマまんが”作文マジック	村野聡	2,100円
学テ国語Ｂ問題――答え方スキルを育てる授業の布石	椿原正和	2,000円
算数・数学		
数学で社会／自然と遊ぶ本 日本数学検定協会	中村 力	1,500円
早期教育・特別支援教育　本能式計算法――計算が「楽しく」「速く」できるワーク	大江浩光・押谷由夫	2,000円
学テ算数Ｂ問題――答え方スキルを育てる授業の布石	河田孝文	2,000円
社会		
子どもを社会科好きにする授業	谷和樹	2,000円
中学社会科“アクティブ・ラーニング発問”174――わくわくドキドキ地理・歴史・公民の難単元攻略ポイント	峯明秀	2,000円
アクティブ・ラーニングでつくる新しい社会科授業――ニュー学習活動・全単元一覧	北俊夫・向山行雄	2,000円
教師と生徒でつくるアクティブ学習技術――「TOSSメモ」の活用で社会科授業が変わる！	向山洋一・谷和樹・赤阪勝	1,800円
クイズ主権者教育――ウッソー？ホント！楽しい教材71	河原和之	2,000円
新社会科討論の授業づくり――思考・理解が深まるテーマ100選	北俊夫	2,000円
有田式“発問・板書”が身につく！　社会科指導案の書き方入門	沼澤清一	2,000円
新中学社会の定期テスト ――地理・歴史・公民 全単元の作問技法&評価ポイント	峯明秀	2,100円
理科		
子どもが理科に夢中になる授業	小森栄治	2,000円
簡単・きれい・感動!!――10歳までのかがくあそび	小森栄治	2,200円
英語		
教室に魔法をかける！　英語ディベートの指導法 ――英語アクティブラーニング	加藤心	2,000円
音楽		
子どもノリノリ歌唱授業――音楽＋身体表現で“歌遊び”68選	飯田清美	2,200円
図画・美術		
丸わかりDVD付！　酒井式描画指導の全手順・全スキル（絵画指導は酒井式　パーフェクトガイド）	酒井臣吾・根本正雄	2,900円
酒井式描画指導法――新シナリオ、新技術、新指導法（絵画指導は酒井式で！パーフェクトガイド）	酒井臣吾	3,400円
ドーンと入賞！“物語文の感想画”――描き方指導の裏ワザ20	河田孝文	2,200円
どの子も図工大好き！――酒井式“絵の授業” よういスタート！ここまで描けるシナリオ集	寺田真紀子・酒井臣吾	2,200円
酒井式描画指導で“パッと明るい学級づくり”1巻――低学年が描くイベント・行事＝親が感動する傑作！題材30選	酒井臣吾・神谷祐子	2,200円
酒井式描画指導で“パッと明るい学級づくり”2巻――中学年が描くイベント・行事＝描けた！達成感ある傑作！題材30選	酒井臣吾・上木信弘	2,200円
酒井式描画指導で“パッと明るい学級づくり”3巻――高学年が描くイベント・行事＝学校中で話題の傑作！題材30選	酒井臣吾・片倉信儀	2,200円
体育		
子供の命を守る泳力を保証する――先生と親の万能型水泳指導プログラム	鈴木智光	2,000円
運動会企画――アクティブ・ラーニング発想を入れた面白カタログ事典	根本正雄	2,200円
全員達成！　魔法の立ち幅跳び ――「探偵！ナイトスクープ」のドラマ再現	根本正雄	2,000円
世界に通用する伝統文化――体育指導技術	根本正雄	1,900円
発達障害児を救う体育指導――激変! 感覚統合スキル95	根本正雄・小野隆行	2,300円

書名	著者・編者・監修者ほか	価格
道徳		
子どもの心をわしづかみにする「教科としての道徳授業」の創り方	向山洋一・河田孝文	2,000円
「偉人を育てた親子の絆」に学ぶ道徳授業 ＜読み物・授業展開案付き＞	松藤 司＆チーム松藤	2,000円
あなたが道徳授業を変える	櫻井宏尚・服部敬一・心の教育研究会	1,500円
中学生にジーンと響く道徳話100選——道徳力を引き出す"名言逸話"活用授業	長谷川博之	2,000円
「授業の新法則化」シリーズ　全28巻		
「国語」基礎基本編	向山洋一・TOSS「国語」授業の新法則編集執筆委員会	1,600円
「国語」1年生編	向山洋一・TOSS「国語」授業の新法則編集執筆委員会	1,600円
「国語」2年生編	向山洋一・TOSS「国語」授業の新法則編集執筆委員会	1,600円
「国語」3年生編	向山洋一・TOSS「国語」授業の新法則編集執筆委員会	1,600円
「国語」4年生編	向山洋一・TOSS「国語」授業の新法則編集執筆委員会	1,600円
「国語」5年生編	向山洋一・TOSS「国語」授業の新法則編集執筆委員会	1,600円
「国語」6年生編	向山洋一・TOSS「国語」授業の新法則編集執筆委員会	1,600円
「算数」1年生編	向山洋一・TOSS「算数」授業の新法則編集執筆委員会	1,600円
「算数」2年生編	向山洋一・TOSS「算数」授業の新法則編集執筆委員会	1,600円
「算数」3年生編	向山洋一・TOSS「算数」授業の新法則編集執筆委員会	1,600円
「算数」4年生編	向山洋一・TOSS「算数」授業の新法則編集執筆委員会	1,600円
「算数」5年生編	向山洋一・TOSS「算数」授業の新法則編集執筆委員会	1,600円
「算数」6年生編	向山洋一・TOSS「算数」授業の新法則編集執筆委員会	1,600円
「理科」3・4年生編	向山洋一・TOSS「理科」授業の新法則編集執筆委員会	2,200円
「理科」5年生編	向山洋一・TOSS「理科」授業の新法則編集執筆委員会	2,200円
「理科」6年生編	向山洋一・TOSS「理科」授業の新法則編集執筆委員会	2,200円
「社会」3・4年生編	向山洋一・TOSS「社会」授業の新法則編集執筆委員会	1,600円
「社会」5年生編	向山洋一・TOSS「社会」授業の新法則編集執筆委員会	1,600円
「社会」6年生編	向山洋一・TOSS「社会」授業の新法則編集執筆委員会	1,600円
「図画美術」基礎基本編	向山洋一・TOSS「図画美術」授業の新法則編集執筆委員会	2,200円
「図画美術」題材編	向山洋一・TOSS「図画美術」授業の新法則編集執筆委員会	2,200円
「体育」基礎基本編	向山洋一・TOSS「体育」授業の新法則編集執筆委員会	1,600円
「体育」低学年編	向山洋一・TOSS「体育」授業の新法則編集執筆委員会	1,600円
「体育」中学年編	向山洋一・TOSS「体育」授業の新法則編集執筆委員会	1,600円
「体育」高学年編	向山洋一・TOSS「体育」授業の新法則編集執筆委員会	1,600円
「音楽」	向山洋一・TOSS「音楽」授業の新法則編集執筆委員会	1,600円
「道徳」	向山洋一・TOSS「道徳」授業の新法則編集執筆委員会	1,600円
「外国語活動」（英語）	向山洋一・TOSS「外国語活動（英語）」授業の新法則編集執筆委員会	2,500円
「教育新書」シリーズ　全18巻・別巻1・完結セット（DVD付き）		
1　新版　授業の腕を上げる法則	向山洋一	1,000円
2　新版　子供を動かす法則	向山洋一	1,000円
3　新版　いじめの構造を破壊する法則	向山洋一	1,000円
4　新版　学級を組織する法則	向山洋一	1,000円
5　新版　子供と付き合う法則	向山洋一	1,000円
6　新版　続・授業の腕を上げる法則	向山洋一	1,000円
7　新版　授業研究の法則	向山洋一	1,000円
8　小学一年学級経営　教師であることを畏れつつ	向山洋一	1,000円
9　小学二年学級経営　大きな手と小さな手をつないで	向山洋一	1,000円
10　小学三年学級経営　新卒どん尻教師はガキ大将	向山洋一	1,000円
11　小学四年学級経営　先生の通知表をつけたよ	向山洋一	1,000円
12　小学五年学級経営　子供の活動ははじけるごとく	向山洋一	1,000円
13　小学六年学級経営　教師の成長は子供と共に	向山洋一	1,000円
14　プロを目指す授業者の私信	向山洋一	1,000円
15　新版　法則化教育格言集	向山洋一	1,000円
16　授業力上達の法則1　黒帯六条件	向山洋一	1,000円
17　授業力上達の法則2　向山の授業実践記録	向山洋一	1,000円
18　授業力上達の法則3　向山の教育論争	向山洋一	1,000円
別巻　向山の教師修業十年	向山洋一	1,800円
全19巻完結セット（DVD付き）——向山洋一のLEGACY BOX	向山洋一	28,000円
教室ツーウェイNEXT		
教室ツーウェイNEXT創刊記念1号——特集：アクティブ・ラーニング先取り体験！	教室ツーウェイNEXT編集プロジェクト	1,500円
教室ツーウェイNEXT創刊2号——特集：非認知能力で激変！子どもの学習態度50例	教室ツーウェイNEXT編集プロジェクト	1,500円
教室ツーウェイNEXT3号——特集：新指導要領のキーワード100	教室ツーウェイNEXT編集プロジェクト	1,500円
教室ツーウェイNEXT4号——特集："合理的配慮"ある年間プラン&教室レイアウト63例	教室ツーウェイNEXT編集プロジェクト	1,500円
教室ツーウェイNEXT５号——特集："学習困難さ状態"変化が起こる授業支援60	教室ツーウェイNEXT編集プロジェクト	1,500円
教室ツーウェイNEXT６号——特集 考える道徳授業 熱中討論のテーマ100	教室ツーウェイNEXT編集プロジェクト	1,500円
教育を未来に伝える書		
向山洋一からの聞き書き　第1集	向山洋一・根本正雄	2,000円
向山洋一からの聞き書き　第2集	向山洋一・根本正雄	2,000円
すぐれた教材が子どもを伸ばす！	向山洋一・甲本卓司＆TOSS教材研究室	2,000円
かねちゃん先生奮闘記——生徒ってすごいよ	兼田昭一	1,500円
教師人生が豊かになる『教育論語』——師匠 向山洋一曰く 125の教え	甲本卓司	2,000円
バンドマン修業で学んだプロ教師への道	吉川廣二	2,000円
国際バカロレア入門——融合による教育イノベーション	大迫弘和	1,800円
教育の不易と流行 江部満 編集者の歩み——ギネスで世界一に認定された編集長	TOSS編集委員会	2,000円
向こうの山を仰ぎ見て——自主公開授業発表会への道	阪部保	1,700円

小学校教師のスキルシェアリング
そしてシステムシェアリング
―初心者からベテランまで―

授業の新法則化シリーズ

＜全28冊＞

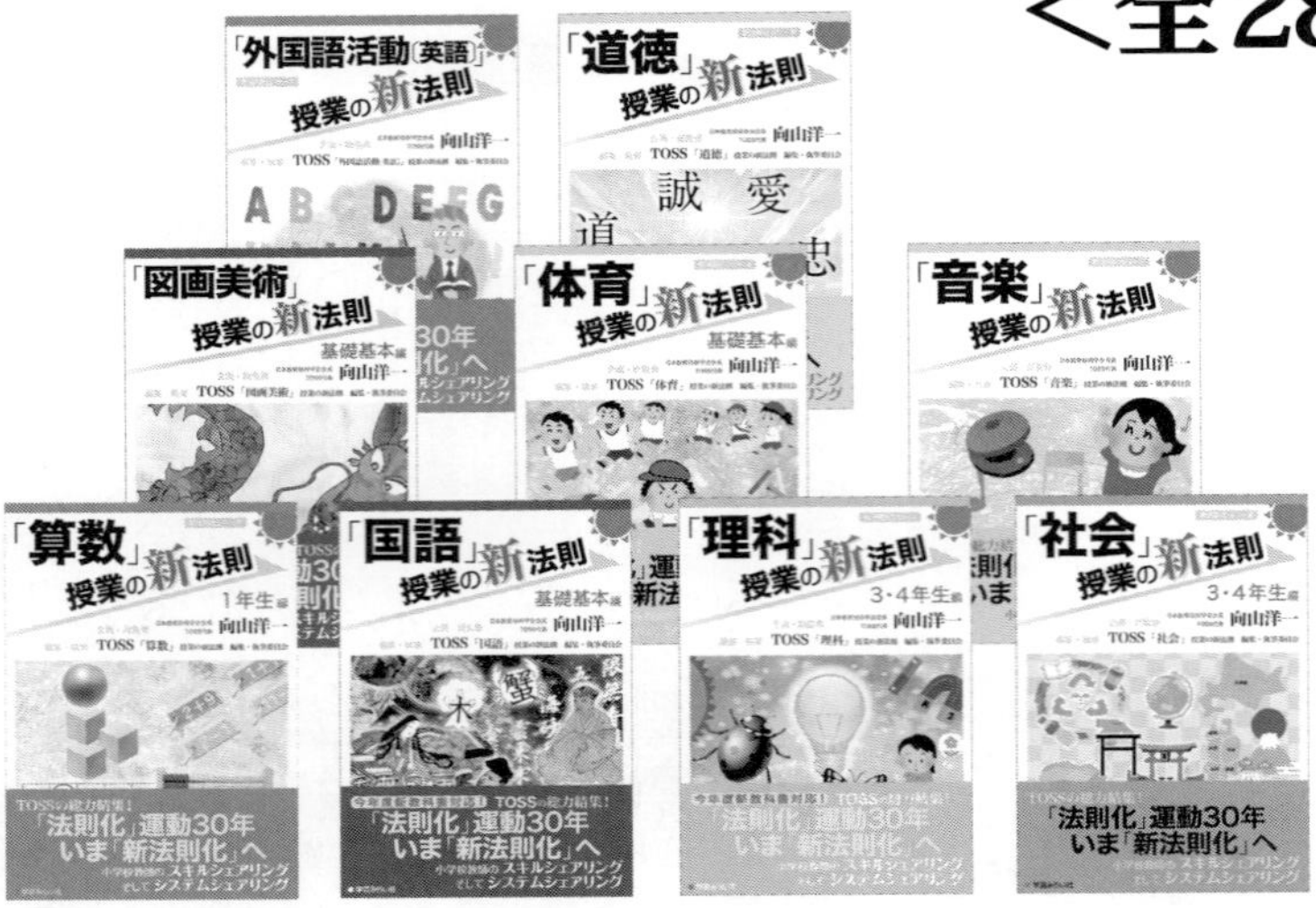

企画・総監修／向山洋一 日本教育技術学会会長 TOSS代表

編集 執筆 **TOSS授業の新法則** 編集・執筆委員会

発行：学芸みらい社

1984年「教育技術の法則化運動」が立ち上がり、日本の教育界に「衝撃」を与えた。そして20年の時が流れ、法則化からTOSSになった。誕生の時に掲げた4つの理念はTOSSになった今でも変わらない。

1. 教育技術はさまざまである。出来るだけ多くの方法を取り上げる。（多様性の原則）
2. 完成された教育技術は存在しない。常に検討・修正の対象とされる。（連続性の原則）
3. 主張は教材・発問・指示・留意点・結果を明示した記録を根拠とする。（実証性の原則）
4. 多くの技術から、自分の学級に適した方法を選択するのは教師自身である。（主体性の原則）

そして十余年。TOSSは「スキルシェア」のSSに加え、「システムシェア」のSSの教育へ方向を定めた。これまでの蓄積された情報をTOSSの精鋭たちによって、発刊されたのが「新法則化シリーズ」である。

日々の授業に役立ち、今の時代に求められる教師の仕事の仕方や情報が満載である。ビジュアルにこだわり、読みやすい。一人でも多くの教師の手元に届き、目の前の子ども達が生き生きと学習する授業づくりを期待している。

（日本教育技術学会会長　TOSS代表　向山洋一）

学芸を未来に伝える
学芸みらい社
GAKUGEI MIRAISHA
株式会社 学芸みらい社（担当：横山）
〒162-0833 東京都新宿区箪笥町31 箪笥町SKビル3F
TEL:03-6265-0109（営業直通） FAX:03-5227-1267
http://www.gakugeimirai.jp/
e-mail:info@gakugeimirai.jp

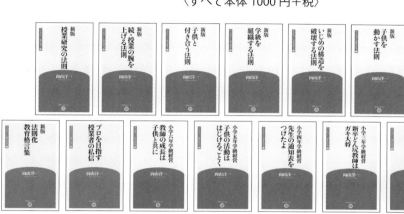